周蓓 主編

專題史叢書

張禮千 著

河南人民出版社

馬六甲史

本書記述了馬六甲王國自十五世紀初建國至1824年被英國占領以來的歷史，共分爲五章：馬六甲王國；葡萄牙統治時代；荷蘭統治時代；英國統治時代；華僑。對馬六甲地區的歷史地理、馬六甲王國與中國明朝的密切交往及中國移民情況作了詳細梳理，是一部研究南洋歷史的拓荒之作

圖書在版編目(CIP)數據

馬六甲史 / 張禮千著. —鄭州 : 河南人民出版社,
2016. 10(2017.7 重印)
(專題史叢書 / 周蓓主編)
ISBN 978-7-215-10463-1

Ⅰ. ①馬… Ⅱ. ①張… Ⅲ. ①滿剌加國(1403-1511)-歷史 Ⅳ. ①K338.4

中國版本圖書館 CIP 數據核字(2016)第 256615 號

河南人民出版社出版發行
(地址:鄭州市經五路 66 號　郵政編碼:450002　電話:65788063)
新華書店經銷　　河南新華印刷集團有限公司印刷
開本 710 毫米×1000 毫米　1/16　印張 22.5
字數 194 千字
2016 年 10 月第 1 版　　2017 年 7 月第 2 次印刷

定價 : 146.00 圓

出版前言

中國現代學術體系是在晚清西學東漸的大潮中逐步形成的。至民國初建，中央政治權威進一步分散和削弱，加之新文化運動帶給國人思想上的空前解放，新學的啓蒙，新知識分子的產生，民國學術如草長鶯飛，進入一個自由而蓬勃的時代。中國傳統學科乃中國學術之根基與菁華所在，民國學人采用『取今復古，別立新宗』之方法，引入西方的學術觀念，積極改造，使史學、文學等學科向現代學術方向轉型。此外，大力推介西方社會科學的新學科和自然科學，在學習、借鑒乃至移植西方現代學術話語和研究範式的過程中，逐漸建立中國現代學科，使中國的學科門類迅速擴展。一時間，新舊更迭，中西交流，百花齊放，萬壑争流，開創了中國現代學術的源頭。

伴隨知識轉型和研究範式轉换而來的，還有學術著作撰寫方式的創新。中國古代的著作向來以單篇流傳，經後人整理匯編後，方以成册成集的面目出現并持續傳播。直到十九世紀末，東西方的歷史編撰體裁不外乎多卷本的編年體、紀傳體和紀事本末體等，章節體的出現標志着近代西方學術規範的産生和新史學的興起。章節體具有依時間順序，按章節編排；因事立題，分篇綜論；既分門別類，又綜合通貫的特點。以章、節搭建起論述之框架，結構分明，邏輯清晰，較傳統的撰寫體裁容量大、系統性强。它的傳入，使中國現代學術體系從内容到形式被納入了全球化的軌道。民國時期專題史的研究、譯介、編纂、出版恰恰是在這樣的背景下欣欣而發，是學術的實驗場，也是歷史的記録儀。編選『民國專題史』叢書的初衷正是爲了從一個側面展示中國學術從傳統向現代過渡的歷史進程。

專題史是對一個學科歷史的總結，是學科入門的必備和學科研究的基礎，也是對一個時代艱深新鋭問題的解答，是學術研究的高點。民國專題史著作中，既包含通論某一學科全部或一時代（區域、國别）的變化過程的，又囊括對一時代或一問題作特殊研究的，還有少部分是對某一專題的史料進行收集的。原創與翻譯并重，翻譯的底本大多選擇該學科的代表著作或歐美大學普及教本，兼顧權威性和流行性，其中日本學者的論著占據了相當比重。日本與中國同屬東亞儒家文化圈，他們在接納西方學術思想和研究模式時，已作了某種消化與調適，從思維轉換的角度看，更便于中國借鑒和利用，他們的著作因而被時人廣泛引進。

與當代學術研究日趨專業化、專門化、專家化的『窄化』道路迥乎不同的是，中國傳統學術崇尚『學問主通不主專，貴通人不尚專家』的通識型治學門徑，處于過渡轉型期的民國學術在不同程度上保留了這種特徵。民國學術大師諸學科貫通一脉，上千年縱横捭闔之功力自不待冗言，外交家著倫理政治史、文學家著哲學史、化學家著戰爭史等亦不乏其人，民國專題史研究呈現出開放、融通、跨界撰述的特點。與此同時必須看到，自晚清以來，中國的命運就在外侮屢犯、内亂頻仍的窘境中跌宕彷徨，民族存亡仿若命懸一綫。這股以創建學科、總結經驗、解決問題爲指歸的專題史出版風潮背後，包裹着民國學人企望以西學爲工具拯民族于衰微的探索精神，及以學術救亡的愛國之心。梁任公曾言：『史學者，學問之最博大而最切要者也，國民之明鏡也，愛國心之源泉也。』這種位卑未敢忘憂國的歷史使命感和國民意識是今人無法漠視和遺忘的。

『民國專題史』叢書收録的範圍包括現代各個學科，不僅限于人文社會科學，學科分類以《民國總書目》的分科爲標準，計有哲學、宗教、社會、政治、法律、軍事、經濟、文化、教育、語言文字、中國文學、外國文學、中國歷史、西方史、自然科學、醫學、工業、交通共19個學科門類。本叢書分輯整理出版，内不分科，單本發行，方便讀者按需索驥。既可作爲大專院校圖書館、學術研究機構館藏之必備資源，也可滿足個人研讀或興趣之收藏。

與目前市場已有的一些專題史叢書相比，『民國專題史』叢書具有規模大、學科全、選本精、原版影印的特點。本叢書選目首重作者的首創、權威和著作影響力，尤其注重選本的稀見性。所謂稀見，即建國後没有再版，且多數圖書館没有收藏，或即便有收藏，也是歸于非公開的珍本之列予以保存，普通讀者難以借閱。部分圖書雖有電子版，但作爲學術研究的經典原著讀本，紙質版本更利于記憶和研究之用。本叢書精揀版本最早、品相最佳的原版圖書作爲底本，因而還具有很高的版本收藏價值。

『民國專題史』的著作是民國學者對于那個時代諸問題之探究，往往有獨到之處，無論其資料、觀點短長得失如何，要之在中國現代學術史的構建與發展進程中，自有其開宗立論之地位。

目錄

紀念鄭成快先生

先生字奕良，閩永春縣東門鄉人。弱冠南渡，致力稼穡。在柔佛曾拓地七千英畝，尊曰港主。範圍之廣，世所僅見。遜清末年，力助革命。中山先生特親書「開國元勳」四字以賜之。民國成立，赤誠興學，厥功尤偉。吾僑南來，營商爲多，而先生則異趣。嘗訓其子曰：商易富而易貧，農難成亦難敗，爲國計，爲民生，農本商末。故終先生之世，未嘗經商。其裕國裕民之志，由斯可見。先生歿於柔佛，葬於馬六甲之三寶山，享壽五十六歲，時在中華民國十八年之四月十日也。

自序

一

世之研究南海古史者，於五十年前，羣認爪哇爲文化之中心。迨一九一八年，法人戈台司（G. Coedès），證實唐之室利佛逝卽爲建國於蘇門答臘（蘇島）東南部之 Srivijaya 以後，研究重心爲之一變。雖英人衞爾斯（H. G. Quaritch Wales）主張暹羅之斜仔（C'aiya）（卽加囉希 Grahi）亦爲室利佛逝之古城，然戈氏仍力辯其說。一九三七年，荷人蒙士（Ir. J. L. Moens），根據中國史籍及大食人之行記，將昔人研究所得，綜合比較，另創新說：曰法顯所經之耶婆提，既非爪哇，又非蘇島，實係吉打（Kedah）。並謂法顯由此橫越馬來半島於六坤（Ligor of Nāgara Çri Dharmarāja）重行登舟，駛回中國。又謂劉宋時之闍婆婆達，七世紀之闍婆訶陵，均係吉打（按 Gustave Schlegel 與祁利尼早主此說）（蒙士謂十世紀時之闍婆始爲爪哇。）新唐書中謂訶陵東遷於婆露伽斯城，其地卽係霹靂之木歪(Bruas)。劉宋時之呵羅丹爲 Kelantan (吉蘭丹)之對音。七世紀之室利佛逝亦在吉蘭丹，後始遷至蘇島，建都於監篦(Kampar)。賈耽所說之羅越，乃係柔佛之(Se)luyut。十世紀(宋)時之三佛齊，建都於馬來半島之南端，另爲一國，非室利佛逝也。蒙士之說，雖非定論，然此後研究南海古史之重心，有集中於馬來半島之趨勢，則甚顯明矣。兩年前，衞爾斯夫婦受大印度研究委員會(The Greater-India Research Committee)之付託，代表皇家亞洲學會、印度學會及倫敦大學之東方研究院(School of Oriental and African Studies)，在吉打、霹靂、柔佛三邦大事發掘，所獲古物爲量甚豐(衞氏考古成績刊載於 JRASMB 第十八卷第一册中)，其最足引人注意者，謂梁宋時之干陀利或斤陀利，當係霹靂之金丹(Kinta)(吾僑通稱肯打)是也。上引諸說，無非欲使讀者明瞭馬來半島在南海古史中所處地位之重要耳。

馬六甲建國於十五世紀之初年，論其資格，奚能云古？然吾人必須注意者，其要有三：漢唐而還，南海諸國之奉貢稱藩者，無慮數十，除越南本爲吾國之屬郡，暹羅自元迄淸關係從不間斷外，其與吾國最密切者，首推馬六甲。自首王以至末王，稱臣納貢者，計有三十次，而國王之親率陪臣妻子，詣闕奉表者亦有三人。四百年來，固事變境遷，盛況難再。然撫今追昔，終難免興無窮之慨也。馬六甲繼滿者伯夷之後，爲南海之大國，其勢淹有今之馬來亞蘇門答臘東岸，且遠及婆羅洲，一時成爲發揚回教之中心，馬來人譽之爲麥加第二，勢力之盛，可以想見。雖國祚甚短，僅及百年，然今日馬來各邦之蘇丹，直接間接，幾無不與馬六甲之王室有關。故吾人欲究近代馬來事情之演變，須先明馬六甲之歷史，此爲確切不移之論。歐勢東漸，固肇端於印度，但馬六甲實爲其樞紐。如葡之佔澳門，荷之得爪哇，由是奪臺灣而復失，英之獲香港，無不以馬六甲爲之先導。是以吾人欲明歐人之東進，基督教之東展，以及歐洲文化之東播（一八一四年，馬理遜牧師 Rev. Robert Morrison 在馬六甲已用華文活字印刷華文聖經，華文之鑄活字始此）馬六甲均居於主要地位。執此三點，本書之作，似不容緩。至關於書中引用之處，如有曲解，立論方面或有缺點，則由著者負責，自不待言。此外尚須一言者，馬六甲之史料，散見於中西書籍中者，不可勝數，設非個人之時間資力有限，則每章自成一鉅册當非難事。然大略始於椎輪，拋磚或可引玉，詳盡之作，吾知海內外鴻博之士必有起而行之者，則此書之問世，或爲不虛焉。

二

余之知鄭成快先生始於民國九年。迨民十四再度到甲，遂識先生。時先生適爲培風學校之總理，而余即任職於該校之故也。今先生去世已十餘年，然其人格道德至今深印余心使余不忘者，厥有二事：先生爲總理時，每逢學校始業，必衣冠楚楚，由監督沈鴻柏先生伴之而來。然其來也，既不登壇訓話，又未與員生交談，其來何故？蓋其時南洋土產已呈衰落之象，學校經費常在恐慌之中，先生之來，即表示絕對負責之意，並安員生之心。是以數年之中，凡學校不敷之費用，悉出先生私囊，毫無難色。臨終之前更撥地一方爲培風建築新校之用。先生辦學之出於至誠，於此可見。然先生並不以辦學之故，於社會上獲得廣大之名譽，今或且已爲世人所遺忘，是與世之以辦學而成名者，其間似不無得不償失之感。但捨本逐末，豈先生所願爲哉？先生之賢，其即在此（除培風外，培德、育民、平民各校及泉州之培元中學，新加坡之浚源學校，先生均輸鉅款。）先生以秉性淳厚，慷慨豪俠之故，凡親友之有求於先生者必應。是以生平爲人擔保之款項，恆達數十萬金（據余民十六、七年在甲時所知者，約四十萬元。）旋土產跌價，被保者或虧折，或避匿，先生悉一一償之，務使債主滿意。因此先生歿後，家道中落。利人損己，此之謂歟？先生之義，可以風焉。今先生哲嗣已能自立，凡昔日先生胼胝手足所經營之農園，不但恢復舊觀，而且續有擴充。所謂積善之家，必有餘慶，於此益信而有證也。

余此次避難南來，即以研究南洋文化爲務。在檳城因劉士木先生之介，得識周國鈞先生，遂組周滿堂先生紀念委員會，編印南洋叢書，一年以來，問世者已有三種。在新加坡除糾合若干同志組織中國南洋學會發刊專門性質之南洋學報外，復得晤成快先生之哲嗣天送、天承、天水昆仲，余亦以發展南洋文化爲請，遂成立鄭成快先生紀念委員會，發行南洋歷史叢書。馬六甲史，即所以紀念先生之事業發軔於馬六甲故也。惟本書一切費用，悉由先生哲嗣負擔，故著者於此對天送、天承、天水昆仲表示無限之謝意矣。

中華民國二十九年十二月十八日序於獅城客舍。

馬六甲史

第一章　馬六甲王國（一四〇五至一五一一年）

一

滿者伯夷（Majapahit）（註一）者，爪哇之強國也。其王哈咸胡魯（Hayam Wuruk）（在位時期爲一三五〇至一三八九年）頗具雄心，宿懷征服馬來細亞（Malaysia）（註二）之志。紀元一三六〇年頃（一說一三六五年），王偕其妃，統大軍，親征獅城（Singhapura）（卽新加坡Singapore），殺戮之慘，（註三）亘古未有。事平，立碑於新加坡河口右岸以誌勝利。今碑之斷片，（註四）滿者伯夷國所用鐝首（kala-head）之釧與指環，在泰蒲山（Hill Tabu）（卽今之康寧砲台山Fort Canning Hill，別稱禁山）掘得者，又滿者伯夷國軍士所用之護身符，在柔佛河（Sungei

Johore）內獲得者，均存雷佛士博物館（Reffles Museum）內，足資考證。

（註一）滿者伯夷係印度化之爪哇強國，建立於一二九四年，滅亡於一四七五年。然於一四〇六年時，國勢漸衰，已有遷都之事。其開國之君名羅登必闍耶（Raden Vijaya）（Raden 係爪哇語，於義曰王子，曰公主。凡未登位之王子在爪哇均冠以此字。Vijaya 或 Wijaya 源出梵文，於義曰勝，）又即元使上之士罕必闍耶（Tuhan Vijaya）（Tuhan 係馬來語，於義曰上帝或聖主，）是其王號稱葛達羅闍沙（Sri Kertarajasa）。關於此王事跡，元使記載頗詳，讀者可以參考。查滿者伯夷建國以後，最盛之君有二：一即哈咸胡魯畢，凡蘇門答臘，馬來半島，及與爪哇附近之各島，幾悉被征服。一爲 Berawijaya，義同聖主。國中統理政治最高之官稱 Pateh gajah mada，義如宰相，又即吾國古籍中所稱之『鉢帝』也。此國名元史爪哇傳作麻喏巴歇，史弼傳作麻喏八歇，島夷誌略作門遮把逸，今從瀛涯勝覽稱滿者伯夷。

（註二）余對南洋一名之範圍，曾擬定下列之界說：東印度羣島僅指荷屬東印度羣島。馬來羣島係包括東印度羣島與菲律濱羣島。馬來細亞係包括馬來羣島與馬來半島。南洋係包括越南、緬甸、暹羅（今稱泰國）與馬來細亞。馬來細亞西人常稱爲印度尼細亞（Indonesia）。

（註三）三佛齊（Sri Vijaya）於十三世紀之中，猶稱雄南海。先有爪哇之杜馬班（Tumapel）國王葛達那加剌（Kretanagara）之興師討伐，繼有滿者伯夷大國之崛起，國勢遂一蹶不振。原獅城之王與民均來自浡淋邦（Palembang）（巨港），其地係三佛齊之古都，故獅城者不啻三佛齊之支國也。於是滿者伯夷恨之刺骨，因此於征伐之際，血染滿地，寸草不留，今康寧礮臺山之地赤色，相傳卽血染所成。山上更時有鬼哭神號，無人敢近，故又稱禁山（Forbidden Hill）

(Bukit Larangan)。此雖無稽之談，然足爲當時屠殺慘酷之一證焉。
禁山或云獅城王宮所在地，山後爲禁河，係宮女洗澡之所，因此不准人民走近，故名。此山卽新加坡禧爾街 (Hill Street) 後面之山也。

(註四)英人於一八一九年開闢新加坡時，在叢莽中獲一斷碑，碑上文字漫沒，無人能識，遂送至加爾各答博物院 (Calcutta Museum)，百年後，始運回新加坡，陳列於雷佛士博物館內。此碑卽哈咸胡魯所立，碑上文字係迦維文 (Kawi)，卽古爪哇文也。

獅城人民，既不勝強暴之壓迫，於是相率越柔佛海峽，(註一)循馬來半島西岸，北上避難。既抵一地，息於樹下。避難者(註二)見一鼠鹿(其形如鹿，其大如鼠，有多種。其通用之學名爲 Tragulus ravus, Miller，馬來人稱 Pĕlandok 或 Kanchil)逐獵犬數頭，犬懼，遁入河中，見者詫以爲奇，咸認鼠勇犬怯，爲祥瑞之徵，此地足以居留。因指其地之土著而問曰：此樹何名？答曰：ملك Mĕlaka。(註三)避難者聞而悅之，遂以樹名名其避難之地，馬六甲之名始此。

(註一)柔佛海峽(Johore Strait)或稱老峽 (Old Strait)，或稱老新加坡海峽 (Old Singapore Strait)。馬來人稱 Selat Tebrau。馬可波羅(Marco Polo)回國時，似曾經此。

（註二）獅城建國之時期，約始於一二〇〇年（英人曾於禁山附近發見中國陶器及宋代銅幣數枚，其中一枚上鐫乾德年號，合西曆九六七年，一枚鐫元豐年號，合西曆一〇八五年。然此不足爲獅城建國之證，因吾國錢幣之流通國外，往往在數十百年之後也）至一三六〇年左右而覆滅。相傳共歷五王，其最後之一王名伊斯干達沙（Iskandar Shah），謂即率人民避難至馬六甲者，事極可疑，蓋其王之坟墓在今康寧礅臺山之巔也。一說係由拜里迷蘇剌（Parameswara）率領從獅城逃至馬六甲者，亦難置信。蓋拜里迷蘇剌雖爲馬六甲開國之君，然其人則來自已宗回教之巴衰（Pasai）（在蘇門答臘北部，即唐樊綽所撰蠻書中之波斯）。自後馬六甲之成爲回教國，即基於此。次以其人之年齡考之，亦殊可疑。查拜里迷蘇剌歿於一四一四年，假定其逃難之時爲一三六〇年，年二十歲，則歿時當在七十歲以上。馬來諸王之能享此遐齡者，殊不多觀也。故余於本文之中，僅言避難者，不舉二王之名以此。

（註三）馬六甲樹計有兩種：一學名 Phyllanthus emblica, L. 或 Emblica officinalis, Gaertn 或 E. pectinata, Ridl；屬大戟科，漢名菴摩勒或餘甘子。馬來人稱 Mĕlaka, Malaka, Kayu laka, Laka-laka。石芒人 (Semang) 稱 Kik。爪哇人稱 Kĕmlaka。巽他人 (Sundanese) 亦稱 Malaka。蘇門答臘稱 Balaka Balangka，暹羅稱 Kam tawt, Makām paun, Makām pawai。果實具收斂性，可供藥用，樹皮作染料，木材製焦炭，其最神效者，樹皮能治象之一切胃病是也。二學名 Tetramerista glagbra, Miq；屬厚皮香科，樹大木材堅硬，果實酸，但可食，此樹馬來人雖亦稱馬六甲，但普通概名 Punah 或 Punah Tĕmbaga 或 Ponga，故馬六甲之地名，實導源於前者。在伊里德 (Emanuel Godinho De Eredia) 所著之 Description of Malaca and Meridional India and Cathay 一書中（以後簡稱伊里德書），謂『馬六甲』之義爲 Myrobalans，此字乃指馬六甲樹之果實，非指樹而言也。

著錄馬六甲一名最古之書，首推暹羅之王室法典(Kot Monthierabān)，時在一三六〇年。(註一)前乎此之中西旅行家，如元代之汪大淵一二九二年之馬可波羅，一三二三年之鄂多列克(Fra Odorico van Pordenone)，一三四五年之伊本拔禿塔(Ibn Batuta)，在彼等所著行記之中，均未提及馬六甲一名，則其地於其時之不受世人重視，可想而知矣。至在王室法典之中，則有烏戎丹那(Ujong Tanah)，(註二)馬六甲木剌由(Malayu)，(註三)及巫剌華里(Wurawari)(註四)等入貢暹羅之記載。此事已經暹羅學權威祁利尼上校(G. E. Gerini)詳爲考訂，信確無訛。然馬六甲一名之來源，其說有種種：如上述之因樹得名，其說一也。或云馬六甲之義同避難，其說二也。又稱集會曰馬六甲，其說三也。而阿剌伯人則別有界說：謂有一市集，其始建於水島(Water Island)上，後因備受暹羅艦隊之侵掠，遂移至陸地，旁涪丹河(Sungei Bertam)設立，不久卽蔚成大市集焉。所謂涪丹河者，卽今之馬六甲河，所謂大市集者，卽馬六甲也。蓋阿剌伯人呼市集或商業中心地曰ملكت Malakat耳。惟據克洛福特(Jhon Crawfurd)之意見，認淵源於樹名，最爲可信。然祁利尼仍持異說：謂馬六甲者係 Malayakolam 或 Malayaka 之變形耳，此二字之意義，即稱馬來人之國家。又謂於摩訶跋羅多二十萬頌(Mahābhārata)中，已著錄 Mālaka 一名，而爲南印度民族所常稱。此字其始泛指馬來半島，後專稱馬六甲云。在瀛涯勝覽中則稱滿剌加，(註五)別名五嶼，(註六)此與阿剌伯人之說不謀而合。

(註一)在衞金孫(R. J. Wilkinson)所著 The Malacca Sultanate 一文內，謂於一三二四年之爪哇詩中已著錄馬六甲一名，其說似難置信，故不徵引。至此處所說之爪哇詩，不知何指?如謂爪哇世系(Pararaton)，則成於一三二八年，如謂爪哇古詩頌(Nāgarākretāgama)，則成於一三六五年。該頌爲爪哇詩人名波羅般遮(Prapañca)者所撰，即歌功哈成胡魯者也，於該頌之中，曾詳載滿者白夷帝國之領土，但馬六甲一名，未見著錄，於此更可證其時馬六甲之渺小焉。據一九一八年 Journal Asiatique, Tome XI 費瑯所撰 Malaka, Le Malayu et Malayur 一文，謂 Yakūt (1179—1229)曾提及 ملاك Malak 一名。惟此是否今之馬六甲，未能確定。

(註二) Ujong Tanah 在十六、七世紀之西方著作家，常寫爲 Jantana, Jentana, Ujantana, Ujontana, Ojantana, Juntana 及 Viantata 等，義爲地極，質言之，地之盡頭處也。其地均考訂爲柔佛。就「地極」兩字之意義言，或可謂爲今柔佛之首邑新山(Johore Baharu)。在爪哇古詩頌中稱 Ujong Medini，亦即武備志鄭和航海圖中之答那溪嶼，及明史中之烏丁礁林是也。

(註三)册府元龜中著錄之摩羅遊，義淨所稱之末羅遊或末羅瑜，元史中所稱之麻里予兒、木剌由、木來由、沒剌予、沒剌由、馬來忽，馬可波羅所稱之 Maluir，以及暹人所稱之 Malayu，皆係 Mĕlayu 一名之對音，其字訓爲馬來人之地。惟其地究指何處，可分兩說：摩羅遊，末羅遊或末羅瑜，則指蘇門答臘之詹卑(Jambi)（占碑）。元史，馬可波羅遊記及暹羅王室法典中之名稱，則指柔佛。其理如下：暹羅與麻里予兒時相讎殺，地近則相爭，勢所必然，其證一也。今柔佛西南端有一木刺由河(Sungei Malayu)，河口適對柔佛海峽，此實爲古代 Malayn 一名之遺留於今者，其證二也。馬可波羅之船，似經柔佛海峽，因而獲悉此河之名，遂稱其地曰 Maluir，其證三也。阿刺伯人馬奇 (Ibn Majid)，於其一四八九年之航海錄中，謂暹羅海岸抵新加坡，其證四也。至法國學者費瑯 (G. Ferrand) 謂元代所稱之木刺由等名稱，或指馬六甲，此說未能置信。蓋在王室法典之中，將馬六甲與木刺由分列兩地，足爲明證。

（註四） Wurawari 係古爪哇文，義爲「清水」。今爪哇人則用以稱馬蹄花(Shoe-flower) 或大花 (Bunga raya)。此字殆係柔佛之古名。

（註五）星槎勝覽，鄭和航海圖，及黃衷海語，亦均稱滿刺加。東西洋考作麻六甲，海國聞見錄作麻喇甲，海錄作馬六呷，今通稱馬六甲。至唐書中所稱之哥羅，箇羅或哥羅富沙羅等，乃係阿刺伯人稱 Kalah 一名之對音，其地當在今之克拉(Kra)地峽附近，決非指馬六甲也（明人殆以馬六甲非常繁盛之故，遂誤認爲自古通中國之哥羅矣。）西人更有以 Tacola 爲馬六甲者，尤爲非是。伊里德曾詳細證明，此 Tacola 爲今之 Junk Seylon 島（見伊里德著黃金半島報告 Report on the Golden Chersonese, 1597—1600），在馬來半島西岸，屬暹羅，即海錄中之養西嶺也。歐洲人對馬六甲一名之拼音，較漢文更爲紛歧。有 Malaca, Melequa, Melacha, Mellaca, Mallaqua, Malaga 等種種，難以悉舉。今則通用 Malacca。馬來文爲 Mĕlaka，梵文爲 Mālaka，阿刺伯文爲 Malakat。

（註六）今馬六甲沿岸，計有十餘小島。其中最顯著，面積較大，互成毗鄰，而於航行中最易令人觸目者，其數有五：一曰

Pulan Besar，意爲大島，島上產花崗岩石。二曰 P. Dodol，意爲糕餅嶼。三曰 P. Hanyut，義爲浮嶼。四曰 P. Nangka，義爲波羅蜜嶼。五曰 P. Undan，義爲延長嶼，嶼上有一燈塔。凡此五島，殆即瀛涯勝覽中之五嶼。在大島之略東者曰 P. Lalang，義爲茅嶼。在略西者曰 P. Serimbun，後一字乃大戟科植物中之一種灌木也（學名 Alchornea rugosa, Muell-Arg.）。惟此二嶼面積綦小，且與大島距離極近，故不爲昔日航海者注意，當係意中之事。距馬六甲海岸甚近而面積亦甚小者，一曰鳥嶼（P. Burong），二曰注耳嶼（P. Menatang），三曰長嶼（P. Panjang），四曰爪哇嶼（P. Jawa）。爪哇嶼又名舟嶼，或稱馬六甲嶼，葡萄牙人稱曰 Ilha das Naos，乃離今馬六甲市最近之島也。凡以上所述之島嶼，均在馬六甲市之東。在馬六甲市之西者，僅有一島，名曰 P. Upeh，義爲棕花鞘島，葡萄牙人稱曰 Ilha das Pedras，荷蘭人稱曰漁翁島。往昔葡萄牙之商船常在此下碇焉。

馬六甲名稱之來源既明，今再一言未名前其地之土著。當葡萄牙人佔領馬六甲時，謂有土著民族兩種，宅居境內。一曰石叻人（Cellates）（註一），居雙溪烏戎（Sungei Ujong）（註二）一帶。一曰比奴亞人（Bĕnua），居奧斐山（Mount Ophir）（註三）及山以外各地。查 Cellatee 一字當係馬來語之 Sĕlat，義爲海峽，故所謂石叻人者，就是海人（Orang Laut），沿海各地，均有蹤跡。今吾人於新加坡仍可見之。據衛金孫之意見，謂葡人昔稱之石叻人，實非海人，乃係皮雪雪人（Besisi）。其人具有原始馬來人（Proto-Malays）之文化與體格，而使用之語言則類蒙吉蔑（Mon-Khmer）

語，實卽沙蓋人（Sakai）與原始馬來人之混血種也。此一民族，今仍宅居於中央山脈（Main Range）之西部，自浯南河（Sungei Bernam）（在雪蘭莪 Selangor 北部）以至馬六甲均有其足跡。比奴亞人又稱 Bĕnua Jakun，實卽世人所熟知之雅貢人（Jakun），亦係原始馬來人中之一種也。查 Jakun 一字，義爲男人（jah 之意爲人，kun 之意爲男。）今其語言風俗，幾與馬來人同化。當馬六甲建國以後，雅貢民族貢獻甚多，卽於馬六甲滅亡以後，仍承認柔佛之王爲彼等惟一之主宰。然於馬來紀年（Sĕjarah Mĕlayu）（註四）之中，竟將此民族之功績，一字不提，殊不免有偏見之嫌。今在新加坡東南約三十哩之兵打島（Pulau Bintang）（註五）及柔佛沿岸，吾人仍可見此民族焉。此外尚有孟德拉人（Mantĕra），居馬六甲之西北部，亦係原始馬來人中之土着，其數甚少，今幾完全消滅。凡此土着民族，於馬六甲未名以前，自必已居其地，實爲無疑之事。至開化之馬來民族，（註六）則大都來自蘇門答臘，此不但於馬六甲爲然，而馬來半島之其他馬來各邦亦悉如是也。

（註一）Cellates 一字，昔日葡人著作家更有寫爲 Celetes, Celezes, Saletes, Seletes, Selletes, Salettes 等。

荷人則寫為 Saletters 與 Zaletters，據費瑯之意見此字源出 Sĕlat。衞金孫則謂為由 Besisi laut（海皮雪雪人）兩字訛讀而成，故斷定葡人所稱之石叻人為皮雪雪人。在 Dalgado 所著之 Glossario Luso-Asiatico 一書中亦謂 Celetes 一字不源於 Selat。惟吾人今日所稱之石叻人（即海人）即係雅貢人。

（註二）Sungei Ujong 即滿者伯夷時所稱之 Sang Hyang Ujong，馬來紀年中之 Sening Ujong，森美蘭(Negri Sembilan)俗傳中之 Semujong。馬六甲王國時代屬馬六甲，今屬森美蘭，乃一小邦也。

（註三）奧斐山馬來人稱 Gunong Ledang，高四一八七呎，自馬六甲遙望之，發淡綠色光輝，蓋 ledang 之意，即表示色澤之輕淡也。今屬柔佛之蔴坡(Muar)境內。

（註四）馬來紀年為馬來人惟一之史書，世人均知此書成於一六一二年，係由羅闍蓬蘇(Raja Bongsu)（此人又名 Raja Sabrang 或名 Raja di-Hilir，後為柔佛之蘇丹，其王號曰 Sultan Abdullah Ham'mat Shah。生於一五七一年，歿於一六二三年，其在位之時期僅兩年，即一六一三至一六一五年是）命冬郎寧(Tun Sri Lanang)編撰而成者。余拉比爾(W. G. Shellabear)則將其轉成羅馬字拼音之馬來文，後印行流世，改正之第二版發行於一九〇九年，此即吾人常見之馬來紀年是也。賴頓(John Leyden)（關於此人之歷史可查余編譯之雷佛士傳，周滿堂先生紀念委員會出版）則將馬來紀年譯成英文本，於一八二一年印行，惜已絕版。開闢新加坡之雷佛士(T. S. Raffles)曾鈔錄馬來紀年一册，其手跡藏於倫敦之王家亞洲學會內，時在一八一二年。最近溫士德博士(R. O. Winstedt)曾就手鈔本詳加研究，斷定撰述馬來紀年之時代在一六一二年以前之八十年，質言之，在一五三二年之頃，並謂撰述此紀年之人係一馬六甲之混血馬來人，其人具有歷史趣味，且通爪哇文、阿剌伯文或波斯文，而對馬六甲末王朝廷內之事蹟亦非常熟悉云。執此以觀，冬郎寧不過整理編次而已。今雷佛士之手鈔本，已由溫士德博士轉成羅馬字拼音之馬來文，刊載於王家亞洲學會馬來亞分會學報 (JRASMB) 第十六卷第三分册中，讀者可以參考。惟雷氏之鈔本，全書僅三十一章，而佘拉比爾所根據之馬來紀年則有三十四章，同時兩書內容亦有相異之處，此則吾人應宜注意之點也。查馬來紀年一書雖多荒誕不經之說，要不失爲研究馬來人歷史之重要曲籍，故學者多奉爲圭臬焉。

（註五）兵打島亦有寫爲 Bentan, Battam, Bintangh 者，而葡人則寫爲 Bintão，即廖羣島 (Riau Archipelago) 中之一島，亦即廖內 (Riau) 市鎮所在之島也。

馬可波羅回航之時，曾經一地曰 Pentam，玉耳 (H. Yule) 斷爲 Bentan（兵打島）之對音。惟祁利尼則持異說：謂於新加坡島之北端有一河名曰 Sungei Selitar，隔新加坡峽（即柔佛海峽）與此河口適對者有一村名曰 Bentam，此即馬可波羅之 Pentam。又謂 Pentam，即阿剌伯航海家所稱之 Be-tūmak（其意爲島），馬來人所稱之 Tamasak (Tumasik)（即島夷誌略中之單馬錫，鄭和航海圖中之淡馬錫）質言之，即新加坡島是也。據馬可波羅之行程考之，其船沿馬來半島東岸而下，自無繞道兵打島之理，故所經者必爲柔佛海峽。同時波羅自言，謂水深（指海峽）祇有四步，大船經過時必須將舵升起，其情形亦合。

關於兵打島及前註麻里予兒等之考證，讀者可查戈迭爾 (Henri Cordier) 之馬可波羅補註 (Ser Marco Polo: Notes and Addenda to Sir Henry Yule's Edition, Containing the Results of Recent Research and Discovery, 1920) 一書。

（註六）開化之馬來民族，即通稱之馬來人 (Malays)，伊里德寫爲 Malayos。關於此民族之來源，其說有種種，茲彙錄於下。伊里德謂 Malayos 一名，源出 Attayos 或 Attay，此係一種民族，即訛稱爲 Cattayos 者是也。彼謂已開化馬來人之體格與 Cattayos 相似，不過前者膚色深褐，後者膚色略淡耳。所謂 Cattayos 者，即契丹人，或即唐書南蠻傳及酉陽雜俎中之馬留（馬流）人，質言之，即中國人是也。是以伊里德之見解，認馬來人之來源起於中國。Cabaton 認馬來人之祖先，係來自中央亞細亞之蒙古遊牧民族。哈登 (A. C. Haddon) 謂馬來人係蒙古種之短頭種 (Mongoloid brachycephals)，乃黃種之一分枝也。並謂此種民族，於未侵入馬來羣島以前，已宅居於印度支那（越南）。設哈登之說可信，則伊里德所論馬來人係中國 Attayos 之後裔，定屬不誤。然馬來民族之來源究暗昧不明，而各家記載亦多紛歧，欲爲肯定之說，其勢至難。茲再將賫琊、祁利尼、哈登等之意見，總述如下：

馬來人之祖先，屬於蒙安南 (Mon-Annam) 種，於紀元前一二〇〇或一〇〇〇年時，已居於今日之貴州及南中國之鄰近各地。千年後，其後裔始移入印度支那，遂創建一印度化之強國（按指扶南。）嗣後其民族遂向南與東發展，而達馬來羣島。當耶穌紀元之初，爪哇人（馬來民族）之勇敢航海者，曾殖民於馬達加斯加島 (Madagascar)，並遠航至今日之好望角。約六世紀時，印度化之馬來王國，即唐書中之室利佛逝（宋明稱三佛齊）創建於蘇門答臘之巨港，旋其勢力日漸膨脹，竟蔚成南海中獨一無二之大帝國。迨至七世或八世紀時，馬來半島兩岸，悉歸其統治。至十二世紀時，蘇門答臘之馬來人，已固定宅居於馬來半島。十三世紀末，爪哇之滿者伯夷帝國興，至一三七七年，三佛齊爲其所滅。更後，爪哇之台麥 (Demak) 王朝崛起，而其時葡萄牙人亦已開始東來焉。此時馬來人之東移者，遠達新幾尼亞 (New Guinea)，南移者，達澳洲北岸。同時流浪之馬來人，有遠至南非洲者，亦有近至暹羅及錫蘭者。其在錫蘭者，幾盡爲漁夫，咸集中居留於 Hambantota（錫蘭島極南之一鎭）附近，其地遂成一舢板村焉。總之，馬來人之起源，其說雖不一，但馬來半島之馬來人，則由蘇門答臘移入，實爲確切無疑之事。

伊里德（註一）者葡萄牙之史官也。彼於黃金半島報告一書中，謂馬六甲建國之期始於一三九八年，其說似出肊斷，難以置信。今舉世文獻之中，其記載馬六甲王國之事蹟，最正確，最詳盡者，首推吾國之典籍。舉其要者有：瀛涯勝覽，星槎勝覽，西洋朝貢典錄，殊域周咨錄，皇明象胥錄，東西洋考，明史，明會典，大明一統志，海語，海錄等書。茲特擇要徵引，并參以近代之說，則吾人對於葡萄牙統治以前之馬六甲歷史，自可一覽無餘矣。

（註一）Juan de Eredia（即伊里悳之父）與武吉斯人（Bugis）（居於西里伯 Celebes 之一種民族）之公主，於一五四五年結婚後，生一女三男。第三子即伊里悳，生於馬六甲時在一五六三年之七月十六日也。待年稍長，即在馬六甲受初步教育。年十三，送往臥亞（Goa）（爲其時葡萄牙之重要殖民地）繼續受高深教育。畢業後，因伊里悳精算學之故，遂充算學教師者數年，同時精究天文地理。在此時期中之重要著作，爲彼手繪之亞洲地圖，以呈獻於西班牙王者。蓋其時之葡萄牙已爲西班牙所兼併也（西班牙兼併葡萄牙在一五八〇年至一六四〇年始恢復獨立。）西班牙王閱後，大爲感動，遂於一五九四年之二月十四日頒一訓令，與伊里悳，謂其爲南印度（Meridional India）（係指南緯十度以南之理想之陸地海島而言，非今之南印度也）之發見者，而賜以總督（Adelantado）之尊號。同時於發見之新地中，如有賦稅收入，當以二十分之一歸伊里悳所有云。一五九七至一六〇〇年，彼著黃金半島報告一書。一六〇〇年始從臥亞至馬六甲協助葡政府爲種種防禦工事，兼征柔佛，卒將柔佛之首邑 Kota Batu（意爲石堡）佔領。一六〇五年因身體衰弱，再回臥亞。一六一三年十一月二十四日，彼所著之馬六甲南印度及契丹誌（此書之英文名已見前註，其葡文名爲 Declaracam De Malaca e India Meridional com o Cathay，以後簡稱伊里德書）成，亦即獻呈西班牙王之報告書也。一六一五年，柯丁和殉難史(History of the Martyrdom of Luiz Monteiro Coutinho)成，一六一六年 Treatise on Ophir 成，其時伊里德年已五十三矣。自此以後，即無所聞。

二

明成祖永樂元年（一四〇三年）遣使招諭滿剌加國。謂滿剌加在占城 (Champa)（又稱占婆，或名林邑，今安南本部地，當國勢盛時，分爲三部：北部今廣南省地，其省會曰茶蕎 Tourane。中部今平定省地，南部即今之藩籠 Phan Rang）南，順風八日至龍牙門（Lingga 今龍牙羣島），又西行二日即至，或云即古頓遜(Tennaserim 在馬來半島極北西岸，屬緬甸)，唐哥羅富沙(Kra)。永樂元年十月遣中官尹慶（其人曾兩使爪哇、滿剌加、柯枝 Cochin 古里 Kolikodu 等國）使其地，賜以織金文綺銷金帳幔諸物，其地無王，亦不稱國，服屬暹羅，歲輸金四十兩爲賦。慶至，宣示威德及招徠之意，其會拜里迷蘇剌（Parameswara）（註一）大喜，遣使隨慶入朝貢方物。準是以觀，馬六甲於一四〇三年時，尚未成其為國也。

（註一）Parameswara 在亞伯奎之疏解（Commentaries of d'Albuquerque)(此書為征服馬六甲之亞伯奎之私生子亦名亞伯奎者，就其父之公文編撰而成，出版於一五五七年。Hakluyt Society 將其譯成英文本）一書中寫為 Paramicura。而在伊里德書中則寫為 Permicuri，此指女性，自屬錯誤。馬來文之寫法為 Pĕrmaisura，源出梵文，意為萬物之主，昔日用以指溼婆神（Siva）者也。亦可訓為王。今文萊（Brunei）之主宰，仍用此尊號。此字之陰性為 Pĕrmaisuri，意為王后。關於拜里迷蘇剌之來歷，其說不一。據亞伯奎疏解，謂其人係一浡淋邦之異教王，娶 Bataratam-urel（滿者伯夷帝國王號之前常冠 Batara 一字，於義曰聖）之女為妃。後與其岳父意見相左，其統治之地遂為 Batara 所滅。於是拜里迷蘇剌挈其妻子坐船逃至新加坡。居留八日後，目擊其地之富庶，竟手刃當地之主宰 Tamagi，而自為新加坡王，在位五年後，為北大年（Patani）王所逐。又據疏解，謂馬來人未至馬六甲前，其地僅有土著居民二三十人，半為漁民，半充海盜。拜里迷蘇剌聞其地之有佳水與稻田，遂往居留。四個月後，居民即達一百，十年後，人口增至二千。在拜里迷蘇剌王位告終以前，孟加拉（Bengal）巴袞，爪哇均與馬六甲有繁盛之貿易矣。又據一五五三年巴脅斯（João de Barros）之記載：謂拜里迷蘇剌自爪哇逃至新加坡後，得其扈從爪哇人與石叻人之助，遂弒新加坡王（Sangesinga）而自立。不久被新加坡王之岳父，即對新加坡有宗主權之暹王所逐，遂逃至蔴河（Muar River），於河之上游百谷（Pagoh）建一木質之堡壘，以避暹人之襲擊。後遂開闢馬六甲云。柯都（Diogo de Couto）則確言新加坡之王為浡淋邦之後裔。

並謂新加坡之末王卽馬六甲之首王，名曰羅闍塞武(Raja Sabu)(Sabu 之義爲完滿，爲閉塞)或稱伊斯干達沙。羅闍塞武因避爪哇人之侵掠，遂逃至馬六甲沿岸，其地名 Sencuder 與烏戎丹那爲鄰云。此 Sencuder 者，或卽柔佛境內之大河士古台(Sungei Skudai)也。惟衞金孫則謂拜里迷蘇剌來自已宗回教之巴袞，故其王號應爲 Sultan Muhammad Shah 云。

明史彭亨傳謂永樂九年(一四一一年)王巴剌密瑣剌達羅息泥(Parameswara Telok Chini)遣使入貢。此巴剌密瑣剌亦係 Parameswara 之對音也。

永樂三年(一四〇五年)滿剌加遣使入貢，封爲滿剌加國王。謂永樂三年九月(使)至京師，帝嘉之，封爲滿剌加國王，賜誥印綵幣襲衣黃蓋，復命慶往。其使者言王慕義，願同中國列郡，歲効職貢，請封其山爲一國之鎮，帝從之，製碑文勒山上，末綴以詩曰：西南鉅海中國通，輸天灌地億載同，洗日浴月光景融，雨崖露石草木濃，金花寶鈿生青紅，有國於此民俗雍，王好善義思朝宗，願比內郡依華風，出入導從張蓋重，儀文裼襲禮虔恭，大書貞石表爾忠，爾國西山永鎭封，山居海伯翕扈從，皇考涉降在彼穹，後天監視久益隆，爾衆子孫萬福崇。慶等再至，其王益喜，禮待有加。故馬六甲之立國有王，至早當在一四〇五年也。而在明會典之中則列舉貢物。謂永樂三年，其酋長拜里迷蘇剌遣使奉金葉表朝貢，詔封爲國王，給印誥。使者言王慕義，願同中國屬郡，歲効職貢。又請封其國西山，詔封爲鎭國之山，御製碑文賜之。（註一）貢物犀角（馬來語 Sumbu badak 或 Sĕmbuli。爪哇語 Sungu）象牙（Gading），玳瑁（Sisek lilin 或 Sisek karah 或 Pĕnyu karah。在商業方面則分爲七品：曰 Fajar mĕnyingsing，曰 Ayer lilin，曰 Ayer lilin muda，曰 Ayer lilin tua，曰 Ayer ĕmbun，曰 Ayer tandok，曰 Ayer kĕsunba，曰 Ayer lingkar），瑪瑙（無確切之土名，通稱 Ratna 或 Manikam，乃指一般之寶石而言）珠（Mutia 或 Mutiara。此二字源出梵文，後字實爲爪哇物產中沒爹蝦羅之對音）鶴頂（Ĕnggang 或 Anggang 或 Tukang），金母鶴頂（可解爲鶴頂中之至佳者，殆爲 Rhinoplax vigil，土名 Ĕnggang gading）（在南洋大角鳥科 Bucerotidae 中之鳥類，計有八屬，鶴頂鳥乃 Buceros 屬也）珊瑚樹（一學名 Antipathes arborea, Dana，產紅海，阿剌伯人稱 Yusun。一學名 Antipathes ternatensis, L. 產馬來諸海，馬來人稱 Akar bahar 或 kalam pangha），珊瑚珠，金鑲戒指（一名金廂戒指），鸚鵡（Kakatua 或 Nuri），黑熊（Bĕruang），黑猿，白麂（Kĕsturi），鎖服（波斯語爲 Sal，欣都語

爲 Shal，乃毛織之披肩也。殊域周咨錄作鎖袱，又名梭服，烏毳爲之，紋如紈綺，）撒哈剌（波斯語爲 Sakhlat，欣都語爲 Sakallat，乃係一種一色優良之闊布也，）白苾布（或稱華布，其對音殆爲 Betilles），薑黃布（Citra），撒都細布（或即 Sarass）西洋布（Mousseline，產勿斯離國，即今 Mosul），花縵（Pita），薔薇露（產波斯灣之 Fars，波斯語稱 Gulob，五代時阿剌伯人即來入貢。在南宋初之蔡絛鐵圍山叢談中有云：大食國薔薇水雖貯琉璃缶中，蠟蜜封其外，然香猶透徹，聞數十步，灑着人衣袂，經十數日不歇也，）梔子花（Kachapiring，其學名爲 Gardenia augusta, Merr.），烏爹泥（又名烏疊泥，或作烏丁，或稱孩兒茶，烏爹即 Odra 之對音也。其今地即印度之 Orissa，是梵言水國 Udradesa，鄭和航海圖中稱烏里舍城。其產此物之植物學名爲 Acacia catechu, Willd 自烏爹經緬甸以至暹羅均有種植，其產物有二：供染料之用者，馬來人稱曰 Kachu，即來自印度語之 Kach。供咀嚼與藥料之用，其品質較優者，稱曰 Kath。此即十六世紀以前輸入中國之烏爹泥也。華人收買印度產之 Kachu 或 Kath，概販自馬六甲，至此物在印度通用之英名，本爲 Catechu，而英國藥物全書 British Pharmacopoeia 則以之稱甘蜜 Gambier，遂開混誤之端。查此二物之用途製造雖多相同，但甘蜜係十六世紀以後之產物，是以十五世紀時之烏爹泥必指 Kachu 或 Kach 無疑，）蘇合油）Storax，此非土名。產其此油之植物學名爲 Storax officinale, L. 係與安息香樹同科同屬之植物也，）片腦（又名龍腦。梵文爲 Pakva。馬來文爲 Kapur 或 Pokok kapur barus，或 Kapurun。其產此物之植物學名爲 Dryobalanops aromatica, Gaertn，即龍腦樹也，）沈香（梵文爲 Aguru，馬來文爲 Gharu，葡人則恆稱 Kalambak，此爲伽藍香之對音。其學名爲 Aquilaria agallocha, Roxb.，）乳香（Narwastu 或 Narasĕtu。阿剌伯人稱 Luban。亦係安息香樹之一種，）黃速香（沉香之次者，）金銀香（此香卽係安息香樹 Styrax benzoin, Dryander 之產物。馬來人稱 Kĕmĕnyan, Kĕmeyan, Kĕmian。有時稱 Kĕm-yan，Mĕn-nyan 或 Mĕnamyan 等。世人均認此等名稱，當與阿剌伯名之 Luban jawi 有關。在蘇門答臘則又稱 Haminjon。暹羅北部稱 Kumyan。越南之老撾稱 Kamnhan，越南東京之猺人稱 Mu-khoa-deng，）降眞香（英名 Laka-wood。其學名爲 Dalbergia parviflora, Roxb. 馬來人稱 Akar bĕranga 或 Kayulaka。蘇門答臘稱 Bulangan-Taratunggang-Tunggan。暹羅稱 Si。除菲律濱外，自頓遜 Tenasserim 至馬來細亞均有出產。其在馬來半島，則以產於吉打，霹靂及彭亨者爲最。樹幹基部之木心及根，概具香味，可製拜神用之線香。漢名早見諸蕃志著錄，特世人未究其來源耳。余謂降眞二字或係 Tunggang 之對音，）紫檀香 (Chendana 或 Chandana 或 Chandan。其學名爲 Pterocarpus santalinus。惟此種土名，每兼稱檀香 Santalum album, L.)，丁香（馬來語 Chinkeh，梵文 Lavanga，阿剌伯文 Karanful。其學名爲 Eugenia aromatica, Kuntze.)，樹香木香（梵文 Kushtha 馬來語 Puchok 其學名爲 Saussurea lappa, C. B. Clarke)，沒藥（拉丁文爲 Myrrha。馬來語爲 Gandharasha。阿剌伯文爲 Mur。阿剌伯之沒藥出於下列二樹：一 Commiphora abyssinica, Engl. 二 C. schimperi, Engl.)，阿魏（阿剌伯文爲 Inggu 或 Hinggu 學名爲 Ferula），大楓子（一作大風子。其學名爲 Gynocardia odorata, R. Br. 其油可治癩病，）烏木（Bui buhi 其學名爲 Diospyros ebenum, Koenig)（據一八三九年牛鮑德 T. J. Newbold 之說：謂在馬六甲有烏木出口。並謂近市區有一烏木山 Bukit Arang Kayu，足爲馬六甲產烏木之證。迨至一八八三年時，山之林木被伐殆盡，嗣後卽無烏木出口）蘇木（馬來人稱 Sŏpang 或 Sŏchang。暹人稱 Fāng 其學名爲 Caesalpinia sappan, L.）番錫，番鹽，黑小廝。查上述之貢物計四十餘種，當非永樂三年時一次所貢，明會典乃就歷次之貢物總括而言。惟此貢物之中，其大部分非馬六甲之土產，故僅舉其名，不加細考。然吾人由此可知馬六甲在開國之頃，實已爲商賈輻輳之地，舉凡波斯、阿剌伯、印度及馬來細亞之珍奇異品，幾盡萃於此。就貢物之種種名稱考之，吾人不難瞭然也。

（註二）按明一統志，謂滿剌加國朝貢，自廣東以達於京師，前代不通中國。永樂三年，其國王西利八兒速剌（Sri Parameswara 卽拜里迷蘇剌。第一字係梵文，乃欣都 Hindu 之神也）遣使朝貢，朝廷賜以印誥。又據廣東通志，謂滿剌加舊不稱國，自舊江（卽舊港，今稱巨港）順風八晝夜可至。其國傍海，山孤人少，受羈屬於暹羅，每歲輸金四十兩爲稅。明永樂三年，其王西利八兒速剌遣使奉金葉表文來朝貢，又謂其朝貢自廣東以達京師，貢獻方物，使回，令於廣東布政司管待。

（註一）按殊域周咨錄載：謂詔封西山爲鎭國山，賜以御製碑文，勒石其上。上（成祖）以蹇義善書，手授金龍文箋，命書其詔，偶落一字。義奏曰：敬畏之極，輒復有此。上曰：朕亦有之，此紙難得，姑註其旁可也。義曰：示信遠人，豈以是惜？上深然之。復授以籤更書之。惟殊域周咨錄將此事繫於永樂七年之下，殆誤。

（註二）買物中之屬於動物或香料一類者，大都係馬來細亞之土產。其屬於布疋一類者，幾盡自榜葛剌（今稱孟加拉）輸入，而藥材諸品則悉來自波斯與阿剌伯。其眞正馬六甲之土產，恐僅番錫，番鹽等而已。

永樂五年（一四〇七年）九月，滿剌加遣使入貢。（註一）六年（一四〇八年）鄭和（註二）使其國，旋入貢。永樂七年（一四〇九年）册滿剌加爲國，封其將領爲王。此見之於瀛涯勝覽及明會典等，茲擇有關者徵引如下。此處（滿剌加）舊不稱國，因海有五嶼之名，遂名曰五嶼。無國王，止有頭目掌管，此地屬暹羅所轄，歲輸金四十兩，否則差人征伐。永樂七年己丑，上命正使太監鄭和等，統（寶船）齎詔勑賜頭目雙臺銀印冠帶袍服，建碑封城，遂名滿剌加國。是後暹羅莫敢侵擾。又謂其國東南是大海，西北是老岸連山，皆沙滷之地，氣候朝熱暮寒，田瘦穀薄，人少耕種云。又據明會典云：謂永樂七年命正使太監鄭和等，統官兵二萬七千餘人，駕海船四十八艘，往諸番彝（夷）開讀賞賜，詔封爲滿剌加國王，賜銀印冠帶袍服，且建碑立界，暹羅始不敢侵擾。而東西洋考則謂，上命中使鄭和封爲滿剌加國王，賜銀印冠服，從此不復隸暹羅矣。核之以上諸說，則馬六甲之立國有王，當在一四〇九年矣。然余別有說，蓋一四〇五年之册封，乃應馬六甲使臣之請求，而一四〇九年之命令，則出自吾國之自動，此因馬六甲眷戀上邦，輸誠效貢，遂有此舉，以堅其志。故余謂馬六甲之正式立國，自當始於一四〇五年也。

(註一)此次滿剌加遣使入貢，係隨鄭和第一次下西洋時回國之寶艅而來。據明實錄卷七一有云：永樂五年九月壬子，太監鄭和使西洋諸國還，械至海賊陳祖義等。又謂蘇門答剌、古里、滿剌加、小葛蘭(Quilon 在印度南部西岸)、阿魯(Haru Aru 在蘇門答臘東北濱海)等國王遣使比者牙滿黑的等來朝貢方物。適相符合。至鄭和首次下西洋出發之時期，則在永樂三年六月己卯也。

(註二)戴文達克 (J. J. L. Duyvendak) 於一九三九年第三十四卷第五分册之通報 (T'oung Pao) 中，曾根據鄭和所立之兩種碑文，發表一篇長文，名曰 The True Date of the Chinese Maritime Expeditions in the Early Fifteenth Century，質言之，卽鄭和七次下西洋之確期是也。此兩種碑文，一名天妃之神靈應記（舊稱南山寺碑）碑豎於福建省長樂縣南山三峯塔寺附近，爲福建省行政專員王伯秋君所發見，時在一九三七年正月。此碑文已轉錄於馮承鈞所著之中國南洋交通史（商務出版）中，故不再引。一名婁東劉家港天妃宮石刻通番事蹟記，碑原豎於劉家港（今稱劉家口，亦曰劉河，或作瀏河，爲婁江入海處，在江蘇太倉縣東北。元時海運取道於此。）今廢，幸此碑文於嘉靖年間（一五二二至一五六六年）已錄入長洲（卽今蘇州）人錢穀所著之吳都文粹續集卷二十八第三十六、三十七、三十八頁中，後被採入四庫全書內。首先檢出此碑文者爲鄭鶴聲君，時在一九三五年十月二日也。茲將後述之碑文轉錄於下，並於括弧內略加說明，以便閱讀。

婁東劉家港天妃宮石刻通番事蹟記

鄭和

明宣德六年（一四三一年）歲次辛亥春朔，正使太監鄭和、王景弘，副使太監朱良、周福、洪保、楊眞，左少監張達等立。其辭曰：

勅封護國庇民妙靈昭應弘仁普濟天妃之神，威靈布於鉅海，功德著於太常，尙矣。和等自永樂初奉使諸番，今經七次。每統領官兵數萬人，海舶百餘艘，自太倉開洋，由占城國、暹羅國、爪哇國、柯枝國（今印度西岸之 Cochin）、古里國，抵於西域忽嚕（魯）謨斯（Ormuz 或 Hormuz 波斯灣口之一島）等三千（係十之訛）餘國，涉滄溟十萬餘里。觀夫鯨波接天，浩浩無涯，或煙霧之溟濛，或風浪之崔嵬，海洋之狀，變態無時，而我之雲帆高張，晝夜星馳，非仗神功，曷能康濟？値有險阻，一稱神號，感應如響，卽有神燈燭於帆檣，靈光一臨，則變險爲夷，舟師恬然，咸保無虞，此神功之大概也。及臨外邦，其蠻王之梗化不恭者，生擒之，寇兵之肆暴掠者，殄滅之，海道由是而清寧，番人賴之以安業，皆神之助也。神之功績，昔嘗奏請於朝廷（係建之訛）宮於南京龍江之上（今南京下關，而龍江上之宮係與靜海寺相近），永傳祀事。欽承御製記文，以彰靈貺，褒美至矣。然神之靈，無往不在，若劉家港之行宮，創造有年，每至於斯，卽爲葺理。宣德五年（一四三〇年）冬，復奉使諸番國，艤（係艤之訛）舟祠下，官軍人等，瞻禮勤誠，祀享絡繹，神之殿堂，益加修飾，弘勝舊規，復重建嵋山小姐（此神待考）之神祠於宮之後，殿堂神像，燦然一新。官校軍民，咸樂趨事，自有不容已者，非神之功德感於人心而致乎是？用勒文於石，並記諸番往回之歲月，昭示永久焉。永樂三年（一四〇五年）（其確期爲三年六月己卯，然此係奉詔年月，而出發之時期當在是年之秋後也）統領舟師往古里等國。時海寇陳祖義等聚衆於三佛齊國，抄掠番商，生擒厥魁，至五年（一四〇七年）（其確期爲五年九月初二王子）回還。永樂五年（其確期爲五年九月十三癸亥，明史說六年顯誤）統領舟師往爪哇、古里、柯枝、暹羅等國，其國王各以方物珍禽（異）獸貢獻，至七年（一四〇九年）回還。永樂七年統領舟師往前各國，道經錫蘭山國，其王亞列（應作烈）若（應作苦）奈兒（Alagakkonāra）負固不恭，謀害舟師，賴神靈顯應知覺，遂生擒其王，至九年（一四一一年）（其確期爲九年六月）歸獻。尋蒙恩宥，俾復歸國。永樂十二年（南山寺碑作十一年，明實錄作十年十一月丙申，此爲奉詔之年月，其出發之時期應爲十一年春初也。故碑文之二字顯爲一之訛）統領舟師往忽嚕（魯）謨斯等國，其蘇門答剌國僞王蘇幹剌（Sekandar），寇侵本國，其王遣使赴闕陳訴請救，就率官兵勦捕，神功默助，遂生擒僞王，至十三年（一四一五年）（其確期爲十三年七月癸卯）歸獻。是年滿剌加國王（指第二王）親（率）妻子朝貢。永樂十五年（一四一七年）（據明史爲十四年十二月丁卯，此係奉詔之年月）統領舟師往西域，其忽魯謨斯國進獅子、金錢豹、西馬（Western horses）（南山寺碑作大西馬）。阿丹國（Aden，今亞丁）進麒麟，番名祖剌法（Giraffe。索謀里語 Somali 稱 Twigiri 或 halagiri。阿剌伯人稱 Zeraf。其學名爲 Camelopardalis giraffa），並長角馬哈獸（Oryx。乃非洲之一種大羚羊也。其角之最長者達二十九吋）。木骨都束國（Mogadiscio，在非洲東岸）進花福祿（Striped zebra）並獅子。卜剌哇國（Brawa。在非洲東岸）進千里駱駝，並駝雞（Ostriches）。爪哇國、古里國進縻（南山寺碑作麋）里羔獸（戴文達克於通報三十五卷第一分册中，關於此獸曾加考訂。謂據劍橋大學所藏之中國異域禽獸圖中有黃米里高，青米里高及米里高三種。此米里高自與麋里羔同。此獸有雙蹄，有一尾，有鬣毛，似騾。於胸部則有毛一撮，於頭上則有兩小角。係青灰色羚羊之一種。波斯名爲青牛 Blue-cow。戴文達克考麋里羔之對音爲 Nilgau (Nilgai, Nilghai)。又謂 Nilgai 係 Boselaphus 屬，其學名爲 Boselaphus tragocamelus，純產於印度之山嶺間。雌者無角，雄者雖有角，但光滑而不長。

乃珍奇之獸也。再雌者微褐色，故黃米里高係雌者。然爪哇絕不產此獸，是以爪哇之貢麋里羔，或與 Nilgau 相似之獸，或先得之於印度者。）各進方物，皆古所未聞者。及（或）遣王男（應作舅）王弟捧金葉表朝貢（此次碑文中不載返國年月。但明史則稱十七年秋七月庚申鄭和還，故第五次之回國時期，即爲此時也。）永樂十九年（一四二一年）（據明史爲十九年春正月癸巳）統領舟師，遣忽魯謨斯等各國使臣久待京師者，悉還本國，其各國王貢獻方物，視前益加（此次碑文亦不載回國年月。明史則謂二十年八月鄭和還。）宣德五年（一四三〇年）（祝允明前聞記中作五年閏十二月六日。是以南山寺碑作宣德六年）仍往諸番開詔，舟師泊於祠思昔數次皆仗神明護助之功，於是勒文於石（此爲鄭和最後一次之下西洋，其回國時期爲宣德八年七月六日。）

上述之碑文本爲考證鄭和下西洋日期之重要資料，余徵引於此，其理有二：一鄭和下西洋於每次往返之際，必駐節於馬六甲。是以二馬六甲國王於一四三三年以前，每赴闕朝貢，有時即附鄭和之寶綜而來，如上述本文中之「六年鄭和使其國旋入貢」，即指第二次下西洋之事也。餘可類推。

拜里迷蘇剌封王而後，即於永樂九年（一四一一年）率其妻子入朝奉貢。茲將當時記載，擇要徵引於下。於明史之上，謂滿剌加王率妻子陪臣五百四十餘人來朝，抵近郊，命中官海壽，禮部郎中黃裳等宴勞，有司供張會同館。入朝奉天殿，帝親宴之，妃以下宴他所，光祿日致牲牢，上尊，賜王金繡龍衣二襲，麒麟衣一襲，金銀器帷幔衾裯悉具，妃以下皆有賜。將歸，賜王玉帶儀仗鞍馬，賜妃冠服。

頻行賜宴奉天門，再賜玉帶儀仗鞍馬，黃金百，白金五百，鈔四十萬貫，錢二千六百貫，錦綺紗羅三百匹，帛千匹，渾金文綺二，金織通袖膝襴二。妃及子姪陪臣以下，宴賜有差。禮官餞於龍江驛，復賜宴龍潭驛。在明會典內，謂九年王來朝，賜王妃及其子姪陪臣傔從綵緞紗羅襲衣有差，王還國，賜王妃冠服及銀鈔錦綺紗羅等物，陪臣賞賜有差。以後定例回賜：國王綵緞十，表裏紗羅各四匹，錦二匹。王妃綵緞五，表裏紗羅三匹。差來正副使並頭目，初到每人賞織金羅衣一套，靴襪各一雙，正賞綵緞四，表裏紗羅各二匹，折鈔絹四匹，織金紵絲衣一套。通使總管人等，初到每人素羅衣一套，靴襪各一雙，正賞綾三匹，折鈔絹六匹，素紵絲衣一套。番伴初到每人絹衣一套，靴襪各一雙，正賞折鈔絹二匹，綿布二匹，件襖袴鞋各一副。其正副使通事人等，給賜冠帶及給換例與暹羅國同。正貢外，附來貨物皆給價。其餘貨物許令貿易。在明一統志中，謂九年其王拜里迷蘇剌親率其妻子來朝，厚賚而還，自是朝貢不絕。廣東通志之記載略同明史，不過謂來朝之時在九年七月，辭歸之日爲同年九月耳。同時明帝賜勅勞王，其詞如次。勅曰：王涉海數萬里至京師，坦然無虞，蓋王之忠誠，神明所祐。朕與王相見甚驩，固當且留，但國人在望，宜往慰之。今天氣向寒，順風南帆，實維厥時。王途中善飲食，善調護，以副朕睠念之懷。永樂十年（一四一二年）夏，滿剌加王姪入謝，及辭歸，命中官甘泉偕往，旋又入貢。據殊域周咨錄載，謂永樂十一年（一四一三年）王（指拜里迷蘇剌）遣人至爪哇國，索舊港地，謂請於中國已許之矣。上詔爪哇勿聽。蓋舊港爲滿者伯夷所滅，而馬六甲之王與人民，與舊港有淵源故也。永樂十二年（一四一四年）王子母幹撒干的兒沙（Mahammad Iskandor Shah）來朝，告其父訃，卽命襲封，賜金幣。嗣後或連歲或間歲入貢以爲常。在明會典中，謂滿剌加國王子母幹撒干的兒沙來朝，告父卒，命嗣封，而殊域周咨錄與東西洋考則謂十二年王母來朝，宴賜如待王妃。此王母當爲母幹撒干的兒沙之母，卽與其一同來朝中國者。吾人總觀上說，知馬六甲之立國，係中國所封，其開國之君卽爲拜里迷蘇剌，其在位之時期約爲十年。（註一）是以温士德博士(R. O. Winstedt) 根據中國記載，在馬六甲諸王世系表（註二）中，卽推定拜里迷蘇剌之歿年當在一四一四年也。

（註一）樊倫丁（Francois Valentyn）爲荷蘭駐馬六甲之長官，於一七二六年時，撰馬六甲歷史（History of Malacca）一書，英譯本載王家亞洲學會海峽分會學報（JRASSB）十三號十五號十六號及二十二號中。其關於馬六甲王國時代之記載，謬誤滋甚。謂馬六甲開國於一二五三年，首王爲伊斯干達沙(Siri Iskander Shah)，其人爲新加坡王者三年，爲馬六甲王者二十二年云。

（註二）馬六甲諸王世系表，見溫士德所著之馬來亞史(A History of Malaya)二六〇面。此書係重要著作，足資參考。惟表中有一王之歿年不符，一王之歿年未註，容後說明。

三

母幹撒干的兒沙（註一）者，馬六甲之二世王也。其名曰 Raja Besar Muda（註二），意爲王子。王於永樂十二年曾入朝一次，外復於永樂十七年（一四一九年），王率妻子陪臣來朝謝恩。及辭歸，訴暹羅見侵狀，帝爲賜勅諭暹羅，暹羅乃奉詔。茲從東西洋考，將明帝諭暹羅國王之勅，徵引如次：朕祇膺天命，君主華夷，體天地好生之心爲治，一視同仁，無間彼此。王（暹羅）能敬天事大，修職奉貢，朕心所嘉，蓋非一日。比者，滿剌加國王亦思罕答兒沙（即母幹撒干的兒沙）嗣立，能繼乃父之志，躬率妻子詣闕朝貢，其事大之誠，與王無異。然聞王無故欲加之兵。夫兵者兇器，兩兵相鬭，勢必俱傷，故好兵非仁者之心。況滿剌加國王既已內屬，則爲朝廷之臣，彼如有過，當申理於朝廷，不務出此而輒加兵，是不有朝廷矣。此必非王之意，或者王左右假王之名，弄兵以逞私忿，王宜深思，勿為所惑。輯睦鄰國，無相侵越，並受其福，豈有窮哉？王其留意焉。是以東西洋考麻六甲條內有云：十七年，王亦思罕答兒沙嗣，更率妻子來朝，言為暹羅所侵，惟陛下卵翼之。上為降詔暹羅國王，無開兵隙。暹羅旋遣使來謝侵伐之罪。滿剌加所得保境息肩者，皆中國賜也。殊域周咨錄則謂：十七年國王亦思罕答兒沙嗣立，復率妻子入朝，後暹羅國欲舉兵攻之，遣使來告，上詔暹羅與平。由此觀之，暹羅之停止侵掠馬六甲，實出於明帝一詔之力也。在亞伯奎疏解之中，則對母幹撒干的兒沙之敍述較詳：謂王妃係巴衰王之女，此女於嫁前已為一回教徒。是以婚後不久，王受其妃之懇求，或因其岳父之敦促，馬六甲王亦崇信伊斯蘭教（Islam）。（註三）又謂母幹撒干的兒沙生數子，後往中國三年。歸後，得中國皇帝之特許，開鑄錫幣（註四）流通於市。至金幣與銀幣雖亦鑄造，但僅作交易之用云。一四二四年即永樂二十二年，母幹撒干的兒沙歿，其在位之時期亦僅十年（註五）而已。

（註一）母幹撒干的兒沙之葡萄牙名為 Mu-Xaquendarsa，而伊里惠書中則寫為 Xeque Darxa。至其王號 Muhammad Iskandar Shah 中之第一字係阿剌伯文，義為讚美或眞光。通常讀如 Muhanat，其縮寫為 Mamat

或 Mat。第三字係波斯文，於義曰王。將 Muhammad Shah 兩字合用，則爲上帝之蔭蔽於地上之意。換言之，卽上帝之恩澤也。凡王之崇信回教者，普通常用此名。故馬六甲之宗回教，當始於此王。但回教勢力在馬六甲之確立，則始於第五王也。其中間一字係由希臘文轉成之波斯文與阿剌伯文等於 Alexander。

（註二）Raja 卽梵文之 Rajah，漢譯羅闍，於義曰王曰王子曰行政長官。Besar 之義爲大爲重要。Muda 之義爲青年。Raja Muda 合用，則解爲儲君。

（註三）伊斯蘭教卽回教，何時傳入馬來半島，事極重要，茲略述之。一九〇〇年頃，有一阿剌伯商人名 Sayid Husin bin Ghulam al-Bokhori 者，在距丁加奴（Trengganu）河口二十五英里處之 Tĕrĕsat 河（丁加奴河之支流）旁發見一石碑，事爲丁加奴蘇丹所知，遂借陳於新加坡之雷佛士博物館內。該碑係一方形之石塊，碑頂部分已遺失。就吾人現在所見者，其高爲三十三吋，上部最闊達二十一吋，基部闊十吋半，其平均之厚度爲九吋半。重約四百至五百磅。四面均刻阿剌伯文，卽係伊斯蘭教義及干犯回教法律某種姦淫罪所應受處罰等之文字是也。在第一面中，則刻有立此碑於丁加奴者爲 Seri Paduka Tuhan。其立碑之時期爲巨蟹宮（Cancer）年七月（Rejab）禮拜五，卽回歷七百又二年。質言之，卽在西歷一三〇三年之二月與三月之間也。然精通回文之布拉丁（C. O. Blagden），認此石碑第一面中第末行 di-tahun Saratān di-sasanakala Baginda Rasul Allah tĕlah lalu tujoh ratus dua 之句文意義尚未完滿，故 dua 不應僅作二解，可解爲 dua-lapan（二八）或 dua-puloh（二十）或二十一至二十九各數，或 dua-lapan-puloh（二八十）等四種，由是可得回歷七〇二、七〇八、七二〇至七二九及七八〇至七八九等年份矣。惟其月份爲七月，故合之西歷，卽有一三〇三年二月十九日，一三〇七年十二月十五日，從一三二〇年八月七日起至一三二九年五月三十日止，及從一三七八年十月二十四日起至一三八七年八月十六日止之四種。又因末句中有 Saratān（巨蟹宮）一字，此爲十二宮之一。故據布拉丁之考訂，謂回歷七〇二年爲巨蟹宮年，七〇八則否，從七二〇至七二九，及從七八〇至七八九間之巨蟹宮年，則爲七二七年及七八八年，合之西歷即爲一三二六年十一月二十七日及一三八六年二月二日是也。根據上說，則回教之輸入馬來半島，非在一三二六年之冬，即在一三八六年之春，定爲無疑之事。然馬來各王國改宗回教之最早者，即爲巴袞。按之溫士德所著考證巴袞紀年（Hikayat Raja-Raja Pasai）一文，謂該國之信奉伊斯蘭教，在十三世紀之後五十年中，而此紀年中所列之第一王爲 Malik al-Saleh，此王歿於一二九七年。是以巴袞之改宗回教，當在一二七五年之頃也。馬來半島之回教，雖從巴袞傳入，但此丁加奴石碑之豎立，自不能早在一三〇三年（回歷七〇二年），蓋其間相距僅三十年耳。

（註四）母斡撒千的兒沙所鑄之錫幣，今不存在。惟馬六甲第五王及其以後所鑄之錫幣，則於一九〇〇年及一九〇四年浚掘馬六甲河口時，曾獲得數十枚，今存雷佛士博物館內。馬來人稱錫幣曰 Cashas，此字或源於南印度語，而在今之任何馬來辭典中，尚未著錄。至以爲異。瀛涯勝覽蘇門答剌國條內有云錫錢番名「加失」，此即 Cashas 之對音也。葡萄牙人稱 Caixes，英人 John Davis 於一五九九年至亞齊（Acheh）時，稱錫幣曰 Caxas，間有寫爲 Cashes, Chazzas, Caixas 及 Caxias 等者。

馬六甲之錫幣，形圓無孔，頗不整齊。小者直徑爲十九公厘（m. m.），大者二十五公厘，平均言之，約爲二一．五公厘。每枚之重量，平均爲二．五至三公分，兩面均有馬來文字。達克斯（C. H. Dakes）謂母斡撒千的兒沙回自中國，開始鑄錢，而其所鑄之錢，竟不染中國之影響，認爲至奇。其實何奇之有？蓋錫性柔軟，遠不若銅之堅硬，設中穿一孔，鑄造困難耳。況且其鑄錢手續非常簡單，先以錫鎔解後，即注入模型中，此時取出者爲兩面無字之幣。然後再用印模一對印上文字。若幣有中孔，則字不連貫。馬來錫幣之無孔，即因此故。然馬來錫幣之圓形，即爲得自中國影響之明證，否則曷不鑄方者乎？

（註五）在樊論丁馬六甲歷史一書中，謂馬六甲之第二王爲 Sultan Magat，在位僅二年，王歿後無承繼之人，遂由異教王 (Heathen Kings) 統治馬六甲者達一百十五年六個月云。此實不經之說，一見便明。然據樊論丁言，謂其時之東方強國有三：一爲爪哇之滿者伯夷，二爲蘇門答臘之巴襄，三即馬六甲是也。此說甚是。

鄭和下西洋時，有會稽人名馬歡者，乃奇邁之士也。曾隨使任通譯之職，瀛涯勝覽一書，即爲其使後之著作。因此書記載翔實，學者咸公認爲研究十五世紀初年南海、印度及阿剌伯之重要寶典，英法各國均有譯本。書前有序，其所署之時期爲永樂十四年（一四一六年）歲次丙申。然沿考書中所記之情形，有涉及一四一六年之後者。（註一）是以吾人欲解此惑，自非尋檢馬歡隨使之日期不可。據法國大儒伯希和 (Paul Pelliot)（現任通報主編，戴文達克副之）之考訂，謂馬歡第一次之隨使在一四一三至一四一五年（永樂十一至十三年）間，亦即鄭和第四次下西洋之日期是也。第二次之隨使在一四二一至一四二二年（永樂十九年春至二十年秋），亦即鄭和第六次下西洋之日期是也。第三次之隨使在一四三一至一四三三年（宣德六至八年），亦即鄭和末次下西洋之日期是也。準是以觀，馬歡首二次經過馬六甲時，適在母幹撒干的兒沙在位時代。是以在滿剌加國一條內所記之情形，頗與第二王之時代相符，茲徵引之。曰：有一大溪河水，下流從王居前過入海。其王於溪上建立木橋，上造橋亭二十餘間，諸物買賣俱在其上。國王國人皆從回回教門，（註二）持齋受戒誦經。其王服用以細白番布纏頭，身穿細花青布長衣，其樣如袍。脚穿皮鞋。出入乘轎。國人男子方帕包頭，女人撮髻腦後，身體微黑，下圍白布手巾，上穿色布短衫。風俗淳朴。房屋如樓閣之制，上不鋪板，但高四尺許之際，以椰子樹劈成片條，稀布於上，用籐縛定，如羊棚樣，自有層次。連床就榻，盤膝而坐，飲臥廚灶皆在上也。人多以漁爲業，用獨木刳舟泛海取魚。以上所述悉爲其時馬六甲之市集，俗尙及人民之起居生活等。百年後葡萄牙佔領馬六甲時，仍無大變，卽在今日吾人於馬來鄉村之間，有若干情形，仍可髣髴得之。

（註一）查瀛涯勝覽中之序文雖載明永樂十四年（一四一六年），然其最初之印本則在景泰二年（一四五一年）。伯希和斷定此書在一四一六年後續有所增，或者曾經增補兩次，而第二次增補之時期則在一四二四年之後云。

（註二）據馬來紀年，謂馬六甲之改宗回教，始於第三王（其實此王反對回教，說詳於後），其說殊不可信。而衞金孫則根據中國載籍及王號兩點，斷定母幹撒干的兒沙係一回教徒。證之馬歡所言，絕對無誤。溫士德在其所著之馬來亞史中，謂馬歡於一四一三年訪馬六甲時，或者拜里迷蘇剌已不在位，而由其子秉政，否則國王國人皆從回回教門一語，似難解釋。此說未妥。吾人細察上文所舉之馬歡隨使日期，即可明瞭。

吾人再就其時馬六甲之物產言之，則於瀛涯勝覽之中，亦敍述甚詳。：曰土產黃速香，烏木，打麻兒香，（註一）花錫之類。打麻兒香本是一等樹脂，流出入土，掘出如松香瀝青之樣，火燒即着，番人皆以此物點照當燈。番船造完則用此物熔塗於縫，水莫能入甚好。彼地之人多採取此物以轉賣他國。內有明淨好者，卻似金珀一樣，名損都盧廝。（註二）番人做成帽珠而賣，今水珀即此物也。花錫有二處山塢錫場，（註三）王命頭目主之，差人淘煎，鑄成斗樣，以爲小塊輸官，每塊重官秤一斤八兩，或一斤四兩，每十塊用藤縛爲小把，四十塊爲一大把。通市交易皆以此錫行使。其國人言語並書記婚姻之禮，頗與爪哇同。（註四）山野有一等樹，名沙孤樹，（註五）鄉人以此物之皮，如中國葛根擣浸澄濾其粉作丸，如菉豆大，晒干而賣，其名曰沙孤米，可以作飯吃。海之洲渚岸邊，生一等水草，名茭蔁。（註六）葉長如刀茅樣，似苦筍殼，厚性軟，結子如荔枝樣，雞子大，人取其子釀酒，名茭蔁酒，飲之亦能醉人。鄉人取其葉結竹細簟，止闊二尺，長丈餘，爲席而賣。果有甘蔗，巴蕉子，波羅蜜，（註七）野荔枝（註八）

之類。菜、葱、薑、蒜、芥、東瓜、西瓜皆有。牛、羊、雞、鴨雖有而不多，價亦甚貴。其水牛一頭值銀一斤以上。驢馬皆無。其海邊水內常有鼉龍（註九）傷人。其龍高三四尺，四足滿身鱗甲，背刺排生，龍頭撩牙，遇人卽囓。山出黑虎，比中國黃虎略小，其毛黑，亦有暗花紋。其黃虎亦間有之。惟馬六甲產虎之事今已未有所聞矣。在殊域周咨錄中，則謂馬六甲產錫、布、蘇木、胡椒、象牙、犀角、硫黃、玳瑁，其說已遠不如瀛涯勝覽之正確。蓋蘇木盛產於暹羅，胡椒盛產於巴袞，卽象牙犀角玳瑁之屬亦非馬六甲之產物也。

（註一）打麻兒香卽馬來語之 Damar（英名 Dammar），意謂樹脂（松香、安息香、金銀香等亦樹脂也。此處之香字應作樹脂解，與沈香檀香等有別。）馬來人對此物之主要用途：一以之作火炬，二以之塡船縫。其中最堅硬者，稱打麻兒石（Damar batu），至今仍可於河床旁掘得之，可製鈕扣。此與馬歡所說之帽珠，其意殆同。然產打麻兒之大樹其數甚多，因是打麻兒之種類亦甚複雜，馬歡所指自亦非一種。茲略述之：曰 Damar penak，係 Balanocarpus heimii, King 樹所產，成大塊，形不整，色澤淡白黃或琥珀色。曰 Damar mata kuching 卽龍眼打麻兒也，係 Hopea spp 屬之樹所產，成不整齊塊狀，淡白色。曰 Damar temak 係 Shorea hypochra, Hance 樹所產，成圓形塊狀，幾無色或微黃色。曰 Damar sengai 係 Canarium hirsntnm, Willd 樹所產，成鐘乳狀大塊，微黃白色。曰 Damar hitam，意謂黑打麻兒，計有兩種：一爲 Shorea resina negra, Foxw 樹所產，成不整齊之小塊，色如黑煤。二爲 Balanocarpus penangianus, King 樹所產，成鐘乳狀大塊，呈黑褐色。曰 Damar siput 係 Shorea ridleyana, King 樹所產，硬而深色。曰 Damar seraya，係 Shorea curtisii, Dyer 樹所產，成鐘乳狀大塊，奶油色。曰 Damar kapur 即龍腦打麻兒是。係 Dryobalanops aromatica, Gaertn 樹所產，成不整齊塊狀，外硬中軟，色淡黃。其品質至佳者即片腦也。曰 Minyak keruing，係龍腦香樹屬 (Dipterocarpus spp.) 之產物，故有稱爲 Dipto-damar 者，呈明淨之黃褐色。大概馬歡所指之打麻兒，殆第一種與最後之一種是也。以馬來半島而論，能產打麻兒之樹，計有二十餘種，至今仍爲重要之商品。如讀者欲知其詳，可就馬來半島之打麻兒 (The Damar of the Malay Peninsula, by T. A. Buckley) 一書參考之。

（註二）伯希和認阿剌伯波斯語之 Sindarus（其義爲柏脂與漆之概稱）或係損都盧廝之對音。然於衞金孫之巫英辭典 (A Malay-English Dictionary) 中著錄 Sindur 一字，其源出於欣都語，係指一種樹木。其學名爲 Sindoru sumatrana, Miq，能產一種紅色軟脂，馬來語稱 Minyak sindur，意謂如油膏之損都盧也。此物與打麻兒合用，以之塡補船縫甚佳。故余謂馬歡之損都盧廝即係 Sindur。觀馬歡將打麻兒香與損都盧廝並舉，可爲明證。

（註三）馬六甲於十五世紀時，確有錫場二處：一在 Kesang，在今野新(Jasin)之北，今廢。一在 Chin Chin（此字之義爲戒指）在野新之東南，至今仍有錫礦從事淘採。據馬來亞鑛業報告 (Report upon the Mining Industry of Malaya, by L. L. Fermor) 一書，謂其地更產黃金，惟爲數甚微，一九三八年曾得黃金五·一英兩云。至彭亨、雪蘭莪 (Selangor) 及霹靂 (Perak) 雖係著名產錫之區，但於母幹撤干的兒沙時代，是否運至馬六甲販賣，則不得而知。不過於葡萄牙佔領之時，馬六甲確爲各地錫產集中之處也。

（註四）據瀛涯勝覽爪哇國條內有云：其婚姻之禮，則男子先至女家，成親三日後，迎其婦。男家則打銅鼓銅鑼，吹椰殼筒，及打竹筒鼓，並放火銃，前後短刀團牌圍繞。其婦披髮裸體跣足，圍繫絲嵌手巾，項佩金珠聯絡之飾，腕帶金銀寶裝之鐲。親朋隣里以檳榔荖葉(Sireh)線紉草花之類，粧飾綵船而伴送之，以爲賀喜之禮。至家則鳴鑼擊鼓，飲酒作樂，數日而散。此種婚禮，於今仍無多大變化，不過披髮裸體，早已絕跡矣。

(註五)沙孤之對音爲馬來語之 Sagu。此字之原義爲粉狀之木髓。產沙孤米之植物，今稱西穀棕，其學名爲 Metroxylon sagus, Rottb. 或 M. rumphii, Mart.。馬來人除稱 Sagu 外，更有 Rĕmbia Rumbia 及 Gĕmia 等異名。爪哇人稱 Ambulung, Bulu, Bulung, Kĕrsula, Krĕsula, Rajang, bunkoan, Rĕmbulung, Rĕsula, Tĕmbulu。巽他人稱 Kirai。在蘇門答臘則稱 Rumbia, Rontan, Rambia, Rĕmbi。此種西穀棕莖中含澱粉質至夥，每株可得西穀粉二五〇至六〇〇磅，甚有多至一千二百磅者。取粉之法，將莖截成數段，搗爛浸清，沈澱即得。隨後以粉置於布中，使之成丸，即稱西穀米（沙孤米）。今上海菜館中亦常作爲甜餚之一焉。諸蕃志中之沙糊，亦即此物。馬可波羅經蘇門答臘時亦知之。惟出產西穀米最佳之所在，首推蘇門答臘之碩坡 (Siak)，次爲婆羅洲。馬六甲所產品質雖佳，今其量甚少，已不視爲重要之土產矣。

(註六)在瀛涯勝覽中述及茭蔁一名者，計有五處，但所指並非一物。今就馬六甲之茭蔁略述之。此即泥柏棕也。其學名爲 Nipa fruticans, Wurmb. 馬來名 Nipah。暹羅稱 chak。此物用途極大，葉可蓋屋，即稱 Atap。又可製傘作帽編籃織席。幼葉可作捲煙之用。葉柄可製箭。從花苞取得之汁，可釀酒作醋製糖。種子可食，又可作鈕扣。馬歡所述者僅兩種而已。至茭蔁之對音，確爲 Kajang。但其義訓爲席或席幕，因泥柏棕之葉可爲席，遂混稱耳。眞臘風土記中之茭漿酒，自與茭蔁酒同。惟諸蕃志中之蝦猱丹與尾巴樹，乃稱行李葉椰子 (Corypha utan, Lam)，非指泥柏棕也。如讀者欲知其詳，可查拙著茭章考一文（刊商務東方雜誌三十七卷十七號。）

馬六甲盛產泥柏棕，不但於馬歡時爲然，卽在馬歡後三百餘年其情形仍同。有 Barretto de Resende 者，於一六四六年時對馬六甲有下列之記載：謂城郊有一聖勞陵斯 (St. Laurence) 教區，區內有篤信基督教之人民一千四百，並有無數土着宅居於沼澤之地，其地產泥柏棕 (Nypeiras)，或稱 Braya palms。由此可蒸溜泥柏酒 (Nypa wine)，以作飲料（見一九一一年 JRASSB 第六十卷二二面）。又一七七九年有 J. G. Koenig 者，謂將至首都（指馬六甲）水之鹹度漸減，岸之兩旁見一種新棕樹，就是泥柏 (Nipa)。樹植甚密，欲看樹前之物，幾不可能。但此種棕樹，確能供獻一種奇異之景色，至足樂也。關於此樹之葉，其用處吾前已述及（按卽蓋屋等）。今所欲言者，華人能將此果實之粒保存之而用以製糖耳。糖透明，無特殊風味，惟略含香氣而已（見一八九四年 JRASSB 二七卷一三一面）。凡此均可證明馬六甲之茭蔁卽爲泥柏棕也。

（註七）波羅蜜學名 Artocarpus integra, Merr 或 A. integrifolia, L. f. 馬來語與他語均稱 Nangka。爪哇語稱 Nongka。在蘇門答臘稱 Lamasa, Malasa, Měnaso, Benaso。在暹羅稱 Khanun。梵名 Panasa。此卽隋書眞臘傳中婆那娑之對音也。至 Chakka 非馬來語，乃係摩羅耶蘭 (Malayalam) 語，其義爲圓。馬來人識波羅蜜有兩種：一稱 Nangka bělubang 肉堅實，一稱 Nangka bubor 肉柔軟。果實奇大，重者達一百十磅。果肉與種子均可食（請參考拙著波羅蜜一文，刊南洋學報一卷二期。）

（註八）紅毛丹係南洋名果之一，漢名韶子，與荔枝同科同屬，其學名爲 Nephelium lappaceum, L. 馬來、爪哇、與他及蘇門答臘均稱 Rambutan。在暹羅稱 Ngaw Āmaw。馬歡之野荔枝，卽紅毛丹也。

(註九)鼉龍卽鱷魚。馬來人概稱 Buaya，其棲於海濱河口之一種，學名爲 Crocodilus porosus, Schneid。此卽馬歡所說之鼉龍。一七七九年時，馬六甲仍有鱷魚甚多。據 J. G. Koenig 之記載，謂在許多樹下有不少鱷魚睡着，或負暄於陽光之下，或時呑沼澤旁之淤泥。背作灰色，與泥土相似，身體扁平，腹作白色。吾非常不幸，不能捕獲一條，因鱷魚居淤泥之中，用船或步行均不能走近也。

據無錫縣志謂馬六甲尙產異龜，茲徵引如下：俞尙書溥初官都府參軍，奉使滿剌加國，歷三年乃歸，得卜龜術，選巨龜藏之祕室，飲以清泉，飼以綠苔，歲可用一卜。將卜先齋七日，以薄漆塗龜腹，俟其漆裂如灼文，以驗吉凶，勝於火灼。溥得二龜，一長尺有三寸，一長尺有半寸。又攜得二種藥，一名阿止兒，狀如苦參，療內傷；一名阿息，類地骨皮，治金瘡。此種異龜，其學名爲 Cuora amboinensis, Günther，馬來語稱 Kura-kura 或 kĕkura，亦作符咒醫病之用。阿止兒疑係 Akar 之對音，此字訓爲根，而根之可作藥用者甚多。阿息當爲 Asin-asin 之對音，乃係大戟科植物中之一種，其學名爲 Breynia reclinata, Hook. f. 葉與根均供藥用，可治頭痛，耳下腺炎及一切皮膚病。

又據坤輿圖說（德人湯若望 Joannes Adam Schall von Bell 著，其人於明天啓中來華）謂滿剌加國地不甚廣，爲海商輻輳，正在赤道下，春秋二分氣候極熱，賴無日不雨，故可居。產象及胡椒，佳果木終歲不絕。人良善，不事生業，或彈琵琶閒遊。所說甚是，惟象與胡椒實非馬六甲之產物也。

至鄭和之蒞臨馬六甲，不但築官廠以頓錢糧，而且建行轅以寓隨從。其當時之盛況，雖乏詳細記錄可供稽考，然於瀛涯勝覽之中，亦可獲睹其梗概。曰：凡中國寶船到彼（馬六甲），則立排柵，如城垣，設四門更鼓樓，夜則提鈴巡警。內又立重柵，如小城，蓋造庫藏倉廒，一應錢糧頓在其內。去各國船隻回到此處取齊，打整番貨，裝載船內，等候南風正順，於五月中旬開洋回還。（註一）鄭和此種措置，在黃省曾之西洋朝貢典錄中，頗予讚美，其辭如次：予觀馬歡所記載滿剌加云，鄭和至此，乃爲城柵鼓角，立府藏倉廩，停貯百物，然後分使通於列夷，歸艅則仍會萃焉。智者其區略也。又據黃衷海語滿剌加條：謂王居前屋用瓦，乃永樂中太監鄭和所遺者。餘屋皆僭擬殿宇，以錫箔爲飾。由此觀之，鄭和在馬六甲之建築官廠，（註二）絕無疑義。然密爾斯 (J. V. Mills) 謂爲此官廠者，或係馬來稅官 (Shahbandar) 之辦公處，以便與外商接洽，就貨徵稅之用（見一九三七年 JRASMB 第十五卷第三分册。）此種假說，全出肊斷，殊不能令人置信也。

（註一）按鄭和七次下西洋，其回京時期，皆在六七八九月間，與馬歡所言五月中旬開洋回還一語，甚相符合。又據馮承鈞先生言：由是可見寶船西行時，自滿剌加赴亞齊（馬歡所言之蘇門答剌國，乃指今蘇門答臘北部之 Samudra，至神宗萬厤時始易名亞齊。於一五七〇至一六七〇年間，國勢甚強。故此處之亞齊，乃指蘇門答剌國言）分艅往各國，東還時，則復由亞齊至滿剌加聚齊。由此更可證實馬六甲爲鄭和下西洋時必駐節之地。

（註二）在武備志鄭和航海圖中，計有官廠二處：一在滿剌加國，一在蘇門答剌國。凡此均鄭和所築。

四

永樂二十二年（一四二四年）西里麻哈剌 (Sri Maharaja) 以父歿嗣位，率妻子陪臣來朝。（註一）殊域周咨錄則謂二十年其（第二王）子西哩麻哈剌以父新歿，率其妃及陪臣至闕朝貢。此二十年顯係二十二年之誤。所謂西里麻哈剌者，即馬六甲之第三王也。於登位前，其名曰 Raja Kechil Besar，意爲儲君。宣宗宣德六年（一四三一年），該王又遣使人訴暹羅見侵。茲將明史之文徵引如下：宣德六年遣使者來言暹羅謀侵本國，王欲入朝，懼爲所阻，欲奏聞，無能書者，令臣三人附蘇門答剌貢舟（註二）入訴。帝命附鄭和舟歸國，因令和齎勅諭暹羅，責以輯睦鄰封，毋避朝命。初三人至，無貢物，禮部例不當賞。帝曰：遠人越數萬里來愬不平，豈可無賜？遂賜襲衣綵幣如貢使例。又宣德八年（一四三三年）（東西洋考謂九年王復至，後先賜予甚厚，其後貢使不絕）王率妻子陪臣來朝，抵南京，天已寒，命俟春和北上。別遣人齎勅勞賜王及妃。洎入朝，宴賚如禮。及還，有司爲治舟。王復遣其弟貢駝馬方物（據溫士德馬來亞史，謂此次朝貢在一四三五年，即宣德十年，帝崩之時也。）時英宗已嗣位，而王猶在廣東，賜勅獎王，命守臣送還國，因遣古里，眞臘（Cambodja，今東埔寨）等十一國使臣附載偕還。又據明會典，宣德八年國王朝貢，廣東布政司幷南雄、贛州、臨江、淮安、濟寧各府州，茶飯管待至通州，令行在光祿寺辦送茶飯接待。明時對於外使招待之周至，於此可見。查西里麻哈剌歿於一四四四年，其在位之時期共二十年（註三）也。

（註一）據馮承鈞著中國南洋交通史，謂鄭和第七次旅行前尚有一役不見碑文及明史本紀記載，僅見明史鄭和傳著錄。其文曰：永樂二十二年正月，舊港（巨港）酋長施濟孫請襲宣慰使職，和齎勅印往賜之。比還，而成祖已晏駕。查成祖晏駕，事在永樂二十二年七月辛卯。故西里麻哈剌此次之來朝，即附鄭和之歸舩也。惟鄭和此次往返，為時不過數月，是以不列於七次下西洋之內。

（註二）按明史蘇門答剌傳曰：宣德五年（一四三〇年）帝以外蕃貢使多不至，遣和及王景弘遍歷諸國，頒詔曰：朕恭膺天命，祇承太祖高皇帝、太宗文皇帝、仁宗昭皇帝大統，君臨萬邦，體祖宗之至仁，普輯寧於庶類，已大赦天下，紀元宣德，爾諸蕃國，遠在海外，未有聞知，茲遣太監鄭和、王景弘等齎詔往諭，其各敬天道，撫人民，共享太平之福。凡歷二十餘國，蘇門答剌與焉。明年（宣德六年）遣使入貢者再。馬六甲使臣附蘇門答剌貢舟即指此。

（註三）荷人樊倫丁，謂馬六甲之第三王為 Sultan Mohammed Shah，登位於一二七六年。彼為馬六甲之第一回教王，宣傳新宗教甚力，因此於在位期間，國勢甚強，版圖亦廣。於是 Malajoo（Malayu）一名，即傳佈於龍牙島、兵打島、柔佛、北大年、吉打、霹靂及其他各處即蘇門答臘東岸之監篦(Gampar 今 Kampar)及阿魯(啞魯)(Haru 或 Aru)兩國亦臣服於馬六甲云。其在位之時期共五十七年，至一三三三年而歿。據余所知馬來諸王之在位時期鮮有超過三十年以上者，是以樊倫丁此說無人置信。

西里麻哈剌在位之時，馬六甲國勢漸強，人民富庶，確係事實。衞金孫與温士德因謂王或以其港口之日臻繁盛，並有統治馬來各國之雄心，遂效三佛齊古國（註一）之君主，而自稱其王號曰Sri Maharaja（註二）即基於此。查此二字源出梵文，意謂大王。宋時三佛齊之明君曾有此尊號，亦即宋史三佛齊傳中著錄之悉利麻霞囉蛇是也。然回教國之君主，例不能僭用此號，吾人由是可知，西里麻哈剌不但為伊斯蘭教之叛徒，而且有反對之舉動焉。回教有一大節名曰 Hari Raya Bĕsar，於今仍然。而西里麻哈剌則於是日嘗昭告其人民曰：余當依新加坡國祖先之俗以慶賀此新年。（註三）但古代之新加坡係佛教國，非回教國，世所熟知，質言之，西里麻哈剌欲使其人民回想昔時佛教日之盛況耳。抑有進者，西里麻哈剌更倣三佛齊之舊例，設置世襲監護官 (Muntah Lĕmbu)，略同太監，專司國王登位或遇節日時加冕之職。此種監護官，於今日霹靂王室之內，仍可見之。凡此均可證西里麻哈剌之忽視回教也。然於馬來紀年之中，謂王篤信回教，於改宗之時，曾得一夢，願爲上帝之僕人(Abdul-aziz)，故稱其王號曰 Muhammad Shah，意爲亞歷山大之後裔云。此種記載，殊不可信。因其王號在中國典籍之中，僅云西里麻哈剌耳。至在十六世紀之葡萄牙文著作中，則漏列此王之名，使吾人不能多一覆證，誠爲憾事。

（註一）唐之室利佛逝，宋明之三佛齊，阿剌伯人所稱之 Sribuza 及 Zābag，各國學者均考訂爲今之巨港（Palembang）或占碑（Jambi），似已無疑問矣。然有荷蘭人名 Ir. J. L. Moens 者，於一九三七年發表一文，曰室利佛逝闍婆及迦吒訶考（Srivijaya, Yava en Katāha），其英譯本載於一九三九年之 JRASMB 第十七卷第二分册中，竟將前人所考悉數變更。余以此事關係南海古史非常重要，特在此撮要徵引之。

六七〇年今日之吉蘭丹(Kelantan)始稱室利佛逝，即於六六六年戰勝訶陵（今吉打 Kedah）後所命名者也。六七一及二年，義淨至室利佛逝（今吉蘭丹）、末羅瑜（今巨港）及羯荼（今吉打）。彼所稱之金洲（Suvarnadvipa）即今馬來亞(Malaya)。六八三年，室利佛逝戰勝末羅瑜，遂在六八三與六八五年間另建室利佛逝於監篦河（Kampar River）之 Muara Takus 地方。六八四年，室利佛逝王 Jayanaga（意爲勝龍）在今巨港建室利察呾羅園(Criksetra Park)。六八五及九二年，義淨在室利佛逝（今 Muara Takus）。六九二年，義淨稱婆魯師洲（今 Baros）在室利佛逝之西北。六八六年，室利佛逝征服多羅摩（今巽他 Sunda）。七世紀末年，義淨稱佛逝補羅洲（Girivijayapura）城在金利毗逝(Girivijaya，其地在今婆羅洲西岸。七一七年，僧金剛智(Vajrabodhi)在室利佛逝。七二四及八年，室利佛逝王尸利陁羅跋摩（Crindravarman）遣使入朝中國。同時室利佛逝擊敗闍婆（今吉打）。七四二年，中國册封室利佛逝王劉滕未恭（Rudravikrama）爲賓義王，授左金吾衞大將軍。七五〇年左右室利佛逝再敗闍婆（今吉打）並征服克拉地峽（Kra）在六坤（Ligor）建窣堵波(Stupas)。由是闍婆遷都於婆露伽斯（今木歪 Bruas）。八七一至八九〇年，室利佛逝被金洲（即迦吒訶—迦茶羅 Kataha-Kedaru）（其地在馬來半島之南端，即今柔佛與新加坡相對）之山帝(Sailendras)所征服。室利佛逝王朝後裔逃至爪哇。八七三至八九〇年，金洲之山帝 Balaputra 建一新帝國名曰三佛齊，並於是時在那爛陀（Nalanda）建一寺。九〇二年，統治三佛齊（即迦吒訶—迦茶羅）之王曰摩訶羅闍(Maharajah)。九〇四年，三佛齊遣使來朝中國。九一六年左右室利佛逝（今 Mnara Takus）、哥羅（今 Kra）及羅米（今亞齊）均臣服於三佛齊。九四三年，室利佛逝、哥羅婆羅(Kalah-bar)（今 Kra）、闍婆迦 (Jawaga)（今木歪）、羅米及南海中之若干島嶼，均臣服於三佛齊。九六〇及二年，三佛齊王悉利胡大霞里檀 (Sri Udayaditya) 遣使來朝中國。九七一至九八八年，三佛齊遣使來朝中國。九八三年，僧法遇自天竺取經回至三佛齊，遇天竺僧彌摩羅失黎(Vimalacri)語不多令，附表願至中國譯經。上優詔召之。法遇後復往天竺，表乞給所經諸國勅書，遂賜三佛齊國王葛古羅（今 Kra）國主司馬信芒等書以遣之。九九一及二年，闍婆（今爪哇）侵三佛齊。一〇〇三年，三佛齊王思離朱囉無尼佛麻調華(Sri Culamanivarmadeva)遣使來朝中國，且言本國建佛寺以祝聖壽，願賜名及鐘。一〇〇四至一〇二二年，三佛齊遣使朝貢中國。一〇〇五年，在那伽鉢亶（Nagapattam）所建之寺院，其始由思離朱囉無尼佛麻調華所建者，後由其子三佛齊王思離麻囉皮 (Sri Maravijayottungavarman) 完成之。一〇〇八年，三佛齊王思離麻囉皮遣使來朝中國。一〇一一至一〇二三年，有燃燈佛（Dipankara Crijnana）者，於赴西藏工作以前，在金洲（即三佛齊）研習佛學十二年，蓋其時之三佛齊已成爲東方佛教之中心矣。一〇二三及四年，注輦（Colas）攻迦吒訶（即三佛齊）。一〇二八年，三佛齊遣使朝貢中國。一〇六七年，三佛齊遣使入朝中國。一〇七八至一〇九二年，三佛齊遣使入朝中國。一一五六年，三佛齊王悉利麻霞囉蛇（Sri Maharaja）遣使入貢中國，此即馬六甲王所欲效法之三佛齊王也。一一六九年，悉利麻霞囉蛇歿，其子請封承襲。一一七八年，三佛齊末次遣使入朝中國。其時國勢已衰，大有土崩瓦解之象。末羅瑜（今占碑）與闍婆（今爪哇）崛起（以上所述之三佛齊，均指馬來半島南端之地）。末羅瑜（即承繼三佛齊者）遣使入朝中國，自稱國號曰詹卑（即今占碑。）闍婆稱重迦盧（Jangala）或曰大爪哇。一二二五年，三佛齊（即末羅瑜）國君主依佛教禮葬於 Mueilinda 城。由此至一三九七年，三佛齊國內屢起叛變，並謀抵抗爪哇入侵。一三九七年，三佛齊被爪哇（指滿者伯夷國）征服。國都詹卑稱曰舊港。華人在舊港稱雄，其地遂爲華人所統治。總上所論，前人考訂，豈非悉被推翻乎？至文中專門名詞，余悉依唐宋古名。讀者可就唐宋時有關南海之典籍再細究之。蓋此處所述，僅原文中之摘要也。

（註二）Sri 係梵文，馬來文寫作 Sĕri。其義有二：一指印度之女穀神，一指毗濕奴（Vishnu）之妻，遂轉作尊稱之用。Maharaja 亦梵文，義謂大王，乃極尊之稱號也。

（註三）按島夷誌略龍牙門條內有云：昔酋長掘地而得玉冠，歲之始，以見月爲正初，酋長戴冠披服受賀，今亦遞相傳授。此即指新加坡王慶賀新年之事。

凡一國之典章制度，自非一時所能成。必其王與其臣，據累積之經驗，或受其他之影響，始能詳細釐訂，予以制定。否則憑空創造，斷無若是之易易也。馬六甲之首王二王，均未聞有制定任何朝儀之事，不過首王御用之印至今尚陳列於霹靂王室寶器之中耳。迨西里麻哈剌登位，一因親率妻子入朝中國，前後兩度觀感所得，自印於心。二因三佛齊之滅亡與馬六甲之建國相去尚近，而王又酷慕三佛齊之聲威，是以該國之一切舊例，當爲王所注意。三因目睹馬六甲之日趨繁榮，漸臻富強，於是朝廷制度，王予以制定焉。馬來紀年關於此事，記載較詳，茲略述之。君主爲一國之元首，其地位崇高無比。王非不睡，僅休息而已。王非不病，僅微恙而已。王非不食，食必盛饌獨饗。換言之，無同等之人能與王共膳也。王非不出，惟因生而高貴之故，出必乘象。設遇晴晦之日，則跨於奴隸之肩上。出時隨從甚衆。若王乘象出遊，則陸軍司令爲前導，水軍司令當殿後。若王坐軟兜（註一）而出，則舁兜者卽爲國中高級之長官及首領。同時兜後有侍從一列，或執旗，或握劍，或持矛。在王之前者爲國徽，在國徽之前者爲樂隊。鑼、鼓、橫笛及王用之鏞鼓（註二）均備。其中最奇者，則爲一銀質之喇叭，卽其上附有一馬來人所稱之龍（naga）（此卽得之於中國之影響）者是也。以上所述均爲王出行時之禮節。在王以下置三大官，分掌要政。一曰槃陀訶羅（Bĕndahara）（註三）義同宰相，其地位之高，除王外無與倫比。彼進膳之時，或獨饗，或與王親貴族同席。若官位較低者，則概不能共桌。在馬來諸大僚中，惟槃陀訶羅可免爲王侍候之勞，或爲王捧持寶器之累。每逢國中大節，彼可坐於軟兜，覲見王上。當彼行近王宮之時，凡百官員均須降階相迎。彼如欲與別國開戰，卽可統率軍隊，指揮戰事。又可高坐法庭，審理要案。彼雖非馬六甲之王室血統，但實爲國中最大之人物。蓋槃陀訶羅者，係國家之輔弼，國王之代表，回教國之大宰相也。二曰天猛公（Tĕmĕnggong），（註四）義如軍務大臣與司法大臣，專掌軍政及法制之職，並掌禮部之事。凡有使臣覲見國王，彼須主持禮節。三曰奔呼盧槃陀訶黎（Pĕnghulu Bĕndahari），（註五）義如財務大臣。凡國家歲入歲出及徵收賦稅等事宜，悉歸掌理。而王宮之修建及設備，亦由其負責。凡此二官，亦可如槃陀訶羅之與王接近也。次於三大官者名曰門德里（Mantĕri），（註六）義如部長，其數凡四，各有專職。再次者爲傳令官、侍從、御僕及衞士等，其數之多，難以悉舉。蓋馬來人每認得一虛銜爲榮，而馬來王亦每有濫封之舉，如昔日森美蘭（Negri Sembilan）居民之半數幾盡爲其王之名譽御僕（Biduanda），可爲明證。馬六甲當時之情形，亦不外於此。

(註一)軟兜或稱軟囊，又名軟布兜，諸番志中已有著錄。又嶺外代答抵鵶條云：自安南及占城眞臘，皆有肩輿，以布爲之。制如布囊，以一長竿擧之，上施長篷，以木葉鱗次飾之，如中州轎頂也，二人擧一長竿，又二人策行，安南名曰抵鵶。馬六甲之軟兜亦然，馬來人稱曰 dola，此字源出梵文，與梵文之 juli 其義相同，抵鵶殆係 dola 之對音。

(註二)鑼鼓之馬來名曰 nĕgara，其字源於波斯欣都語之 nagarah，係可以移動之鼓，此鼓神聖不可侵犯，專供王用。梵文名 lĕngkara，英名 Kettle-drum。

(註三) Bĕndahara 一字源出梵文，意同今日之首相，又如公爵，因爲槃陀訶羅者有封地故也。馬六甲之槃陀訶羅計分兩系，詳見後文。惟世人對於槃陀訶羅一名，每有誤解，有竟譯爲王者，其誤實起於彭亨之槃陀訶羅，茲略述之，彭亨於十七世紀之末至十八世紀之中，因受亞齊人及武吉斯人(Bugis)之侵略，全國混亂，竟成割據之局，於一六九九年後，卽無蘇丹。迨至十八世紀之後半，有泰希爾一世(Tahir I)者，始稱爲彭亨之首任槃陀訶羅，次任曰馬只(Abdul-Majid)，歿年無考，惟知其於一七七〇年時當仍健在也。三任曰古利斯一世(Koris I)，疑歿於一八〇六年，四任曰阿里(Ali)，歿於一八四七年，五任曰泰希爾二世，歿於一八六〇年，六任曰古利斯二世，歿於一八六四年，七任曰亞媽(Ahmad)，此爲彭亨之末任槃陀訶羅，蓋於一八七七年之十月，海峽殖民地政府與彭亨締約，遂改亞媽爲彭亨之蘇丹焉。由是至今不變，亞媽歿於一九一四年，世人根據上說，遂稱爲彭亨之 Bĕndahara 王朝，然馬六甲之槃陀訶羅僅一官銜，與此有別。降至近代，馬來各邦已廢用 Bĕndahara 一名，如柔佛之首相則稱曰 Dato' Mĕntĕri Bĕsar，如吉打之首相則稱曰 Dato' Mĕntĕri 或 Wan Mat Saman 可爲明證。惟在霹靂則仍有 Bĕndahara 之名稱，但其義則解爲第二儲君，意卽可繼承王位之蘇丹次子是也。

（註四）Těměnggong 係馬來語，在爪哇解爲攝政官或區行政官，其位僅次於鉢帝。雷佛士獲得新加坡時之天猛公，可稱爲一半獨立性質之主宰。

（註五）Pěnghulu 係馬來語，義爲首領或監督。Běndahari 源出梵文，義爲財務官。兩字合用則爲財務大臣。據馬來紀年對此名之解釋，謂凡蘇丹之奴隸，蘇丹之財務錄事及一切內地與港口之收稅員吏統歸奔呼盧·槃陀訶黎節制。

（註六）Mantěri 可寫爲 Měntri，源出梵文之 Mantri，義爲文官，明時譯爲門的里。

西里痲哈剌又爲區別階級制定禁令（Larangan）之第一人。惟王傘可用白色。若未經王之裁可，除王外概不准使用軟兜凸出而有欄可憑之陽臺，禁人建築屋柱之直接立於地面者，其上不准架棟木。此因馬來房屋均離地數尺架造之故也。如王未准許，則不論何人均禁戴黃金飾品，禁穿黃色衣服，或禁以黃色飾緣鑲於座墊及席之四圍。凡王心寵之人，始有權掛金鞘之劍（Kris），始有權戴黃金之踝環，始有權穿黃色之衣服。論者謂西里痲哈剌之重視黃色，亦即得之於中國者也。而覲賀朝會之禮，亦予制定。朝廷之內，築一隆起之長壇，兩旁稍低。王踞高座。位王左右者，即爲槃陀訶羅與天猛公。其次則係尚無官銜之少年王親貴族，列壇兩旁。執國徽，持御劍之人則立王後。負此職務者，或係拉沙馬那（Laksamana）（註一），義同水軍司令，或係那督·西里·比閣·提羅閣（Dato' Sěri

Bija Diraja)(註二)乃禁衞軍長也。凡欲入朝之人，不論其爲來自別國之使臣或商船之船長，或當地之馬來人，均可引見。見時，先步行至長壇，次表示種種順從之敬意，後蹲伏於王足之前，其禮卽畢。凡人之不穿合式之禮服，其所佩之劍不懸胸前，其所着之紗籠（Sarong）下端不鬆弛而又肩無佩綬者，一概禁其朝覲。廷上內侍悉歸奔呼盧•槃陀訶黎節制而主持朝禮者，則爲天猛公。人民階級約有五種：於名前附有「西里」(Sēri)者最爲尊貴。於名前附有「神」(Sang)（此係馬來語，係一種稱號）者較次。凡此皆達官貴顯階級，而有食邑封爵之希望者也。再次爲貴族出生之子嗣。再次爲庶民。庶民以下，卽爲奴隸。王欲賜封於人，則其人須率行列止於王宮之前。若所封者爲低級之官銜，則其人僅可使用青色或玄色之傘，同時演奏王樂（nobat）（註三）一種或二種。若所封者爲朝臣或一陸軍司令，則其人可騎馬，並可使用紫色赤色或綠色之傘，而所奏之王樂則爲二橫笛與數皷。若其人系出王族而晉封爲高級之官，則其人可騎象，並使用黃傘。此時所奏之樂，卽爲神聖不可侵犯之鑼鼓。新王登位時，用白傘，吹銀喇叭，人民聞知，卽知前王已去世矣。既封之貴顯，例須入朝，迨抵王宮之門，卽須下馬下象。同時內侍亦在門前迎揖。隨後內侍展開一卷軸，上書梵文，令其誦讀。讀畢捲攏，包以繡帕，以備後用。如是新貴始可入王門而至王宮，坐於由王指定之席上。繼卽賜衣。若此新貴爲槃陀訶羅，則由朝丁(Court-orderlies)五名，各捧一銀盤，盤中各置衣着，卽一頭巾(dēstar)，一上衣，一紗籠，一腰帶(Sĕlempang)，及一披肩 (kain lĕpar) 賜之是也。若係王族或高級之官，則用四銀盤。卽免賜腰帶是。若係二級之官，則僅用三銀盤，卽一置頭巾，一置上衣，一置紗籠是。低級之官，雖須朝王，但僅賜三衣，不用銀盤，由王奴捧呈之，各貴顯既得賜衣，先向衣接吻，次披於身上。賜衣之禮既畢，貴顯再行近王前，由王頒賜鎊都 (pontok)。鎊都者臂釧也，其形有種種：有金質龍形，視如壓邪者，有鑲嵌寶石者，有僅以黃金或僅以白銀爲之者。或成對，或祇一枚，戴於臂上，卽可鑒別其人名位之高下矣。新貴接受鎊都後，以後卽須忠心於王，克盡臣下之禮。賜禮既畢，新貴退朝，由護士送至王門之外。繼奏王樂，舉傘而去，其情形一如來時。凡王欲避囂，或不願爲其臣下所見，則可舉一副王攝政。其尊貴與王同。不過仍用黃旗黃傘，及少奏王樂數事而已。凡王所生之子，稱曰羅闍(Raja)，可穿黃色衣着。但王子地位，並非同等。通例王族之女所生者，其地位高，官吏之女所生者，其地位低。而登位後所生之王子，其地位亦較高於登位前所生之王子。（註四）此種制度，未見妥善，爭奪王位，卽基於此。

(註一) Laksamana 係梵文乃羅摩衍那史頌 (Rāmāyana) 中羅摩 (Rāma) 異母兄弟之名也。馬來人用爲尊稱，解爲海中之王或解爲統治海洋者。

(註二) Dato' 或寫爲 Datok，係馬來語，解爲族長或長者。Bija 係 Wijaya (Vijaya) 之縮寫，源出梵文，於義曰勝。Diraja 亦源出梵文，解爲精忠。數字合用，卽成馬來之一種尊稱。

(註三) 馬來王樂隊共括九事：計大鼓 (gĕndang nobat) 一，王喇叭 (nafiri) 一，鑼鼓二，長笛 (sĕrunai) (此卽瀛涯勝覽榜葛剌國條內根肖速魯奈之對音) 二，普通鼓 (gĕndang) 二，另一卽爲樂師。至 nobat 一字係阿剌伯文，波斯語爲 naubat。吾國之鐃鈸卽其對音。據通典樂典所載：謂鈸亦名銅盤，出西戎及南蠻，其圓數寸，隱起如浮漚，貫之以韋，相擊以和樂。南蠻大者圓數尺。馬來樂器中雖無鐃鈸，但觀其出南蠻一語，可爲明證。

(註四) 馬六甲王如娶槃陀訶羅之女爲妃，則其所出之王子最爲尊貴，於例必爲儲君。馬六甲自第五王起，均系出槃陀訶羅，可爲明證。

西里麻哈剌計娶兩妃：正妃爲羅庚 (Rokan) (註一) 之公主。羅庚者蘇門答臘東岸之小國也。次妃爲一太密爾 (Tamil) (註二) 商人之女。其人曾經商於巴衰，篤信回教。於西里麻哈剌在位之初，始移居於馬六甲。當時彼嘗自誇其曾娶巴衰王室之女爲妻，於是其女系出貴族，遂匹西里麻哈剌焉。同時彼因富之故，王更賜以門德里之官號。其子名阿里(Tun Ali)日後亦任要職，至西里麻哈剌在位時之首任槃陀訶羅，卽爲其叔 Tun Pĕrpateh Bĕsar，或稱 Bĕndahara Sĕriwa Raja。其人歿後，卽由其弟 Dato' Sĕri Amar Diraja 繼任，此卽日後成爲馬來系之槃陀訶羅者是也。然此太密爾人，與第二槃陀訶羅，實爲馬六甲朝廷之禍根。故於西里麻哈剌歿後不久，政變勃發。

(註一) Rokān,Rĕkan 或 Rakan 三字均同，卽今之羅庚河是也。樊倫丁寫作 Arracan。並曰王於晚年娶 Arracan 之公主爲妃，其國遂臣服於馬六甲云。樊倫丁又謂馬六甲國之首相稱曰 Mangkubumi。其實此字解爲王國之保護者，但亦可訓爲首相，與槃陀訶羅同。不過 Mangkubumi 純係馬來文耳。

(註二)太密爾人所居之地曰 Tamiljakam，卽在今地岡 (Deccan) 之南，質言之，卽南印度民族是也。南洋各地概稱太密爾人曰吉寧人 (Kĕling)，此字出於梵文之 Kling，卽係羯餕伽(名見大唐西域記)(Kalinga)之土着。在瀛涯勝覽柯枝國條內有曰：國有五等人，一等名南昆(南昆或確係南毘，若係南毘，其對音卽爲阿剌伯語之 nabi，解爲熱心之傳道者，或預言者)與王同類，內有剃頭挂線在頸者，是爲貴族。二等回回人。三等人名哲地 (Chetty)(今閩僑譯稱齊智人)，係有錢財主。四等人名革令，專與人作牙保。五等人名木瓜 (Mukuva)。木瓜者至低賤之人也。其中之革令人卽吉寧人是。

上文中尙有幾個馬來字，今一併解釋於下：凡槃陀訶羅所生之子女，於其名前均冠以 Tun 字。Tun 字在巴裏則作爲貴族之稱。今均廢。Pĕrpateh 係十三世紀左右時蘇門答臘對貴族之尊稱，今亦廢。Sĕriwa Raja 亦係榮貴之稱號，如係王叔，可用此二字。Amar 一字源出阿剌伯文，亦係榮譽稱呼，惟 Sĕri Amar 常可縮寫爲 Siamar 。

五

西里麻哈剌之正妃出一子，名羅闍勃拉興（Raja Ibrahim），羅闍者王子之尊稱也。次妃亦出一子，名羅闍加沁（Raja Kasim）。後者本年長於前者，然因前者之母係羅庚之公主，故爲名正言順之王室血統。因此年雖髫齡，即繼大位，而爲馬六甲之第四王焉。惟終以年幼之故，由羅庚之羅闍任保護之責。此四世王之王號，爲息力八密息瓦兒丟八沙（Sai Parameswara Dewa Shah），（註一）於一四四五年曾遣使入貢中國。茲將明史之文徵引如次：英宗正統十年（一四四五年）其（馬六甲）使者請賜王息力八密息瓦兒丟八沙護國勅書，及蟒服傘蓋，以鎮服國人。又言王欲親詣闕下，從人多，乞賜一巨舟，以便遠涉，帝悉從之。吾人細讀引文，知馬六甲其時不安之情形，已見端倪。

（註一）此王號中之 Dewa 一字，源出梵文。專用於男性戰士或剎帝利族（Kshatriya）（即武士階級）之一種尊稱。吾人因疑此王亦有反對回教之傾向。在葡萄牙人之著作中，無此王之名。惟荷人樊論丁謂此王登位於一三三三年，爲馬六甲之第四王，又係第二回教王。云王號爲 Sultan Aboo Shahid 其在位之時期甚短，僅一年五個月。於一三三四年爲 Arracan 之王所刺死。末語甚誤。

自息力八密息瓦兒丢八沙起，馬六甲朝貢我國之使臣，雖仍絡繹於途，但王之親率妻子詣闕奉表之風已絕。此即因太密爾人秉政爲之作梗耳。

羅庚之羅闍，既居四世王保護人之地位，遂不但輕視羅闍加沁之含有太密爾人血統，迫其操捕魚之業，並且對來自注輦 (Cola)（其地在今 Coromandel 沿岸）之商船，有加徵賦稅之蓄意，此因注輦係太密爾人之古國耳。四世王在位十七閱月，適當西南季候風時，有一摩爾人 (Moor)（註一）名閣老丁 (Maulana Jalaludin) 者，爲商船之船長，自印度駛來馬六甲。摩爾人者，印度回教徒之別稱也。閣老丁到甲不久，即與王子加沁友善。一日謂加沁曰，王子應爲馬六甲之蘇丹 (Sultan)，久居人下，心其甘乎？加沁答曰，非所願也。今願托上帝 (Allah) 之禮，與船長之助，能使吾踐祚乎？閣老丁曰，苟能得其他方面之助力，事可一試。不過事成之後，余願得幼王之母耳。加沁曰，吾若爲王，吾必同意。於是兩人就商於加沁之舅父冬阿里，（註二）亦極表贊同，絕無異議。冬阿里者，即太密爾商人之子也。但王子加沁曰，設吾人之計謀，若遭槃陀訶羅（卽指 Dato' Sĕri Amar Diraja）之反對，則此政變奚能有成？冬阿里曰，可設計邀槃陀訶羅加入同謀，彼當允許。蓋其人亦深恨羅庚之羅闍耳。策畫已定，約期舉事。一晚天黑無光，景色淒其，闍老丁令其船上之水手，全副武裝，執戈以從。而冬阿里與王子加沁，則合乘巨象，同赴槃陀訶羅之舍邸。旣至，冬阿里遽告槃陀訶羅曰，王上有事，待汝面商。槃陀訶羅不待其言畢，立卽整頭巾而出，致常佩之劍，竟亦忘攜。繼詢曰，王上在何處乎？答曰，在象上，爾可與王同乘也。槃陀訶羅登象，象亦行動。視之非王，乃係羅闍加沁也。並見武士多人，隨於象後。槃陀訶羅曰，此何意乎？王子加沁曰，殺羅庚之羅闍耳。！噢甚善，余意正同。如是且語且行，已迫王宮。其時觀者謀者，人數衆多，噪聲四起。曰羅闍加沁進攻王宮矣。曰槃陀訶羅在何處乎？曰槃陀訶羅與羅闍加沁同來也。甚善。曰保護王宮係槃陀訶羅之職責，衆人不與焉。正在其時，羅庚之羅闍與幼王同出。於是有羣衆中之一人，持劍一躍而前，卒將羅庚之羅闍刺死。而息力八密息瓦兒丟八沙亦被難。時約在一四四六年，計王在位之時期僅跨兩年而已。當四世王在位之時，從不用蘇丹之名。被弒後，同謀者諡之曰 Sultan Abu Shahid，（註三）義爲殉道之王，足見權臣弄謀，中外一轍。然此政變（註四）之結果，日後竟產生兩大奇蹟：一使馬六甲造成一強盛之國家，二於王名之前，均冠以「蘇丹」之尊號。換言之，自此以後，回教成爲馬六甲之國教，於焉確定。

（註一）Moor, Moors, Moorish 三字同意。本指北非洲之一種土着。自葡萄牙人東來後，繼之者爲荷蘭人與英吉利人，遂均將 Moor 一字稱亞洲之回教徒矣。尤其用於稱印度之回教徒，但東印度羣島之回教徒，亦常稱摩爾人。

（註二）冬阿里之父，即爲前述之太密爾商人。然據馬來紀年所載，謂其父係印度王公，號曰 Baginda Mani Purindan 於三世王在位時來馬六甲後，與一馬來貴族之女結婚云。並謂彼來甲之時，遇風舟破，負於一鮪魚（學名爲 Sphyraena obtusata，馬來人稱 Ikan alu-alu）之背上，同時堅握 gandasuli （係蘘荷科中之草本植物，開淡黃色花，極芳香。其學名爲 Hedychium Coronarium, Koenig。馬來人又稱 suli，爪哇人稱 gondasuli，暹羅稱 thahern。於馬來文學中屢提及此植物焉）一束，因此得以抵岸，幸免溺死。是以其人與其後裔，永不食鮪魚，永不採 gandasuli 之花也。其實此類故事，在南洋民間流傳甚多。如鄭和南航時，有魚躍至船上，和釋而不食，魚身遂有五斑點，即五指之捺印，民間遂稱此魚曰三保公魚，可爲一證。至此印度王公之尊號，其中 Baginda 一字，源出梵文之 Bahagyanda，用以尊稱在位之王者。蘇門答臘中部高原之明那迦保古國（Minangkaban）（此國文學藝術甚高，創婦女族長制，承繼法等於十四世紀後，森美蘭成爲其人民居留之地，其勢力迄今存在）之王，亦用此尊號，因此德人魯佛耳（G. P. Rouffaer）謂冬阿里之來源，當出於明那迦保，其實非是。Mani 係欣都語，其義爲珠，即摩尼珠是也。Purindan 一字，語源不詳。惟 Mani Purindan 二字合用，則亦解爲首相，與槃陀訶羅同。總之，冬阿里確係太密爾商人之子，並且此商人來甲時早已有妻，而其子其女或亦出世於來甲之前，否則其女安能爲西里痲哈剌之次妃乎？而此次妃所生之子羅闍加沁，又安能與冬阿里共謀政變乎？蓋若此太密爾商人結婚於馬六甲者，則其子其女年均幼稚，羅闍加沁更無論矣。此因西里痲哈剌在位之時期僅二十年而已。至馬來紀年記載不實之原因，亦有理由。冬阿里後封爲槃陀訶羅，此卽成爲太密爾系之槃陀訶羅是。而編撰馬來紀年之冬郎寧（Tun Sri Lanang）卽爲冬阿里之後裔，是以記載其自己一系之事蹟，既極詳盡，更具偏見。凡此皆英國之馬來通衞金孫，溫士德等之公論也。

（註三）明史上之速魯檀、蘇丹、蘇端，卽爲 Sultan 之對音。葡萄牙人常寫作 Soltan。其讀音爲 Sutan 或 Sĕlutan。字源於阿剌伯文，義卽王也。今馬來各邦仍用此尊號，惟此字必冠於王號之前，而 Shah 則殿於王號之後。Abu 亦係阿剌伯文，於義曰父。在泉州有大勢力之阿剌伯人蒲壽庚，其蒲字卽 Abu 之對音。Shahid 亦阿剌伯文，義爲證人，或解爲被弑之王，或解爲證明其人忠於伊斯蘭教而爲教殉道者。三字合用，則爲殉道之王。

（註四）此次之政變，實爲馬六甲王國史中之要事。明史無隻字提及，諒係使臣之諱飾。至事變之主動，乃係冬阿里，非闍老丁也。若槃陀訶羅顯係被動，惟其人爲四世王之叔祖，優柔寡斷，不設法阻止，致釀成巨變，應尸其咎。

六

政變既平，羅闍加沁登位，封其舅太密爾人冬阿里爲那督·西里·那羅·提羅闍（Dato' Sĕri Nara Diraja）（其中 Nara 一字，源出梵文，於義曰人。惟用爲封號時，則解爲勇敢。）闍老丁則獲一豐容盛鬋之美女，或曰即弒王之母。論功行賞，固如是也。惟以王室之婦女，配與一無名之船長，在馬來人之儀禮觀念中，斷非許可，是以閣老丁所得之少艾，究係何等女子，諱莫如深。此時朝廷之上，有馬來人，有太密爾人，有摩爾人，於是傾軋之情，以此而起。查槃陀訶羅本為西里麻哈剌所制定，最初任斯職者，即該王之叔，叔死由其弟繼之，其人參與政變，光榮盡失，弟死由其姪繼之，亦即第一槃陀羅訶之子也。其人名 'Tun Pĕrpateh Sedang'，其官號則同於其父，亦曰槃陀訶羅、西里華、羅闍 (Bĕndahara Sĕriwa Raja)。未幾因受冬阿里之排擠壓迫，竟懊惱自經而死。由是冬阿里遂晉級為宰相，而造成太密爾系之槃陀訶羅焉。此自裁之槃陀訶羅有後嗣三人，一女二子。女名冬姑杜 ('Tun Kudu) 即羅闍加沁之妃。長子名冬庇剌 ('Tun Perak)，次子名冬布帝 ('Tun Puteh)，日後均成顯要，而尤以冬庇剌之才能出衆，見稱於世。時冬庇剌得其祖父（即第一槃陀訶羅）之遺澤，食邑於吉令 (Klang)（今名巴生或巴雙）（註一）而稱為吉令之奔呼盧 (Panghulu)。一日暹羅侵吉令，冬庇剌盡率其地之土着及其眷屬，（註二）避至馬六甲，竭力保護，始免暹羅之屠殺。由是人民德之，譽為民族英雄。國王羅闍加沁亦因是而敬愛，先任冬庇剌為朝廷之內官，繼封為那督、百圖加、羅闍(Dato' Paduka Raja)（其中 Paduka 一字源出梵文，於義曰靴，或靴下。用爲尊稱時，卽爲忠於王之意。）自是以後，冬庇剌卽爲首領，公然反對王舅冬阿里矣。王認兩黨相爭，於國不利，擬用美人計以彌平之。一日，王謂其舅曰：舅宜辭高位，余當以美人報之，而美人則任舅選擇，余無間言。舅諾，卽選冬姑杜。夫冬姑杜者，冬庇剌之妹，國王之妃也。然王竟不加猶豫，毅然宣布離婚，當將冬姑杜送回其兄邸，待嫁王舅。吾人由此可知羅闍加沁確爲一英明之君，而冬姑杜亦爲馬來婦女中之傑出，蓋彼等所爲，其共通之目的，卽欲使胸懷大志，宿具才能之冬庇剌，秉國家之大政，造成馬六甲爲馬來之強國耳。然冬姑杜年青貌麗，豔若天仙，冬阿里老態頹唐，行將就木，此種不倫不類之匹配，奚能持久，因此，此太密爾人之家庭，認爲不祥，立卽反對。但冬阿里曰：余有一無價之犀角，可使人返老還童，於事無損，卒成婚事。（註三）

（註一）武備志鄭和航海圖中有吉令港，一名卽爲今日之 Sungei Klang，意爲吧生河也。吾僑在昔稱雪蘭莪南部之地亦曰吉令，其實卽指 Klang。稱北部之地曰師牙岳，卽指雪蘭莪港口 (Kuala Selangor)。後馬來人稱今日之 Klang 曰 Pasang，吾僑遂譯稱曰吧生。Klang 之馬來語應寫爲 Kĕlang，而 Pasang 之義則解爲潮水氾濫。西人在昔對於 Klang 一地之寫法，多至不可勝數，常見者有 Calang, Calangh, Calan, Callang, Colang, Coloug,

Callam 及 Kalang 等種種。英人牛飽德謂 Kalang 之義，即爲錫地，於馬六甲開國不久，即成附庸。但馬來人從不解錫曰 Kalang，其說或否。祁利尼則謂 Kalang 一字源於梵文之 kola 或 kāla，其義爲黑，因是可轉解爲黑色之鑛石，如鉛與錫等是也。布拉丁則謂 Kĕlang 一字，或源於蒙吉蔑語云。查吧生昔爲森美蘭之一小邦，今屬雪蘭莪。雪蘭莪之蘇丹即駐於此。

(註二)吧生之土着即係比奴亞人(Benūa 或 Banawa 或 Vānava)。據溫士德森美蘭史(History of Negri Sembilan) 所載，謂其地之土着因不喜其地之主宰，遂呈請馬六甲王（即羅闍加沁）另委一人，王即委冬庇剌。冬庇剌至吧生後，即在其地結婚居留，人民頗爲愛戴。後暹羅入侵馬六甲，擊敗暹軍者即冬庇剌所統率回甲之吧生土着也。質言之，即比奴亞人是。據說此種土着，其愛護家族之心，比愛護其主更爲熱烈，故一遇戰事，恒奮不顧生，猛烈抵抗云。

(註三)冬姑杜與冬阿里結婚後，尚生後嗣二人：一女名冬雪那闍(Tnn Senaja)，後爲馬六甲七世王之妃；一男名冬墨泰希(Tnn Mutahir)，後爲槃陀訶羅，事詳於後。

羅闍加沁即明史上之速魯檀無答佛哪沙 (Sultan Muzaffar Shah)。（註一）彼於在位期間，暹羅曾入侵兩次。（註二）第一次由陸路進攻，係從彭亨來襲。其所取之道，即沿單馬令河 (Sungei Tembĕling)（註三），彭亨河，比拉河 (Sungei Bĕra) 而至馬六甲境。其統率暹軍之將領則爲 Awi Chakri，而彭亨之土着軍亦混雜於暹軍之間。蓋其時之彭亨尚爲暹羅之屬國也。迨雙方接觸，暹軍以疲茶之故，大敗而退。第二次由海道來襲。當暹羅艦隊，進抵今峇株巴轄（Batu Pahat）（義爲石鑿）馬六甲在望之時，馬來艦隊亦早準備，立卽衝鋒迎擊，卒將敵船擊沉數艘，暹軍士氣爲之消沉。入晚，馬來軍更用打麻兒裂成火炬，遊行於沿岸之森林中，故爲疑兵之計，暹軍望之明如白晝，心更恐懼，立卽率艦遠遁，馬來軍尾追不捨，至新加坡峽始止。故此次海陸兩戰之結果，馬六甲全獲勝利，而暹羅欲其臣服之企圖，後亦中止。然指揮軍務出此奇謀者，卽冬庇剌也。身先士卒，英雄戰鬭者，卽禁衛軍長冬漢宰（Tun Hamza）之子冬奧嗎（Tun Omar）也。兩人班師回朝，各膺重賞。冬庇剌晉封爲槃陀訶羅，冬奧嗎升任爲禁衛軍長，並賜錦袍一襲。抗敵士卒，亦各有所獲。惟其時之馬六甲王國，初因太密爾人之執政，繼因暹羅之侵掠，不至中國朝貢者，將達十年。今此二事悉平，遂思恢復關係，一四五五年由冬庇剌之主張，馬六甲又遣使入貢矣。玆將明史之文，徵引於左。景泰六年（一四五五年）速魯檀無答佛哪沙貢馬及方物，請封爲王，詔給事中王暉往。已復入貢，言所賜冠帶燬於火，命製皮弁服紅羅常服及犀帶紗帽予之。在殊域周咨錄中，則僅謂景泰中王子無答佛哪沙請封，遣兵科給事中王暉往封之。吾人一觀引文，知該王入貢共兩次也。馬六甲諸王，於王號之前，冠以「蘇丹」之名號者，即始於無答佛哪沙，證之明史「速魯檀」之譯音，絕對不誤。即在亞伯奎之疏解中，亦謂於王歿之前不久，始附加蘇丹之尊稱云。無答佛哪沙計在位十四年，（註四）歿於一四五九年，亦即明英宗天順三年也。

（註一）無答佛哪沙在葡萄牙人之著作中，寫爲 Modafaixa 或 Malafar Sha 或 Medafarsa。

（註二）關於暹羅水陸兩次入侵馬六甲事，在樊倫丁之馬六甲歷史一書中敘述較詳，惟其記載似出馬來紀年，故對於年份之推算錯誤特甚。蓋 Sĕjarah Mĕlayu 普通雖譯爲馬來紀年，實則祇紀事而不繫年月。是以下述之年份絕不準確，希讀者注意矣。樊倫丁之言曰：於一三四〇年（差一百餘年）時，有一暹羅帝國（其時稱爲 Sjharnan 或 Sornan），其王號曰 Boobatnja 統治其帝國之附近各地，強大無比，聞馬六甲之商務發達，人民富庶，竟起妒忌之念，因令無答佛哪沙臣服，馬六甲王不聽，遂遣大將 Awi Isjakar（按即 Awi Chakri）統兵征之。馬六甲王聞知，出兵應戰，其大將爲 Siri Nara Diraja（按即冬奧嗎）兩軍相戰，非常劇烈，結果暹軍敗北，大受損失，羞慚而退。未幾暹王歿，有昭八丹（Chaupandan）者嗣位，仍不顧一切，作第二次之進攻，圍馬六甲城。但昭八丹不幸之至，與其前王無異，仍爲馬六甲之大將所擊敗，暹軍傷亡甚重，引兵退去。不久，昭八丹亦羞憤而死。馬六甲經兩次戰勝暹羅後，其名大震，在東方諸國中位列第三，即第一滿者伯夷，第二巴袞，第三馬六甲是也。

又據衛金孫言：暹羅第二次入侵馬六甲，暹王本擬親征，後其子昭八丹邀功，遂統大軍。暹軍敗退，昭八丹死。因此謠傳爲馬來軍隊所射死云。總之，暹羅與馬六甲自經此次交惡後，和平之約雖未締，而敵對行爲則息。並且在暹羅載籍中，亦謂馬六甲從此脫離臣屬關係，時約在一四五四年左右也。

樊倫丁所述之暹羅王，吾人可就中國史籍參證之。暹羅入朝中國，有史可稽者，始於元代，其入朝之王即敢木丁 (Rama Kamheng) 是。時在一二九五至一三〇〇年之間。明太祖洪武四年（一三七一年）暹羅王參烈昭毗牙 (Somdet Panga) 遣使入朝。洪武六年（一三七三年），參烈寶毗牙思哩哆囉祿 (Paramarajadhiraja) 主國事。洪武十年（一三七七年）始遵朝命稱暹羅，蓋以前尙稱暹國也。洪武二十八年（一三九五年）昭祿羣膺 (Nakhon Indraraja) 爲暹羅王。永樂十四年（一四一六年），三賴波羅摩剌劄的賴 (Somdet Paramarajadhiraja) 爲暹羅王。此王即於永樂十七年（一四一九年）時欲侵馬六甲得明帝之勅書而停止進攻者也。宣德八年（一四三三年），暹羅王悉里麻哈賴 (Sri Maharaja) 遣使入貢。此王即三賴波羅摩剌劄的賴之別號。正統十一年（一四四六年）暹羅王思利波羅麻那若智剌復遣使入貢。此王仍係前王之又一別號。代宗景泰四年（一四五三年）封把羅蘭米孫剌 (Phra Ramesuan) 爲暹羅國王。核之無答佛哪沙在位時期，此王必爲入侵馬六甲兩次之王。質言之，樊倫丁所說之 Boobatnja 及 Chaupandan 乃同一王也。查此王在位時期甚短，至英宗天順六年（一四六二年）暹羅國王已改爲孛剌藍羅者直波智 (Phra Boram Raja Thibodi) 矣。是以馬來人即謠傳其中箭而死也。康熙十二年（一六七三年）時之暹羅王爲森列拍臘照古龍拍臘馬嘑陸坤司由提呀菩埃 (Somdet Phra Cao Krung Phra Maha Nakhon Sri Ayuthaya)。

（註三）諸蕃志中著錄之單馬令國，島夷誌略中之丹馬令，一〇三〇年丹柔里（在印度）碑銘 (Tanjore Inscription) 中之 Madamalingam。及一二三〇年斜仔（在暹羅）碑銘 (Jaiya Inscription) 中之 Tambranlinga。戈台司 (G. Coedès) 均考爲今暹羅之六坤 (Ligor 或 Nakho。古名爲 Nagara Sri Dharmaraja)。近英人

速魯檀無答佛哪沙御用之龍劍

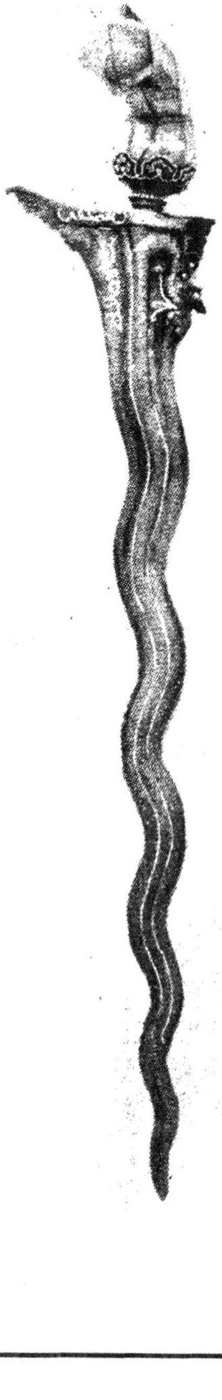

此圖採自 R. O. Winstedt 之 History of Malaya 一書

林尼漢（W. Linehan）則認爲非是，應以彭亨境內 Tembĕling 河流域之地爲古之單馬令國最爲適合。查該河地帶，在古代確爲一非常重要之區域，於史前已有相當之人民居留其間，近年於河旁發見之新石器時代及鐵器初期之遺物爲數甚夥，可爲明證。又彭亨境內關丹河（Sungei Kuantan）口有一地曰 Tanjong Tembĕling（意即單馬令岬）亦得爲單馬令之古名遺留於今者。凡此均可證單馬令國應屬於彭亨東北境內也（關於考證單馬令之詳細情形，可閱林尼漢所著之彭亨史 A History of Pahang 附錄）

（註四）馬來紀年謂無答佛哪沙之在位時期共四十年。樊倫丁因之，並謂王登位於一三三三年，歿於一三七四年云。其說自不足信。衛金孫則根據明史之記載，斷定無答佛哪沙之登位在一四四六年，至一四五九年而歿，故其在位之時期當爲十四年也。而於溫士德之馬來亞史中，謂王歿於一四五八年，又在馬六甲諸王世系表中則謂歿於一四五六年，凡此均誤。由此更可見吾國史籍記載南海事情之正確，而爲世人所重視矣。

在馬六甲王國史中，無答佛哪沙得謂爲一英明之君。犧牲愛妃冬姑杜，解除其舅冬阿里之政權，一也。擊退暹羅強敵，二也。重行遣使入朝中國，三也。而其遺蹟之留傳於今，足供吾人之觀摩者，亦有三事：一爲馬六甲七世王之墓碑，於碑上鐫有無答佛哪沙之名是。二爲王生時所用之御劍，特稱龍劍（Kris naga），（註一）以其劍身如龍是。三爲無答佛哪沙時代所鑄之錫幣（土名 Casha，即瀛涯勝覽中所稱之加失），年來已有發見，幣上蓋有阿剌伯文，正面曰 Muzaffar Shah Al-Sultan-,

意爲蘇丹無答佛哪沙是也。反面曰 Nasir al-Dunya-Wál-Din，意爲宇宙與宗教之救主是也。幣之徑爲二十公厘，重爲二·二八公分。今此碑此劍與此幣，均陳雷佛士博物館內，足資欣賞。吾人一觀幣上之文，足證無答佛哪沙始爲馬六甲之第一回教王，洵屬不誤。是以溫士德特稱自無答佛哪沙時代起，曰 Muslim Sultanate，意爲回教君主統治之國，職是故也。其時之馬六甲既爲正式之回教國，於是回教之兩大節日亦予以確定。一曰大節，即前述之 Hari Raya Bĕsar。一爲進香麥加(Mecca)後之節日，即 Hari Raya Haji。逢此節日，國王出遊，與民同樂。查當時之馬六甲，其王宮所在地，即爲葡萄牙人所稱之聖保羅山(Sao Pavlo)（關於此山之歷史，將於第二章中述之），亦即今日之升旗山也。宮前有一廣場，場上特建一亭，亭高出地面甚多，可遙瞻遠矚。迨節期已屆，先有無數行列，遊行於市，後集於廣場，王與王妃等則居於亭中，行祈禱之禮，庶民隨之。禮畢，王再乘象出遊，而王用之軟兜亦隨於其後，備王換坐之需。惟國王於節日中出遊之時，凡爲槃陀訶羅者，應任接待之義務焉。

（註一）Kris 或寫爲 kĕris, kriss, Crease 等。係馬來人隨身所帶之武器，有用爲壓邪者，有用爲防身者，其式甚多，難以盡述。據 G. B. Gardner 所著 Keris and other Malay Weapons 一書所載，將此馬來人之短劍別爲重要之八種：一曰 Kĕris Sĕmpana，係劍身作波紋之劍。二曰 Kĕris panjang 或 k. bahari，係蘇門答臘式之劍。三曰 Sundang，係蘇祿 (Sulu) 式之重劍。四曰 Tumbok lada，乃粉碎胡椒之劍也。五曰 Badek，劍柄如手鋸之柄，劍緣內凹，係武吉斯人所用之劍也。六曰 Kĕris majapahit，卽滿者伯夷式之劍，今作驅邪之用。七曰 Kĕris piehit，劍身用純鋼爲之，上有指紋。八曰 Kĕris ikan pari，劍身鋒芒銳利，有如魚刺，最爲殺人之利器。於每種之中更有種種形式，不能悉舉。naga 一字源出梵文，其義曰龍。至無答佛哪沙之劍，劍身如龍，而於劍柄之一端則有一龍頭，上刻王名，故曰龍劍（請參看附圖。）

七

馬六甲之第二槃陀訶羅（卽 Dato' Sĕri Amar Diraja），卽參與政變者，生有一女，厥名冬美 (Tun Puteh)（恐與前述之冬布帝混淆，故此名意譯之，蓋 Puteh 之義爲白，可轉解爲美也。）適無答佛哪沙，生子名羅闍亞圖拉 (Raja Abdullah)，繼承王位，其王號卽明史上之蘇丹芒速沙 (Sultan Mansur Shah) 是也。茲先徵引明史之文，以後再將該王之事蹟詳敍之。英宗天順三年（一四五九年）王（指無答佛哪沙）子蘇丹芒速沙遣使入貢，命給事中陳嘉猷等往封之。

越二年，禮官言嘉猷等浮海二日至烏豬洋（註一）遇颶風舟壞，飄六日至清瀾守禦所（註二）獲救。勅書無失，諸賜物悉沾水，乞重給，令使臣復往，從之。又據明一統志謂天順三年國王無答佛哪沙卒，其子蘇丹芒速沙請命，復遣使齎詔往封焉。在殊域周咨錄中僅謂天順三年王卒，其子蘇丹茫速沙襲封而已。在東西洋考則謂：天順三年王无答佛哪沙卒，子蘇丹茫速沙請封，遣使冊立爲王。又憲宗成化十年（一四七四年），給事中陳峻冊封占城王，遇安南兵據占城，（註三）不得入，以所齎物至滿剌加，諭其王入貢，其使者至，帝喜，賜勅嘉獎，文中「諭其王入貢」一語中之其王即指芒速沙。蓋芒速沙歿於一四七七年，且據馬來紀年亦謂兩貢中國也。

（註一）在福建連江縣東有一烏豬港。該港之水，至五虎門北入海。此處之海面，殆即烏豬洋。又於東西洋考卷九西洋針路條內謂有烏豬山（山作島解）上有都公廟，舶過海中，具儀遙拜，請其神祀之。回用彩船送神。由此而南，即爲七州山，七州洋矣。附近此烏豬山之海面，亦得謂爲烏豬洋也，而尤以後說爲然。

（註二）海南島文昌縣東南三十五里有一清瀾港，或作青蘭港，形勢險峻，四圍皆山，祇有狹隘之港口，通於南海。港南有清瀾所，明置守禦千戶所於此。清瀾守禦所即指此。

（註三）安南據占城事，可引明史占城傳以證之。成化五年（占城）入貢時，安南索占城犀象寶貨，令以事天朝之禮事之。占城不從，則大舉征伐，以七年二月破其國，執王槃羅茶全及家屬五十餘人，劫印符，大肆焚掠，遂據其地。王弟槃羅茶悅（Parameevaravarman）逃之山中，遣使告難。兵部言：安南呑并與國，若不爲處分，非惟失占城歸附之心，抑恐啓安南跋扈之志，宜遣官齎敕宣諭，還其國王及眷屬。帝慮安南逆命，令俟貢使至日，賜勅責之。又成化八年，以槃羅茶悅請封，命給事中陳峻，行人李珊，持節往。峻等至新州港（今歸仁 Quin-hon），守者拒之，知其國已爲安南所據，改爲交南州，乃不敢入。十年冬還，以所齎物至滿剌加，卽指此。

滅占城時之安南王名黎灝。該王好爲詭詞詐言，肆無憚忌。茲將其對明帝狡辯之辭引錄於下：謂占城王槃羅茶全侵化州道，爲其弟槃羅茶悅所弑，因自立，及將受封，又爲子茶質苔所弑，其國自亂，非臣灝罪云。久之，灝再奏言：占城非沃壤，家鮮積貯，野絕桑麻，山無金寶之收，海乏魚鹽之利，止產象牙犀角烏木沈香，得其地不可居，得其民不可使，得其貨不足富，此臣不侵奪占城故也。其狡獪如此。

芒速沙登位之時，年方二十七歲（一說僅十四歲左右。）其時在朝秉大政者，卽爲擊敗暹軍之槃陀訶羅冬庇剌，亦卽王之表兄弟也。其人素懷大志，向抱馬來人治馬來之主張。因此王之第一政策，卽命槃陀訶羅爲總司令，駝背而驍勇善戰之禁衛軍長冬奧嗎副之，統水師二百艘，出征彭亨。（註一）彭亨地廣產金，（註二）著名於時，且多野牛巨象，人無不知。其時臣服於暹羅，建都於婆羅（Pura 卽今之碧潤 Pĕkan。彭亨蘇丹駐此。）而其主宰卽暹王之姻婭摩訶羅闍·的瓦·梭羅

(Maharaja Dewa Sura) 是矣。馬六甲之軍隊既抵目的地，彭亨自無可用之軍，又無巨大暹軍爲之助力，不戰而降。摩訶羅闍逃入內地，其女黃南・西里 (Putĕri Wanang Sĕri) (Putĕri 係梵文，其義爲女爲公主）被俘，同時其象亦被獲。但馬六甲之勝軍，因欲得槃陀訶羅之歡心，急追逃主。而禁衞軍長則沿途取樂，且追且遊，或獵野牛，或捕猛獸，或射雉雞，或釣於河。迨摩訶羅闍抵一單馬令河之湍流，將逃入吉蘭丹境內時，自認已獲平安，無所恐懼，因對其舟子高呼曰：Koi-Koi！意謂泰然也。自此以後，單馬令河上遊之一地，卽稱 Jeram Koi（Jeram 之義卽湍流也。）逃主呼畢，而馬六甲之追軍旋踵卽至。彼遂棄舟，潛入叢林，如是乞食者數日。追軍四出搜尋，一時竟不能得。後遇一老婦，卽逃主向其求食者，告之追軍，始將摩訶羅闍擒獲焉。禁衞軍長既獲逃主與其女及其象，遂率勝利之軍班師回朝。芒速沙大喜，當以王傘兩柄，傘之周圍繞以下垂之流蘇者賜之。又准其使用王樂，僅減少鑼鼓二事，不過在馬六甲十里以外方可演奏而已。同時王下令任禁衞軍長爲彭亨之太守，俾其專心統治此征服之國。彭亨之屬馬六甲始此。時當芒速沙登位之年也。（註三）冬奧嗎獲此榮譽，卽赴彭亨治理十年，相安無事。然每年必返首都一次，覲見蘇丹，以盡臣屬之禮矣。次芒速沙以彭亨之象入其自己之象苑。以俘女黃南・西里充後宮爲妃。婚後以該女改宗回教關係，遂更名爲麗拉・黃沙（Putĕri Lela Wangsa），後生兩子均爲彭亨之蘇丹。（註四）至俘虜摩訶羅闍，初交槃陀訶羅監禁，待之尙善。繼命太密爾人冬阿里看管，遇之甚虐。阿里將其囚於籠中，籠置陽台之上。一日多人集陽台，俘虜視而嘆曰：槃陀訶羅待余如王，何此老吉寧人（指冬阿里）待余如獸也。阿里答曰：誠然。敗國之主，理應如是耳。然摩訶羅闍之命運，終有否極泰來之一日，而釋出此囚籠矣。未幾，蘇丹芒速沙之象苑中有一馴象逸檻而逃，象夫均手足無措，無法驅之回苑。因有人建議於王前，謂俘虜係來自多象之國，必能馭象，可使任之。王諾，出俘虜於籠，而逃象亦立即拘回。王觀其馭象之精，大爲感動，遂令摩訶羅闍爲象夫之導師，教授種種騎象防衛及技擊之術。吾人觀此，可知馬六甲其時之多象矣。

註一）據馬來紀年所載：謂彭亨之首邑曰婆羅。國中有河（按指彭亨河），水淺難行。水流右注於海，河旁產金沙。林中有巨象野牛鹿猴之屬。在昔彭亨爲一大國，後服役於暹羅。國中主宰曰摩訶羅闍・的瓦・梭羅，係 Paduka Bubunnya 族之後裔也。蘇丹芒速沙知彭亨之名，即思佔領。遂任 Bĕndahara Paduka Raja 爲總司令，統兵征之。槃陀訶羅即率大小船隻二百艘，並偕 Tun Pikrama Tun Bijaya Maha-Mantĕri 及 Sĕri Bija Diraja 等，立即出發，數日後即抵彭亨。於是馬六甲之軍隊與彭亨之軍隊，開始互攻，惟終以上帝之意旨所在，彭亨極易爲馬六甲所征服焉。

（註二）彭亨爲馬來半島產金最富之區，於今仍然。據一九三七年之統計，彭亨共產黃金二六、一七五英兩。其最大之採金機關，卽爲英人組織之笠埠澳洲金礦公司(Raub-Australian Gold Mines, Limited)是也。葡萄牙佔領馬六甲時，彭亨之黃金幾盡由馬六甲出口。在伊里惠黃金半島報告一書中，謂彭亨之王，贈一美麗之金石與馬六甲之葡太守，石長二碼又半，太守奇之，令碎此金石，黃金見矣。蓋石中有金脈闊達一碼也。此事發生於一五八六年，其時之人，無不知之。

（註三）在林尼漢所著之彭亨史中，謂芒速沙遣軍征服彭亨一事，約在一四五四年。若芒速沙確在二十七歲登位，此事當屬可能。若據衛金孫之認爲在十四歲登位者，則絕不可能矣。蓋此時芒速沙年僅九歲，而征服彭亨爲時亦甚暫。試問馬來人結婚雖早，但九齡之王，終難與俘女配合也。余根據此理，以馬六甲之征服彭亨，繫於芒速沙登位之年，質言之，卽一四五九年是。

（註四）芒速沙與俘女所生之兩子：一名羅闍謨罕默(Raja Muhammad)，爲彭亨之第一任蘇丹，歿於一四七五年。一名羅闍亞媽(Raja Ahmad)，爲彭亨之第二任蘇丹，約歿於一五一二至一五一九年之間。

暹羅兩敗於馬六甲，已述如前。而暹羅之附庸，今又爲馬六甲所統治。因此兩國惡化，無可諱言。但暹羅究係其時之強國，馬六甲對之，不無忌憚。於是芒速沙之第二政策，卽欲謀與暹羅諒解矣。斯時也，暹羅商人不來馬六甲，而馬六甲之商人亦未去暹羅，彼此商務關係，似告斷絕。一日，王召槃陀訶羅，各主要長官各戰士，及適停泊於港口之各船船長，齊集於朝廷。王向諸人言曰：派遣使臣至暹羅，當爲吾人所願意，不知現在可行乎？不戰不和是吾人之態度，諸位以爲何如乎？到會者咸曰：友勝於敵也。於是王向槃陀訶羅曰：誰可任使節？冬庇剌曰：可由余子冬泰拉尼（Tun Talani）任之。同時另舉一高級文官（Mantēri Jana Putēra）爲副。二人遂攜和解之文出使至暹羅矣。暹王詢來使曰：芒速沙（註二）之名何義也。泰拉尼瞠目不能答。高級文官突然言曰：上帝所賜予之勝利之王也。繼暹王再詢關於馬來人之戰鬪等情，兩使均一一具答。自是而後，兩國和平關係，於焉恢復。使臣回，泰拉尼獲一暹女爲妻，後生一子名冬阿里·哈魯（Tun Ali Haru）云。

（註一）Mantēri 已釋於前。Jana 源於梵文之 dhyana，義爲生命重要。Putēra 係梵文，其義爲子，或王室之後裔。此三字合用之，可釋爲主要之部長。

（註二）Mansur 係阿剌伯文，解爲勝利者，乃馬來人之專名也。

據馬來紀年一書所載，謂芒速沙曾偕其使臣至爪哇，訪美麗之公主琪拉娜（Chandra Kirana）（此二字之義解爲月光，）伊係滿者伯夷君主之掌珠也。芒速沙此舉，可謂盡破壞其先祖西里廊哈剌所制定之典禮。蓋與王同行者，僅爲一四等官冬比闍耶·梭羅(Tun Bijaya Sura)，並有少數軍士護從而已。至於大僚則盡留守於馬六甲。質言之，王赴爪哇，輕裝簡從，非禮所宜也。芒速沙既抵爪哇，不但盈得公主之歡心，且其岳父更以香丹島(Siantan)（註一）賜之。不但香丹島，如王欲浡淋邦（今巨港）者，爪哇王亦樂願與之云。吾人一觀上述之記載，殊覺其事之荒誕。此嫻雅之公主，早於數世紀前物化，而其父亦非滿者伯夷之王也。並且滿者伯夷之首都，已於一四〇六年時淪陷，芒速沙時其國雖存，而勢已瓦解。馬來蘇丹斷無親訪之理，彰彰明甚。然此故事之發生，亦自有其原因：芒速沙確有一爪哇女爲妃，其因一也。王之騎士漢都亞(Hang Tuah)，曾手刃一狂暴之爪哇人，其因二也。況且其時之馬六甲已蔚爲大都，萬商雲集，爪哇人之營利於此者，數必不少。如今日之怡里(Bandar Hilir)及東圭蚋(Tranquerah)（均今馬六甲之街名）等，均爲其時爪哇人之居留區，可爲明證。故王之欲以爪哇女爲妃，自可就地徵選，無須親至爪哇焉。惟好事者基此上述之二因，遂構成浪漫之故事。（註二）

（註一）香丹島爲七島(Pulau Tujoh)中之一島。此七島位於中國海中，即在馬來半島，婆羅洲及越南之間是也。一日 Jĕmaja (Djimaja) 島，二曰香丹島，均屬西竺羣島 (Anambas)。三曰 Sĕrasan 島，四曰 Subi 島，均屬南那都亞羣島 (S. Natuna)。五曰 Laut 島，六曰 Bunguran 島，均屬北那都亞羣島。七曰 Tambĕlan 島。此七島於古代航海中居重要地位。

（註二）馬來半島成為印度化時代，當始於基督紀元之初。其時神學與學者，自相繼從印度輸入，可無疑問。然此種輸入之文化，非充滿色慾與肉慾，即好為修飾之辭，迨宗教文學與塵俗文學之任一部門，流入馬六甲時，亦當遠在芒速沙以前。大部分之馬來文學均自此遂譯而來。當一五一一年亞伯奎征服馬六甲時，回教中之浪漫英雄，如 Amir Hamzah 及 Muhammad Hanafiah 之名，已成家喻戶曉，婦孺咸知。牛津大學圖書館 (Bodleian Library) 今藏有一六〇〇年時之手蹟一冊，即馬來文譯本之羅摩衍那史頌，是其原本即為太密爾文之校訂本。凡此均可證馬來文學之脫胎於印度也。馬來紀年將芒速沙之爪哇妃與琪拉娜公主混為一談，亦受印度文化之影響，而從爪哇故事演變而成者。查琪拉娜為十二世紀時荅哈 (Daha) （為印度化之爪哇強國，始於九世紀。元史中著錄其名）王國之公主，曾許嫁與爪哇英雄班只 (Sira Panji 或 Sri Panji)。班只者，爪哇 Kuripan 國之儲君也。迨其人倦於朝廷生活，遂變名投軍，馳驅疆場，婦女之與之發生戀愛者不可勝數。最後於戰場之上，與其未婚妻琪拉娜相晤，卒成婚事。蓋其時之琪拉娜亦喬裝班只，遂與其未婚夫遇於沙場之上也。十二世紀時之爪哇，倘為印度化之爪哇，不言而喻。然爪哇故事之演成馬來故事者，為數甚多，此其一耳。後伊斯蘭教迅速發展，文學風味亦隨之而變。於是馬來故事之中，遂導入地悶 (Deccan) 之浪漫色彩焉。此外如錫蘭，克什米爾 (Kashmir) 及旁遮 (Punjab) 之民族文學，攙入於馬來文學中者，亦隨時可見。中國通俗愛情小說，如梁山伯相對祝英臺等，亦有馬來文譯本。迨太密爾人之血統，混雜於王室血統之後，以及芒速沙之後宮充斥，遂產生一超越國界之文學焉。

芒速沙登位後兩年，即在一四六〇年時，此簡陋之馬六甲已擴充爲較大之城市矣。濱海及沿河之房屋，大加修葺，櫛比如鱗。東方各地之蕃民，均麕集於此。有來自阿富汗之誇大言者，有來自印度之象夫與騎手，有太密爾人之各式武士，並有來自阿剌伯之僞善君子，形形色色，不一而足。於是馬六甲之風紀蕩然，道德敗壞，自係必然之趨勢也。良善之民，恆賄賂於顯要以求保護。入晚則必嚴緊門戶以防盜賊之潛入。然蘇丹居於王宮之內，耳不聞目不睹也。人可殺死一英雄或哲人，或可辜負戚友之情誼而與其反叛，或可誘姦一無瑕之處女使其失貞。若其人之所爲，而適投王上之所好，則稱之曰高貴之舉動，其陋甚焉。蘇丹不但可處死一無辜之人民，並可沒收其財產。長官之拒入王門者，回家必仰藥而死。總之，其時馬六甲之法律，已日在崩毀之中，能幸存而不墮者，僅無人敢伸手反對王上而已。茲述一王室中之醜事，吾人即可推知其時馬六甲之紀律，已非如馬歡所說之風俗淳朴焉。即在黃衷海語之中，亦謂舶商假館，主者必遣女奴以服役，日夕饋食飲，少不知戒，即腰纏皆爲所掩取矣。其風之鄙，一至於斯。離新加坡島約三十英里有一兵打島（即廖內所在地）爲雅貢民族所宅居。中產一異人，即前述之漢都亞（註一）是也。其人孔武有力，幼已著名。初役於槃陀訶羅冬庇剌之門下，繼介於蘇丹芒速沙爲衛士。一日途遇一爪哇狂徒（Run amuck）（註二），見人亂殺，無敢當者，漢都亞奮勇直前，立擒其人手刃於地。王遂嘉其勇，令親侍左右。王如外出，彼必隨從。如有人欲與其比較武藝，從不拒絕。其使用劍術之精良，亦可推爲其時之冠。是以馬來人均譽之曰英雄，馬來婦女均愛之寵之。然其時芒速沙之後宮，粉白黛綠，難以數計，英雄氣概之丈夫自易受宮女之眷戀，而以漢都亞爲尤甚，王因是疑焉，欲將其置於死地。後得顯要之調解，請王憐其勇而赦之，因是漢都亞得匿居於友人之家而不死。嗣後王另有一衛士名漢香郎（Hang Kŏsturi。後字係梵文，解爲麝貓）者，漢都亞之知友也，潛與宮女通，而宮女中之忠心於王，或不能分享豔福者，洩其事於王前。未幾其消息爲漢香郎所聞，自知難免一死，於是逞其恣睢之情，暴厲之氣，竟戮死與其和姦之妃子，並碎尸數段，其殘狠之情，出人意表。然其時宮中任何衛士，無敢與近。王遂急召漢都亞回，與其知友決鬭於宮中。兩人各揮短劍，肉搏甚烈，香郎退而都亞進，都亞卻而香郎前。俄而都亞之劍墜地，急謂香郎曰，毋攻徒手之人。香郎諾，任其拾劍再鬭。如是反覆數四，香郎亦失其利器，轉懇於都亞，都亞不應，卒乘機手刃其知友，而香郎身首異處焉。由是王盡釋前嫌，賜漢都亞以自己所穿之錦衣一襲。彼欲穿任何顏色之衣服，王均許可。王如出遊，彼捧御劍。入朝之時，對於朝禮如感厭倦，王可准其假息於宮牆之傍，其隆寵如此。不特此也，王更封漢都亞爲拉沙馬那，意爲水軍司令。再賜羅耶河（Sungei Raya）爲其采地，其地卽今之峇株巴轄是矣。因是馬來人諺曰：忠者賞，悖者罰，此馬六甲王國之明訓云。然吾人一觀上述之記載，其事有不可恕者：漢香郎支解其私通之妃一也。漢都亞手刃其知己，絕無絲毫憐惜之情二也。（註三）卽此兩點，倘有明訓之可言乎？

（註一）Hang 之稱號現已不用，其來源不明。Tuah 之義解爲幸運。馬來人愛讀之漢都亞傳記（Hikayat Hang Tuah）一書，係專述漢都亞之奇聞豔遇，在馬來文學中推爲傑作。當漢都亞殺死漢香郎後，除已得上述之賞賜外，芒速沙更准其乘坐軟兜，與國王及槃陀訶羅無異。因是彼乘軟兜出遊之際，路旁行人每相顧而問曰：兜中之顯要爲誰？曰拉沙馬那也。拉沙馬那爲國中之第一貴人乎？曰否，第一貴人仍爲槃陀訶羅也。於此更可見馬六甲其時風俗之澆漓矣。

（註二）Amuck 之馬來語作 amok，解爲兇狠之襲擊，暴厲之慘殺。與他人所稱之 ngamuk，解爲怒鬪，或 pamuk，解爲大戰士，其義殆同。Run amuck 或作 Running amuck 解爲亂殺，殺人者絕無慈悲之念，且奔且殺。今此風俗，仍偶可見之。

（註三）漢香郎被殺後，吏將其屍體抬遊全市以辱之，末投之海中。其妻與其家族亦盡遭屠殺，房屋亦拆毀，屋柱亦投海。其不近人情如此。

芒速沙遣使朝貢中國，計有兩次，馬來紀年亦有此說。第一次之使臣爲槃陀訶羅之弟，即冬布帝。是彼攜通常之貢物入朝，獲甚多之賜品而還。並謂入京親覲天子，高坐龍椅之上，面聆訓諭，辭甚莊嚴云。冬布帝歸時，攜一中國女子俱來，芒速沙即與伊成婚，列爲妃子之一，其宮或曰即在今之三寶井。（註一）好事者謂該女係中國皇帝之公主，或曰寄女，故芒速沙遂成中國皇帝之駙馬，殊可笑也。（註二）第二次入貢之使臣，由槃陀訶羅之子冬泰拉尼爲正，一高級文官爲副。詎知途遇暴風，使船飄至文萊（Brunei），使臣遂朝見文萊之王。王欲知朝貢中國之表文，如何稱呼，令泰拉尼讀之，第一句即爲 Sahaya raja Mĕlaka，（註三）意謂馬六甲之王者，中國皇帝之臣僕也。文萊王聞而恥之。泰拉尼默然無言，不能辯白，但其同伴起而言曰：此語之意義，亦可解爲馬六甲王之臣僕也。此種強詞奪理之辯論，竟博得文萊王之歡心，遂與以優待，聽其暫留。後使節抵中國，仍獲重賞而回。查馬六甲諸王之入貢中國，其所備之貢物每不多，而所獲之賜品則甚夥。據衛金孫言，謂其數常成一與四之比。故論者恆謂南海諸國之來朝，志在圖利，非有稱臣事上之意也。余謂此係一孔之見，殊非確論。蓋當時以中國之強，不難席捲南海各國，置於屬地之列，如鄭和之一平盜魁，兩擒番王，（註四）

可爲明證。然中國之所以不願出此者，即在表示泱泱大國之風度耳。

（註一）今馬六甲市之東北，有一三寶山，謂爲十五世紀時吾僑居留之地。現此山已成吾僑之公塚。山上有明代古墓二，其一碑文曰「皇王壬戌年仲穀旦顯考維弘黃公妣壽祖謝氏墓」。其一碑文漫沒，已難辨認，僅得「皇明」二字。然明代壬戌有四：一爲正統七年（一四四二年），至今已近五百年。一爲弘治十五年（一五〇二年），一爲嘉靖四十一年（一五六二年），一爲天啓二年（一六二二年），至今亦達三百餘年。其古可知。現此墓於一九三三年由青雲亭（爲吾僑在馬來半島中最古之寺廟）及鄭氏榮湯堂出資加以修理矣。山下有一井，即名三寶井，馬來名 Perigi Raja，意爲王井，衆信爲鄭和所浚，以備隨從汲水之用。井水極清冽，於今仍然。當荷蘭統治馬六甲時代，於井旁築一胸牆，置小銅礮（pedreiro）八門，派軍曹一，伍長二，士兵十守之，即因井水鮮美之故也。乾隆時甲必丹蔡士章及廣東大學生胡悳壽等合建一寶山亭於三寶井之旁，以爲祀壇及蔭蔽之用，至今尚存。馬來人稱三寶山曰 Bukit China。葡人寫作 Buquet China。荷人寫作 Bouquet China, Boukit China 及 Bouquet China 等，皆中國山之意也。

（註二）據溫士悳所著雪蘭莪史（A History of Selangor）第一面引馬來紀年之文曰：此中國女子名 Hang Li Po 係中國皇帝之女，與芭速沙婚後，寓於三寶井，生一子名 Paduka Sri China（又名 Paduka Mimat 譯爲明馬）封爲奇蘭（Jeram）之維閣，其地在今雪蘭莪內令吉河（Sungei Langat）旁。於十七世紀之初年，奇蘭地方之人民，尚頗有禮貌，似即由於明馬統治之故也。又據葉華芬著馬六甲之華人（The Chinese of Malacca）一文中引馬來紀年之文曰：中國皇帝遣使至馬六甲，馬六甲蘇丹遂遣冬布帝偕來使入朝中國以報之。冬布帝至京，上一表文，帝閱之大悅。

迨汎風起，冬布帝辭行，帝告之曰：朕盼馬六甲王來朝，朕願以公主 Hang Li Po 嫁之。冬布帝答曰：馬六甲王不能離甲，因其周圍盡係敵人也。但如蒙陛下愛王，則臣願護送公主同返馬六甲。帝諾，治舟送之，舟百艘，由 Di-po 統率。帝更選美女五百名，爲公主之侍從矣。既抵馬六甲，芒速沙大喜，親往 Sabot 島迎公主。相見之後，驚公主之美麗，不勝喜悅，遂導公主之王宮，並歡呼曰：此上帝所造之佳人，所以福余也。次請公主改宗伊斯蘭教，隨後成婚。生一子，曰明馬。侍女五百亦改信回教，盡居三寶山，山下掘一井，即三寶井。此等侍女之後裔，馬來人稱曰 Beduanda (Biduanda) China，意謂中國之侍從也。吾人總觀上引之文，更可見馬來紀年之荒誕不經。皇女下嫁蘇丹，中國史書寧無一言，其不可信一也。Hang Li po 及 Di-po 之漢名，誰能還原（Po 必爲寶或保之對音。如三保公、三寶井等之保寶二字均作 Po。馬來人遂於華女及護送者之名後亦綴一 Po 字矣）其不可信二也。據余推測，此女或來自民間，或即係僑居馬六甲華人所生之女。按之星槎勝覽之記載，謂滿剌加男女椎髻，身膚黑漆，間有白者，唐人種也。則其時華人之僑寓於馬六甲者數當不少，芒速沙娶一混種華女爲妃，事極可能耳。

（註三）Sahaya 一字係梵文，解爲臣僕，或部下。一六一九年時，有荷蘭之爪哇總督名柯恩 (Jan Pieters Zoon Coen) 者，即拒絕對爪哇王稱 Sahaya。又一八一一年英人雷佛士任爪哇之副總督時，對爪哇之日惹 (Djoeja) 蘇丹，亦不願用 Sahaya 一字。於此可見馬六甲王對明帝之稱 Sahaya，實可謂克盡事上之禮矣。

（註四）鄭和所擒之盜魁，即爲稱雄於舊港（巨港）之陳祖義。其所擒之番王，一爲蘇門答剌之蘇幹剌，二爲錫蘭之亞烈苦奈兒。詳見本章第二節所引鄭和之碑文。

芒速沙在位之時，其武功亦頗足稱。就馬來半島而論，柔佛、丁加奴、彭亨以及附近各島，如兵打島、吉利門（Kerimun）等，均爲馬六甲之屬地，衆所週知。今其勢力且將及於蘇門答臘之東岸，故宜詳敍之。有明那迦保者，爲蘇門答臘之大國，國有一地曰監篦（Kampar），於宋時亦自成一國，位於監篦河口，爲黃金與胡椒之吐納處。芒速沙遣兵征之，夷爲屬地。而當時統兵往征者，即冬亞里之長子冬泰希（Tun Tahir）是也。冬泰希既抵監篦，恐難征服，有畏葸之勢。幸其部下有名將一，曰古闍峇峇（Khoja Baba），有副將三，曰神賽的（Sang Setia）、神那耶（Sang Naya）及神胡那（Sang Guna）等，力主用兵，始克征服。監篦之主，爲峇峇所殺。勝師回朝，芒速沙封峇峇曰 Ikhtiar Muluk（此二字均阿剌伯文）義爲果敢之王也。其餘戰士各賜錦衣。監篦作爲冬泰希之采地，但王並不令其駐此，而仍歸馬六甲統治焉。碩坡（Siak）亦蘇門答臘之重要貿易地也。芒速沙命烏台尼（Dato' Sĕri Udani）爲總司令，古闍峇峇，神梭羅（Sang Sura）及神闍耶（Sang Jaya Pikrama）隨行，率水師九十艘前往討伐之。碩坡之主宰亦死於峇峇之手。事平，芒速沙即以其女配此主宰之子，令其繼父之職，碩坡遂成馬六甲之附庸。烏台尼封爲 Perdana Mantĕri（前字係梵文作第一解）意爲首席部長。古闍峇峇則率勝利之師，遊行馬六甲全市，以誇耀其手刃碩坡主宰之英勇焉。唐樊綽所撰蠻書中之波斯，卽蘇門答臘東北部之巴袞，其國與馬六甲宿有關係，已屢述於前。一日巴袞發生政變，蘇丹被迫退位，遂駕小舟，逃之馬六甲，芒速沙用王禮迎之。蘇丹謂王曰：若能恢復吾之治權者，吾當以巴袞屬甲。芒速沙認此良機，不宜錯過，立卽許諾。惟以巴袞向稱强國，遣兵往討，事非甚易。乃決定派高年之槃陀訶羅冬庇剌爲總司令，拉沙馬那漢都亞及其他戰士若干爲副，浩浩蕩蕩殺奔巴袞。雙方戰鬪數日，互有勝負，而最後之勝利，則仍屬馬六甲。於是廢蘇丹得以復位，槃陀訶羅亦準備率師回甲。臨行詢曰：蘇丹承認馬六甲之宗主權乎？答曰：巴袞不願臣服也。槃陀訶羅聞之大怒，擬謀對付。未幾巴袞再亂，遂爲亞齊所倂。拉沙馬那擬仍思利用背信之蘇丹，使其復位，但槃陀訶羅則堅持寧願空手回甲，不欲再生戰事。於是在一無結果之中，喪師掃興而回矣。芒速沙知之不悅，拒絕接見司令者達三日之久，迨至第四日，始召拉沙馬那垂詢一切，詎知其人悉委罪於槃陀訶羅。翌日，王召冬庇剌。彼不但不誹謗拉沙馬那，且盛讚其勇。同時向王詳細說明再戰之無益。王怒遂解，並稱道槃陀訶羅之寬宏大度，敬愛如初。馬六甲在蘇門答臘之領土，除上述者外，尙有占碑及望加麗島（Bengkalis）。故芒速沙在位之時，得謂爲馬六甲最光榮之時代，洵屬不誤。然王之自身文弱而無勇，日惟沈湎於酒色，絕無雄圖大志，其所以有此成就者，卽槃陀訶羅冬庇剌之功也。故衞金孫稱滿者伯夷之鉢帝巴衰之那督（Dato' Raja Kĕnayan），合冬庇剌三人爲其時之三大政治家云，當係確論。

芒速沙於名義上計有五妃。但實際究有多少，無人能知。此五妃者：一爲麗拉·黃沙，卽彭亨俘虜之女。一爲爪哇女，一爲中國女，一爲槃陀訶羅冬庇剌之妹，此則其姊妹，分嫁與馬六甲王之父子矣。另一則爲那督·西里·那羅·提羅闍冬阿里之女是也。惟此非與冬姑杜所生者。此五妃之中，誰爲正妃，亦無人能言。不過爪哇女與中國女似最寵幸耳。彭亨之女出兩子：長名羅闍謨罕默，本爲儲君。一日謨罕默出遊，其頭上之纏幔爲一球所中，墜於地上，遂拔劍將擊球之兒剌死。詎知此被殺之兒乃冬庇剌之子冬蒲塞（Tnu Bĕsar）也。於是槃陀訶羅之家中，決欲復仇，以雪此恨。冬庇剌力阻之，謂此非忠王之行動，於禮不可。惟彼終以此事白之於王，王遂廢謨罕默爲儲君。同時王召彭亨太守回，令其護送謨罕默及大小官員隨從數百名之彭亨，而爲彭亨之第一任蘇丹，在位僅兩年，至一四七五年而歿。次子名羅闍亞媽，繼其兄而爲彭亨之第二任蘇丹爪哇女生一子，名羅亭琪蘭(Radin Geglang)，嗣爲王儲，不幸於吉寧村(Kampong Kling)（卽吉寧人之居留區）因阻止一狂徒而被殺。冬庇剌之女亦生一子，名羅闍胡新(Raja Husain)，遂承繼羅亭琪蘭而爲儲君。此卽七世王阿老瓦丁黎耶沙(Sultan Alaud-din Riayat Shah)是也。芒速沙此舉頗得槃陀訶羅之滿意焉。中國女亦生一子，卽前述之明馬，封爲雪蘭莪境內奇蘭地方之獨立主宰。冬亞里之女生兩女，均配貴族。

據馬來紀年所載，謂芒速沙之王宮，富麗堂皇，得未曾有。王本居舊宮，後因妃女衆多，穢事狼籍，遂將其拆毀，另建新宮。承造之人均爲其時馬六甲屬地之長官。卽來自柔佛、占碑、望加麗、吉利門、兵打島及蘇坡者，而以兵打島之主宰任總監工焉。此新宮之地址，亦卽在聖保羅山（註一）新宮門面之長達五十一提拍(dĕpa)（一提拍約爲五呎四吋），柱之大者，其周爲一提拍。簷則突出於外，以護窗門，並可避陽光之直射。各妃寢室，莫不金壁輝皇，漆以顏色種種。屋頂尖處則鑲以紅色之琉璃，視之宛如寶石。牆壁之間，則嵌以中國之鏡，如爲陽光所照，望之目眩。瓦則用銅或錫爲之。故馬來紀年誇為其時世上獨一無二之王宮矣。但宮之尖頂為電所擊，於是此美輪美奐之王宮，頓時起火，濃烟蔽日，烈焰騰天，王與妃女隻身而逃，未攜一物。宮中衛士如冬伊索 (Tun Isup)，冬梅 (Tun Mai) 冬勃拉沁 (Tun Ibrahim)，冬謨罕默 (Tun Muhammad) 等，盡係貴族子弟，亦各顧性命，僅望火興嘆，幸宮中寶器，尚無損失，傢具雜物，亦多保全，故王心稍安耳。新宮既告焚，如芒速沙令再建一宮，規模稍小，華麗亦不如前，惟限期一月，必須完工。任建築者，仍着各屬地之人民負責。據馬來紀年所載：謂 Ungaran, Tungkai, Buru 及 Suyar 四地之人，各造一王妃寢宮。Panchur 及 Serapong 兩地之人，則建造宮殿。又 Buru 之人兼造外陽臺。Merba 之人造廚房。Sawang 之人造接待室。Kundur 之人造着衣室。Malai 之人造浴室。Upang 之人造避雨室。Tungkai 之人兼造園牆。Muar 之人造僕室云。惜此等地名，除 Muar 確知為蔴坡外，餘均殊難考證其今地之所在也。（註二）

（註一）在衛人卡斯丹 (Fernão Lopes de Castanheda) 所著之 Historia Do Descobrimento e Conquista da India Pelos Portugueses 一書中，謂馬六甲之王宮確建於聖保羅山上。又謂馬六甲市之南部，更有一

大同教堂堂近大橋卡斯丹於一五四一年時，始在印度去世，故所言必確。不過彼所言之王宮，乃指馬六甲之八世王（卽末王）者，但吾人可知卽爲芒速沙所住之王宮也。亞伯奎則謂芒速沙建一大宮於馬六甲山上。此山必指聖保羅山。

（註二）Buru 爲摩鹿加羣島中之一島，然此島非馬六甲勢力所能及。Panchur 殆係 Pansūr。此卽島夷志略中著錄之班卒，其地在蘇門答臘西岸，卽 Baros 是。但亦不在馬六甲勢力範圍之內。若謂蔴坡境內之班卒，則係新闢之地，尤爲非是。Tungkai 與今東甲（Tangkak）之音相近，不知是否？Sawang 則音近於今之沙橫（Sabang），乃蘇門答臘北端外之一小島也。Kundur 之義爲南瓜。馬來人稱 Pulau Condore 曰 P. Kundur，卽爲吾國古籍中常見之崑崙，在交趾支那之南，當亦非馬六甲勢力之所及。

王宮失火前不久，老吉寧人冬阿里逝世。彼有後嗣五人，積銀五箱，人得其一。而彼與冬姑杜所生之子冬墨泰希，女冬雪那閣，及幼子冬亞圖拉（Tun Abdullah），則由冬庇剌負責教養，銀亦歸其保管。蓋冬庇剌與冬姑杜者同胞兄妹也。冬阿里出殯之時，芒速沙用王禮送之，奏銀喇叭，擊鑼鼓，張王傘，可謂極盡哀榮之能事焉。至西里・那羅・提羅閣之官銜，則由其出征監篦之長子各泰希承繼云。查芒速沙在位之年，馬六甲國勢雖盛極一時，然亦不無外患。有望加錫（Macassar）之主宰名西末羅記（Sĕmĕrluki）者，藉追剿武吉斯人之海盜爲名，竟航至馬來半島東岸刼掠，後折入馬六甲海峽，而與勇猛之漢都亞相遇，棋逢敵手，交戰數次，終爲漢都亞擊退，始告無事。然此實爲引起武吉斯人於十八世紀之中統治馬來各邦之開端也。

今日尚通行於馬來亞之神祕異說，其首先倡導者亦芒速沙也。有阿剌伯哲人名蒲沙哈(Maulana Abu Isahak)（第一字解爲主人師長凡學者之名前可冠此字）者，曾於麥加著一神祕主義之論文，書成而交其徒蒲巴加(Maulana Abubakar)至馬六甲宣傳，芒速沙尊視之。其始馬六甲之正教派如卡迭斯(Kadzi)尤賽夫(Maulana Yusuf)等均極反對，後卒被蒲巴加說服，於是芒速沙自誇其首都爲神祕之中心矣。一日王遣一使團至巴衰辯論一教義上之問題，勝者得獎。其問題爲何，卽人在地獄之中，是否永受痛苦與否是也。巴衰之蘇丹，召其神學家若干人集會於朝，答此問題。中有一人起而言曰：人在地獄之中，永受苦惱，此係必然之理。難者曰：可蘭經(Koran)上亦如是言乎？其人遂引可蘭經所言，以證其說。馬六甲之使團曰：爾所言盡於此乎？其人曰：爾等尙欲多知乎？正答此問時，其人之同伴，卽其他神學家亦表示不滿。蘇丹退去，會無結果。後蘇丹召此反對之人，詢其意見。彼曰：馬六甲王所提出之問題，安能用可蘭經解答乎？蘇丹曰：然則用何詞以復之？

馬六甲蘇丹阿老瓦丁黎耶沙之墓碑

此圖採自 R. O. Winstedt 之 History of Johor 一書

馬來王之墓碑四面有字，此係正面，其辭如次：

碑頂　除安剌（Allah）外無神。

碑身　此係光輝有福純潔之蘇丹阿老瓦丁之墓，

此係蘇丹芒速沙之子，

後者係蘇丹無答佛哪沙之子，

乃神之純潔之友也。

曰此係神祕之眞理，不能用集會方式以答辯也。其人遂於夜間赴馬六甲使團之寓所，面答來使曰：人在地獄之中雖受痛苦，但可藉神祕之權力使轉苦爲樂。即此一語，聞者莫不滿意。於是馬六甲使團所攜之獎品，即黃色與紫色之錦繡數疋，赤色與褐色之鸚鵡（註一）各一，黃金七兩，女奴二人，均爲此神學家所獲得焉。使團攜此結論，抵甲適在午夜，鳴鑼槌鼓，愉快非凡，殊可笑也。未幾芒速沙卒。臨終戒其子曰：爲蘇丹者，對上帝負責，對人民保護，爾宜誌之。時在一四七七年，計在位之期共十八年也。（註二）

（註一）有那坡利（Naples）人名 John Francis Gemelli Careri 者，於一六九三至一六九九年間，曾環遊世界一周。在一六九五年中則至馬六甲。彼對馬六甲之鸚鵡有較詳之敍述，茲徵引之。謂：吾在此處所見之美麗鸚鵡，畫師不能狀其萬一。有身與翅均赤色，而腿作綠色者。有身赤頭黑或深藍，而翅與腿作淡藍色者，特稱曰 Noroa（即馬來語 Nuri）。有灰色而綠翅者。有白色而頭上有一黃色之撮毛者，則名曰 Cacatus（即馬來語 kakatua）。此種鸚鵡非馬六甲所產，乃來自德那底（Ternate），安汶（Ambon），望加錫及爪哇者，故其數比美洲爲少云。

（註二）在樊倫丁馬六甲歷史一書中，對芒速沙記載較詳，茲撮錄於下：謂王登位於一三七四年，在位共七十三年，彼在此時期中所爲種種重要之事，迥非前王可比。芒速沙與滿者伯夷王之公主 Radin Gala Isjindra Kirana 成婚後，蘇門答臘東岸之英得其利（Indragiri）即讓與馬六甲統治。再與中國皇帝之公主聯姻後，即遣軍出征彭亨，夷爲屬地。此時在東方各國中，馬六甲居第一，次爲巴袞，再次爲阿魯。未幾芒速沙再將巴袞王 Sainalahdin（或即宰奴里阿比丁 Zeinalabeddin）擊敗之。約在一四二〇年時，有望加錫王 Krain Samarlooka 者，率水師二百艘來侵馬六甲，卒被芒速沙之水軍司令所破。望加錫王退之巴袞，馬六甲仍遣軍圍之。後巴袞王與其兩弟不睦，被迫退位，遂逃馬六甲，歸芒速沙保護焉。故王一生日在戰爭中過生活也。王歿於一四四七年云。

八

繼芒速沙而王者，卽爲其子阿老瓦丁黎耶沙是。此王不見明史，至以爲異。是否失載，抑未入貢，殊難斷定。惟據余推想，馬六甲自首王以至末王，無一不與中國發生關係，獨缺此王，寧有是理。故余謂明史或有遺漏，似屬可信。王登位時年僅十五，已娶二妃，一爲公主，一爲冬雪那闍，又名冬那闍（Tun Nacha）卽冬阿里與冬姑杜所生之女，係冬墨泰希之胞妹也。墨泰希初爲天猛公，後封那督·西里·摩訶羅闍，最後則晉封爲盤陀訶羅，亦一足智多謀，權傾一時之顯要。王於登位以前，曾同芒速沙與彭亨之女所生之第二子，卽名羅闍亞媽者，爭位甚烈，幸賴其舅冬庇剌之助力，羅闍亞媽終被黜而至彭亨，繼乃兄爲彭亨之第二任蘇丹，（註一）事遂解決。但昆仲之間，日後不睦，肇因於此。

有泰拉尼(Talani)（註二）者，丁加奴世襲之酋長也。未徵得亞嫣之同意，擬逕往馬六甲向阿老瓦丁致敬，亞嫣恨之，遽遣其衛士西里·亞加·提羅闍(Sēri Akar Diraja)前往丁加奴，實行暗殺，卒達目的。泰拉尼之親屬遂訴之於馬六甲王，要求復仇雪恥。阿老瓦丁知之大怒，決欲出征彭亨。後經冬庇剌及其他要臣之力勸，戰端得以不啓。然阿老瓦丁痛恨兇手，非令西里·亞加·提羅闍賠款與泰拉尼之後嗣不可。乃遣拉沙馬那漢都亞攜祕密訓令往彭亨。既至，漢都亞入朝，正在宣讀訓令之際，有西里·亞加·提羅闍之近親，爲漢都亞之隨從手刃於朝上，羅闍亞嫣大罵。漢都亞言曰：此隨從誠有罪，然殺泰拉尼之兇手，焉可任其自由，不加責罰，理由何在？亞嫣微笑言曰：泰拉尼之被殺，因其輕視馬六甲耳。漢都亞心知其詐，起程回甲。阿老瓦丁稱賞之。

（註一）據衛金孫言：羅闍亞嫣至彭亨時，乃兄之子名羅闍芒速沙者已繼其父爲彭亨之蘇丹。亞嫣遂令其衛士西里·亞加·提羅闍弒此幼主而自立。但在林尼漢之彭亨史中，所謂羅闍芒速沙者乃亞嫣之子也。此段記事，牴牾特甚，余以彭亨史所言爲是。

（註二）丁加奴之泰拉尼係世襲之酋長。其起源甚古，謂自紀元七五〇年以來，即已如是云。一說泰拉尼係浡淋邦土着酋長之後裔，而常爲兵打島及丁加奴之首領。惟此處所說之泰拉尼，非出使中國與暹羅之冬泰拉尼，讀者應明辨之。

阿老瓦丁英明爽直，膂力過人，得推爲馬六甲最賢之君主。國中政務，彼不願盡由要臣處理，而願自己負責，試舉一事爲例。王知當時馬六甲之警政頗爲鬆弛，致市區之內竊風甚熾。一晚王穿襤褸之衣服，偕護士二人至市中偵察。在途遇五人，見兩人擕一箱，三人隨後。若輩見多人前來，即棄箱而遁，同時命五中之一守護此箱。阿老瓦丁立起追之，一賊踣石而倒，王揮劍殺之。餘三賊逃至河邊樹下，王與其決鬬，兩賊亦被殺，一賊入水而逸。其護箱之賊，則已爲王之護士所拘押於廷上。翌晨，王登廷，詢妃兄冬墨泰希曰：昨夜警士巡守乎？答曰然。王曰：昨夜有三人見殺，一爲石所踣而死，一死樹下，一死橋旁，是否由汝所統之警士殺死乎？墨泰希答以不知。一夜死三人，汝尙不知，然則汝之警士所爲何事？摩訶羅闍冬墨泰希赧然無言。王遂令其同行之衞士冬伊索，將昨夜所遇，盡爲諸臣述之。自此以後，凡十字路之交點，必置警士。凡爲竊賊者斷指以警。失主如得證明，可將失物領還。墨泰希亦效王所爲，晝行夜訪，不敢稍懈。馬六甲之竊風頓告滅跡。吾人於此足見王之能幹焉。

阿老瓦丁自身雖勇敢異常，但酷愛和平，非至萬不能已，不願輕啓戰爭。即有瑣屑之事，不合王之心者，王亦能忍之。故總其一生，於武功方面，僅有兩事可記。阿魯亦其時蘇門答臘東北岸之一國也於一四一一至一四三〇年間，曾入貢中國四次。一日阿魯王因事遣使持文謁巴衰王，文中之開語，僅有祝頌之意，絕無臣服之詞，但巴衰王強說阿魯王之服從，故一再朗讀來文，以爲笑樂。阿魯使臣大爲不悅，以致發狂，當將巴衰朝臣殺死數人，而自身亦被殺。其同伴之幸免者，逃回阿魯，詳訴其事。阿魯王大怒，遣兵侵巴衰，更乘機刼掠馬六甲沿岸。阿老瓦丁知之，立遣冬庇剌之子百圖加端(Dato' Sēri Paduka Tuan)及禁衛軍長，率戰船一隊，巡守沿岸，監視刼掠者之行動矣。迨船抵今波德申港口(Port Dickson)，適與敵船百艘相遇，遂雙方接戰，劇烈異常，卒將阿魯船逐去。阿魯之人逃回己國，阿魯王益形忿怒，強令其士兵重往馬六甲備戰，以雪失敗之辱。如是雙方又交鋒數次，而阿魯終於不敵，隨後阿魯王乞和，兩國始言歸於好。(註一)此一事也。碩坡爲馬六甲之屬國，前已言之。是以該國如欲定讞死刑，須得馬六甲王之裁可，否則作爲違法。但其時碩坡之主宰，頗憤恨於馬六甲之宗主權，渴欲自謀獨立，故將死刑事件，悉憑獨斷，不轉告馬六甲王。阿老瓦丁聞悉，認有喪主權，非嚴懲不可，乃遣漢都亞興問罪之師，責碩坡違法之舉。漢都亞既抵碩坡，入朝宣讀國書，並詢其主宰之要臣白克波(Tun Jana Pakibul)，私處人民死刑，是何道理？白克波對曰：此係主宰之意也。於是漢都亞轉問主宰，何故不經馬六甲王之裁可，擅將人民處死，殊違法度，君其知之否？主宰寂然，一言不答。結果碩坡蘇丹備一罪己之公文，上呈馬六甲王，並切實申明，以後如有死刑事件，悉經阿老瓦丁同意，始敢定讞。征伐之事，得以幸免，此又一事也。

（註一）據馬來紀年所載，謂阿魯與馬六甲言和時，曾發生奇事兩則，茲引述之。有一馬六甲之太密爾兵，似不甚勇，偶入阿魯海岸之叢林中，遇一山羊，誤以爲敵人也。急退，羊隨之，兵駐足而羊退。如是往返數次，後適來一同伴，詢問何遇，此懦怯之太密爾人曰：前有一阿魯人，吾退彼進，吾進彼退，不知何故。其人曰：此山羊也，非人也。聞者無不引爲笑柄。當兩國言和時，各首領齊集於一舍中，開會慶祝，詎知此簡陋之茅舍，爲風吹倒，各首領頓失心神，呼救禁衛軍長，然彼則屹然不動，並無損傷。於是阿魯之人言曰：禁衛軍長雖非魁梧奇偉，但實爲辛辣之胡椒也。凡此二事，均爲嘲笑阿魯人者。

阿老瓦丁共生三子，長名羅闍孟那華（Raja Munawar），係正妃所出。年漸長，其父令往監篦爲蘇丹，稱孟那華沙，俾受政治淘冶，以備日後成爲馬六甲之賢君，法至善也。查孟那華本爲儲君，受其父與其祖母之鍾愛，令往監篦，異說紛起。或曰孟那華越海峽而西，則馬六甲之領袖，將選阿老瓦丁之幼子媽末（Mahmud），即冬雪那闍所生者爲王儲矣，故孟那華之去甲，是否出於冬庇剌之勸說王上，抑出於摩訶羅闍冬墨泰希之陰謀，均不無疑問。蓋此後不久，阿老瓦丁竟毒死於敵人之手耳。馬來紀年關於王之毒死，隻字不提。幸在亞伯奎疏解之中，有概略之記載，茲引述之。謂阿老瓦丁在位之時，馬六甲之各色居民，其數已達四萬。而王之富有，亦冠絕一時，僅黃金一項，已達一百四十寬旦兒 (quintal)（一寬旦兒合一百磅，或一百十二磅，此處僅合一•二荷磅）矣。因此王決置備種種船隻，前往麥加，一朝謨罕默德之聖地。然王恐出遊以後，或虞其屬地有離貳之心，遂令監篚（當係碩坡）及英得其利等之主宰隨伴同行，如是叛變之舉動可以消滅，而沿途亦不致寂寞，實屬賢明之政策。詎於將屆啓程之際，王忽以毒死聞。主其事者，謂爲即係彭亨與英得其利之蘇丹，而彭亨之蘇丹，即阿老瓦丁之異母兄也。王毒死於一四八八年，（註一）尙未屆三十之年齡，正血氣盛壯之時候，故論者莫不惜之。

（註一）今蔴河 (Muar River) 上遊，有一地曰于魯百谷 (Ulu Pogoh)，其地有一村曰王村(Kampong Raja)，阿老瓦丁之坆墓在焉。王或毒死於此，亦未可知。其墓碑之模型今存雷佛士博物館內，並請參看附圖。又芭速沙另有一子稱蘇來門沙(Suliaman Shah)，即阿老瓦丁之昆仲，其墓在柔佛河上遊之 Sayong 地方。亞伯奎疏解中亦著錄其名，但馬來紀年則無。

樊倫丁謂阿老瓦丁在位共三十年，歿於一四七七年。並謂王在位之時，馬六甲有一短時間曾臣服於暹羅云。

阿老瓦丁毒死後，即發生承繼問題。當時王母與彭亨（註一）及監篦之主宰，擬召其長子孟那華自監篦回甲繼承大位。但此太密爾人之後裔即摩訶羅闍冬墨泰希力主不可，謂應以王之幼子，即其自己之甥嗣位事遂通過。此即明史上之蘇端媽末（Sultan Mahmud Shah）（即上述之媽末）是也。查墨泰希因辨理警政不力，曾受阿老瓦丁責備，故王之毒死，羣疑墨泰希亦預聞其事。吾人觀其力爭嗣位問題事屬可信。即在亞伯奎疏解之中，亦直書阿老瓦丁之幼子篡位云。蘇端媽末登位之時，尚在髫齡之年，是以一切大權，悉由槃陀訶羅冬庇剌及其他要臣執掌。惟事之最奇者，王於登位以前，即遣使臣入朝中國，請爲册封耳。蓋明史上所稱之馬哈末沙，世人咸謂爲與蘇端媽末同爲一人也。玆先示明史之文如次：憲宗成化十七年（一四八一年）九月，（滿剌加）貢使言，成化五年（一四六九年）貢使還，飄抵安南境，多被殺，餘黥爲奴，幼者加宮刑。今已據占城地，又欲呑本國，本國以皆爲王臣，未敢與戰。適安南貢使亦至（按明史安南傳，成化十七年秋，滿剌加亦以被侵告。帝勑使諭令睦鄰保國。未幾（安南）使臣入貢，請如暹羅爪哇例，賜冠帶，許之。不爲例。即指此。其時之安南王仍爲黎灝，）滿剌加使臣請與廷辨。兵部言事屬既往，不足深較。帝乃因安南使還，勅責其王。並諭滿剌加，安南復侵陵，卽整兵待戰。尋遣給事中林榮，行人黃乾亨，册封王子馬哈木沙爲王。二人溺死，贈官賜祭，予蔭恤其家。餘勅有司海濱招魂祭，亦恤其家。復遣給事中張晟，行人左輔往，晟卒於廣東，命守臣擇一官爲輔副，以終封事。然在殊域周咨錄中，則以此事繫於成化十四年（一四七八年）且不舉馬六甲請封之王名。其辭如下：曰成化十四年，嗣王復請封，上命禮科給事中林榮爲正使，行人黃乾亨爲副使，往封之，竣事而還，舟抵洋嶼，遭風並溺於海。上愍之，遣官諭祭，榮贈某官，乾亨贈司副，各錄一子入冑監（有如今之遺族學校）乾亨子後登第，卽南畿提學御史如金也。東西洋考關於此事敍述更簡，僅謂成化末，給事中林榮，行人黃乾亨，奉使，溺海死，以故罷遣云。吾人細究上引之文若請封之事在成化十四年，則適爲阿老瓦丁登位之第二年。若謂成化十七年，則亦在阿老瓦丁在位之中。故請封之王，非屬諸阿老瓦丁不可。蓋王之歿年，確在一四八八年也。然則明史之漏列其名而稱之曰馬哈木沙，其故安在？豈蘇端媽末之請封事出預謀乎？阿老瓦丁之毒死亦早已定計乎？抑馬六甲之使臣僅泛稱王號曰 Muhammad Shah 乎？蓋此稱號者乃回教國所常用者也。余認後說，最爲可能。故在溫士德之馬來亞史中，以成化十七年之請封，逕繫之於阿老瓦丁黎耶沙，卽或此故而余則斷爲阿老瓦丁黎耶沙實卽馬哈木沙，絕非如世人所說之卽蘇端媽末也。

（註一）阿老瓦丁死後，彭亨之老禁衛軍長冬奧嗎回甲。有人告之曰：王子媽末已依法承繼其父爲王矣。一切進行非常順利，亦極和平。禁衛軍長曰：唯吾未見其可也。彼之承繼亦未符法定手續也。彼係前王次子，非長子，亦非正妃所出，且尙在襁褓之年，安可爲王。今前王長子在監篦受政治淘冶，年亦較長，應繼爲王。彭亨主宰之擁護孟那華反對媽末，卽指此。

九

蘇端媽末登位以前，曾膺嚴重之赤痢，其祖母恨之，禁人服侍，幾至不起。幸槃陀訶羅冬庇剌與拉沙馬那漢都亞之日夜維護，始能轉危爲安，得以痊愈。媽末深感二老之恩，故於登位以後，特各賜錦袍軟兜，式同王制，以示隆寵。嗣後王坐朝理政務，漸知政治，而年亦漸長。一日，役吏拘一人至廷，其所犯之案似甚微末。王詢摩訶羅闍冬墨泰希曰：定以何罪？對曰：死刑。冬庇剌曰：摩訶羅闍！爾教幼虎嘗血乎？日後虎長，或將以此道報爾也。冬庇剌此言，竟成墨泰希之讖語，蓋在二十年後，墨泰希終死於媽末之手耳。媽末登位後約十年，槃陀訶羅冬庇剌病重。其人已事三朝，年登耄耋，乃今王之外祖父也。臨終之時，召諸親族至，一一囑咐：告冬墨泰希曰，爾日後必成貴顯，但不宜藉王舅之關係，依王親之勢力，遇事誇大，致遭殺身之禍。告墨泰希之兄泰希曰，爾不宜過信諸兄弟之談論，致使爾之事業毀滅。囑其自己之長子冬宰阿必丁（Tun Zain al-abedin）曰，貪多必失，遇事盡力，爾宜記取。囑其長孫冬伊索曰，凡爾所爲不宜效王。最後正言厲色告其王曰，弗聽信佞臣之言，國家必興，若虛僞從事，懺悔無益，誹謗乃惡魔之所爲，忿怒係失位之要因，王宜愼之。言訖而逝。老臣謀國之深，可謂至焉。時約在一四九八年也。冬庇剌歿後，由其弟冬布帝繼任爲盤陀訶羅。其人性極節儉，年事亦老。人民以半燃之燭擲諸窗外，彼必斥之。人民棄稍破之蓆置諸不用，彼必訓之。蓋彼知馬六甲物產不豐，人民不應浪費也。彼秉政之際，無善可述。其可得而言者，僅有兩事。孟琼（Manjong）與木歪（Bruas）（註一）爲昔日霹靂境內之兩小國也，其時二國交惡，木歪受制於孟琼。冬布帝助木歪，遂遣其姪百圖加端（即冬庇剌子）統兵征之。孟琼地小人寡，卒告克服。木歪之主感百圖加端之厚恩，卽以其妹雪德（Putri Siat）適百圖加端之子冬伊索以報之。同時木歪之主，更隨勝利之軍至馬六甲稱臣納貢，蘇端媽末特封之爲 Tun Aria Bija Diraja。自是以後，上述兩地亦益入馬六甲之版圖矣。吉蘭丹亦馬來半島之古國也，其名已見諸蕃志著錄。其時吉蘭丹之主宰，亦名伊斯干達沙

(Sultan Iskandar Shah) 者，因與馬六甲失和，冬布帝遂遣冬墨泰希統兵征服之。吉蘭丹王生有三女，悉成俘虜。其中一女名溫蔻寧 (Putri Onang Kening) 者，配蘇端媽末爲妃，後生一子（媽末次子）名羅闍無答佛哪 (Raja Mudzaffar)，卽爲開創霹靂王朝之第一任蘇丹是也。冬布帝秉政不久，卽與世長逝。於是槃陀訶羅之高位，亦須重行徵選矣。據馬來紀年所載，其時合選之人，計有九名，其中四人係冬庇剌之子，四人係太密爾人冬阿里之子，一人係冬布帝之子，均列朝廷，備王選任。而當時認爲最有資格堪寄重任者，僅冬庇剌之子百闍加端一人而已。王正思下令，卽選其人，而王母突從窗隙呼其子曰：選爾舅墨泰希，毋違余旨。事遂決定。於是此太密爾人之後裔，又榮膺爲槃陀訶羅矣。蓋王母與墨泰希者，本係同胞兄妹也。查墨泰希初爲天猛公，後封那督·西里·摩訶羅闍，今晉爵爲槃陀訶羅，其權之重，無與倫比。事定後，王更賜以錦衣兩襲，寶劍一柄。其子冬哈三 (Tun Hasan) 則繼父爲天猛公，亦賜寶劍長鎗錦衣。自是以後，馬六甲之政權，悉操於冬墨泰希之手。換言之，從馬來系之槃陀訶羅，而轉移與太密爾系之槃陀訶羅是矣。

（註一）據馬來紀年，謂羅闍蘇蘭 (Raja Suran) 係安登城 (Amdan Nagara) 之王也。近世學者，均認安登城卽係注輦（今 Coromandel Coast），此王卽係 Rajendracoladeva 一世。王於一〇二五年時，曾侵襲馬六甲海峽，並擬決心征服中國，但未實行。當王之軍隊於馬來半島沿岸登陸時，曾征服一國，名曰恆河城(Gangga Negara)。此恆河城卽今日霹靂之木歪。又荷人蒙斯(Ir. J. L. Moens)謂新唐書訶陵傳中之婆露伽斯，亦卽 Brnas，蓋其人考訂七世紀時之闍婆與訶陵均爲今之吉打，非爪哇也（請參看 JRASMB 第十四卷第二册及第十七卷第二册。）

蘇端媽末既長，已屆結婚之年齡，王親王族，一致同意任其自擇，於是趣事隨之而生矣。彭亨之蘇丹亞媽，爲阿老瓦丁之異母兄，故爲蘇端媽末之叔也。其時彭亨之宰臣，生有一女，芳名冬德闍(Tun Teja)，係有聲於時之美麗少女。據漢都亞傳記所言，謂該女曾許嫁與丁加奴主宰之子班只亞蘭(Mĕgat Panji Alam)爲妻，後爲蘇端媽末所勾引，卒嫁與王。丁加奴王子知之怒甚，親率大隊人馬入彭亨，擬假道以攻甲。馬六甲王逆料有此，已先遣漢都亞會師於碧澗（屬彭亨），雙方激戰，班只亞蘭陣歿。此蘇端媽末娶彭亨女爲妃之一說也。然在馬來紀年之中，則大異其辭。謂馬六甲因事遣使至彭亨，使回盛讚冬德闍之嬌豔，於是馬六甲之人民無不知之。使者之一，更以冬德闍娥媚動人之畫片餽王，王見豔若天仙，非得不可。因出令曰：凡能引誘此彭亨之麗姝而至馬六甲者，余必重賞之。有漢那亭(Hang Nadim)者，曾觸怒於王，彼擬乘此機會，將功贖罪，因告於王曰：吾能誘致冬德闍也。漢那亭至彭亨，先賄一老婦，令其散讒言於冬德闍之家中，謂以如此姿容綽約之女，嫁彭亨之羅闍，毋寧嫁大君主之爲愈乎？馬六甲之王乃今世之大君主也，適之可爲正妃，曷不從之？事聞於冬德闍之耳，頗以爲然。一晚，遂從碧澗，偕漢那亭合乘一小舟而遁。抵彭亨河口，恐爲守軍所覺，漢那亭以細砂撒入河中，其聲有如漁人之張網捕魚，守軍不疑，卒啓河口之閘，任其外出。迫舟抵口外，而馬六甲之大舶已靜待於此矣。遂載之偕返，與蘇端媽末成婚。此又一說也。（一註）總之兩書所載，雖各異其辭，然媽末娶一彭亨之美女爲妃，確係事實。吉蘭丹王之女亦媽末之妃也，已述如前。此外，媽末尚刼娶陀槃訶羅冬墨泰希已嫁之愛女爲妃，事詳於後。然王於名義上雖僅三妃，固遠不若其祖芒速沙之後宮充斥，難以數計。但行爲不檢，性好冶遊，實爲馬六甲諸王之冠。拉沙馬那漢都亞之媳，即王之情婦也。一日王與情婦正在暢聚之時，其夫冬比奇（Tun Biajid）突從外來，啓門而入，因係王，不敢殺王。起而謝罪，並願另選一女以賜。事後王竟食言，冬比奇亦棄官離甲。冬啼薇（Tun Dewi）則係王之另一愛人。一日王赴其家，則見其情敵冬鴉利（Tun Ali）（此非太密爾人冬阿里，故另譯之）已先在，王不入，示意於其衛士冬伊索曰：宜殺此人。冬伊索入，卒將冬鴉利刺死。詎知其人係耶督·西里·提華·羅闍(Dato' Sĕri Dewa Raja)之子，而那督則係王所寵愛之人也。於是冬伊索左右兩難，離甲他去，先逃至巴袞，次至阿魯，後入文萊，在文萊即娶妻成室。日久，冬伊索思鄉情切，仍重返馬六甲，蘇端嗎末亦蔭護之。旋因事卒死於那督之手，而爲其子冬鴉利雪耻矣。王除好色外，兼有其他惡習：據葡人之記載，謂王吸食雅片一也，篤信宗教而入於神怪，夜扮乞丐而造訪隱士二也，寵幸佞臣，濫賜封號，廣養象師，揮霍無度三也。吾人觀此，知馬六甲之覆滅，自爲期不遠焉。

（註一）冬德闍私逃後，彭亨之羅闍曾率船一隊尾追，抵加朋島（Pulau Kaban）而與馬六甲之水師相遇。雙方接戰，彭亨敗退。阿老瓦丁時，彭亨本與馬六甲有隙。今因此事，惡感更深矣。惟馬來紀年以此事繫於彭亨第三蘇丹阿圖爾闍密(Abdul-Jamil)時代，實屬錯誤。蓋此蘇丹雖號爲彭亨第二蘇丹亞媽之姪，但馬六甲王與彭亨女結婚之時，在一五〇〇年前，而其時固爲第二蘇丹亞媽在位之中也。至彭亨之羅闍（義爲王子），或即指阿圖爾闍密，因彼係彭亨第一蘇丹謨罕默之子耳。

惟事之可異者，蘇端嗎末在位之時，馬六甲之國勢仍方興未艾。蘇門答臘之監篦、阿魯、英得其利仍爲屬國。馬來半島之彭亨、柔佛、丁加奴、吉蘭丹、霹靂、雪蘭莪仍均受馬六甲統治。其最足令人興奮者，即擊退強敵暹羅是也。一五〇〇年時，暹羅建都於大城（Ayuthia），六坤爲其屬國。一日暹王命六坤主宰，統大軍入吉蘭丹，循單馬令河，侵襲彭亨。暹羅爲馬來民族之公敵，由來已久，故彭亨蘇丹，願捐棄舊嫌，乞師於馬六甲矣。蘇端媽末亦深知大體，立即應允，當遣槃陀訶羅墨泰希爲總司令，拉沙馬那火者亞三（Khoja Hassan）爲副。另善戰之將五名，一律隨征，軍容之盛，昔所罕見。師抵碧澗，即修築要塞，三日而竣。同時當地人民，亦令動員。於是枕戈以待暹軍之來臨，以備互相大鬭矣。詎知入侵之軍，聞風而士氣已餒，既至彭亨，知確有準備，略戰即潰，仍循原路而返。在暹羅師出無功，在馬六甲則可謂全獲勝利也。北大年與吉打，自一四七四年改宗回教以後，此兩國之主宰，亦一一親訪馬六甲，而承認馬六甲爲其上國。質言之，即亦欲擺脫暹羅之覊絆也。馬六甲國勢之盛，於此可見。

一四九八年，即槃陀訶羅冬庇剌病歿之年，佛郎機（註一）人伽馬（Vasco da Gama）已啓歐洲與印度之航道。是以馬六甲之盛名，定爲葡人所耳聞。越十年，即一五〇八年，葡王艾莫兒(Emanuel)即遣其海軍將領之一名辟魁羅（Diogo Lopez de Sequeira）者，攜公文禮物，率船五艘，向東方而駛。先抵印度之柯枝，次抵蘇門答臘之亞齊，最後到達馬六甲。此爲歐人勢力侵入南海之始，亦卽日後侵入中國之樞紐，時在一五〇九年之八月一日也。葡人既抵斯邦，薛魁羅卽命其隨從鐵賽路（Heronemus Teixeira）等攜禮品公文登岸，馬來人見而奇之，因環聚而詢曰：諸君非白皙之孟加拉人（Benglis）乎？於是每一葡人爲十餘馬六甲人民所圍繞，有捋其鬚者，有撫其首者，有攫其帽者，更有拍手歡呼者，此種少見多怪之情形，是否表示歡迎，抑係拒絕，無從而知。少頃，鐵賽路晉謁槃陀訶羅冬墨泰希，彼以馬來童裝一襲，賜與此船長之子，而船長則以金鍊一條贈與槃陀訶羅，並爲其繞於此神聖不可侵犯之頭上。槃陀訶羅之隨從見之大怒，而彼自己則視若無睹，並謂其隨從曰：不必計較，此船長係無禮貌之人也。其時墨泰希權力絕大，國家要事，悉取決於一人，蘇端媽末不過一木偶而已。況且墨泰希爲太密爾人之後裔，故聽從摩爾人（卽印度回教徒）之遊詞，願壟斷馬六甲之商務，是以對佛郎機人之來臨，決表示拒絕之意。卽蘇端媽末與薛魁羅已訂之友好通商條約，亦與以否認。同時僑居於馬六甲之胡茶辣人（Gujeratis），（註二）則盛倡神聖戰爭，以反抗來此競爭貿易之異教徒。於是王與墨泰希及其他要人決尋謀策略，以圖對付。乃預定乘薛魁維登岸宴會之際，盡攫其葡萄牙之艦隊。豈知有一爪哇婦女（一說係波斯女）戀一葡人水手，因此馬六甲之密謀，竟爲葡人所獲悉。結果葡艦未能弋獲，僅將搜集貨物未執軍械之葡萄牙人亞勞佐(Ruy de Araujo)等二十餘名，加以拘捕而已。事後薛魁維要求釋放，不得要領，遂焚其二船，集中水手，率其餘三船駛回佛郎機焉。

(註一)波斯人與印度人稱西歐人曰 Farn'gi。字源於 Frank 或 Frangues 無疑。其時當在十三世紀之中。後葡萄牙人首先來航遠東，馬來人遂稱之曰 Faranggi。其字源出波斯印度語，一見便明。惟在馬來文中，常有寫作 Féringgi 或 Péringgi 者，此因馬來人讀F如P之故。阿剌伯文爲 Faranji。在明代典籍中，通稱佛郎機，有時寫作佛朗機或佛狼機。此當係馬來語 Faranggi 之對音。不過明時除呼葡萄牙人爲佛郎機外，有時亦混呼在呂宋之西班牙人焉。

註二)胡茶辣一名見諸蕃志著錄，係印度西北岸之古國也。在大唐西域記中稱瞿折羅，今稱 Gujarat，屬孟買省。胡茶辣人多奉回教，故有神聖戰爭之語。

吾人現須根據馬來紀年之記載，當略述槃陀訶羅冬墨泰希之被殺及其愛女被刼矣。蓋此事之發生，在薛魁維離甲之後不久故也。墨泰希以時會關係，實可爲槃陀訶羅中之最享盛名者。東西之人，無不知之。彼在朝之時，如遇王子，僅點頭示意。如遇儲君，始下階相迎。若彭亨之蘇丹至其寓邸，彼僅讓坐，而彼則坐於其旁。彼所坐錦繡之蓆，於蓆下再須敷以地氈，以示尊貴。吉打蘇丹入朝馬六甲前已提及。一日蘇丹赴墨泰希之家中致敬，其子天猛公冬哈三曰：蘇丹與吾等同膳乎？墨泰希曰否，待吾食後食之。其傲慢之態如此。墨泰希美姿容，身頎長，一日之間，換衣六次。其所藏之衣服，形形色色，不可勝數。僅頭巾一項，已有三十餘件。彼於整裝之時，必立於高大之鏡前，廹外衣紗籠已穿短劍披肩已佩，則坐於其妻之旁而詢曰：今日應戴何種頭巾，始可與此衣相配乎？其妻必詳示之。而彼亦必納妻言戴冠外出。是以其時服裝之華麗調和，推墨泰希第一。一次多人團坐，墨泰希曰：吾與吾子哈三誰美乎？答曰：槃陀訶羅美於天猛公也。墨泰希曰：哈三年青體健，實勝於吾，諸君之言皆非也。

而墨泰希之財富，亦一時無兩。有時彼傾注其攜歸之錢於蓆上，任其族人隨意取用。凡馬六甲境內之水牛與牛舍悉為彼之產業。家中傭僕之多，竟致驀面不識，而豔裝濃抹，有如佳賓。至其財富之來源，不外二因：一馬六甲商業繁盛，出入貿易歸其統制，二其人貪黷異常，禮物賄賂一律接受。因此屬員之貪黷者，彼亦不問。其子哈三亦如此。凡哈三之隨從友好，擬思獲取金錢者，則哈三可任意出一佈告，曰某路宜改直，某屋宜拆毀。於是屋主莫不行賄於其隨從友好，以求轄免。其賄賂之數，少則三十麥司（Mas）（註一）多至二百麥司。父子如此，宜其富焉。然墨泰希對待外來之商船，特示厚惠，因此船主無不譽曰：馬六甲有著名之物三：一針形香蕉（Pisang jarum），一三寶井水，一卽槃陀訶羅·西里·摩訶羅闍是也。但待本地商人則又異常苛刻。對外籍之居民，時加壓迫，有人造訪，彼常拒絕。收受禮物，從不酬報。結怨之多，此其一因。而馬來民族對彼更懷惡感。凡冬庇剌之後嗣在朝任職者，悉爲其排斥。水軍司令火者亞三爲漢都亞之壻，尤與墨泰希具有極大之仇恨。羅闍巴魯（Raja di-Baroh）者，阿老瓦丁之弟蘇端媽末之叔也。一日訪墨泰希於其寓邸，見其女花的媽（Tun Fatimah）美而豔，甚賞之，因詢曰：王上曾見此令愛否？墨泰希曰：汝特何理由提此問題？巴魯曰：請毋怒。王上已喪佳偶，今馬六甲無王妃也。（註二）王室之次，卽爲閣下。閣下之女應爲王妃。墨泰希答曰：小女無此資格與王爲偶，宜配一微賤之人也。巴魯曰：閣下何如是之謙遜乎？余不過特來示意而已。墨泰希知巴魯之不懷好意，遂急將其女許嫁與冬雅黎（Tun Ali）。雅黎者，墨泰希之姪，西里·那羅·提羅闍冬泰希之子也。蘇端媽末得其叔之回報後，仍至墨泰希家中求婚，但目擊此婷婷美女，已盛裝待嫁，無可如何。惟深恨墨泰希之藐視，而竟不以王爲壻耳。未幾，花的媽與冬雅黎生一女，名曰冬德朗（Tun Trang）。因是世人對於王與墨泰希間之積恨，似已遺忘焉。一日墨泰希與諸人閒坐，特垂青於一太密爾回教徒莫地利（Raja Mudeliar），其人係馬六甲唯一之富商也。墨泰希詢此太密爾人曰：君之財富何若？莫地利曰：吾一窶人也，所値僅黃金五播荷（Baha（ra（註三）而已。墨泰希曰：吾之所有尚不足一播荷，汝誠富矣。後墨泰希入朝，富商亦在。因莫地利欲於王前表示與槃陀訶羅親善，擬趨前迎迓。墨泰希斥曰：爾乃一粗魯之吉寧人，應立原處，毋稍移動。質言之，富不如貴也。莫地利當面受辱，懷恨於心，永矢弗忘。吾人總觀以上所述，知墨泰希之死期近矣。有迭華那（Nina Sura Dewana）者，亦馬六甲之商人也。因事與莫地利涉訟。彼知此事若受審於槃陀訶羅之前，勢必失敗。同時彼對迭華那之行動，亦深爲注意。一晚，迭華那攜巨款萬金，叩墨泰希之門而入，彼當卽接受，允理此案。詎知爲其傭人吉多兒（Kitul）（亦太密爾人）所見，事竟洩漏。吉多兒者，宿欠莫地利之金錢而未還者也。因欲得債主之歡心，遂走告之。並謂槃陀訶羅將判爾死罪，爾宜留意。莫地利感吉多兒報告之恩，取消其債。同時彼盡攜金錢珠寶，往謁拉沙馬那火者亞三，其人係墨泰希之仇敵，而王上之幸臣也。莫地利曰：墨泰希現思叛變，篡奪王位。倘拉沙馬那願以此消息告王，則此黃白物盡爲君有。火者亞三諾急入王宮，盡告其主。蘇端媽末聞知，新仇舊恨，一併俱發。不覺大怒曰：吾爲王而權不在吾，其恨一也。不嫁花的媽，使吾尊嚴掃地，其恨二也。今敢篡奪，其恨三也。說畢，立遣衛士二：一名冬·梭羅·提羅闍（Tun Sura Diraja），一名冬雪伽羅（Tun Indĕra Sĕgara），前往殺墨泰希兩人。既至槃陀訶羅之邸，冬哈三擬思抵抗，墨泰希曰：吾人非叛逆，忠王始光榮，毋動。哈三遂擲劍於地，袖手而立。凡非墨泰希之家族，悉驅室外，餘均靜待王上處死之命令。少頃，冬梭羅·提羅闍入室，啓銀匣，拔寶劍，先向槃陀訶羅及西里·那羅·提羅闍（即冬泰希）作揖，次念禱詞，末讀王諭，遂下殺令。於是衛士向前，殺冬墨泰希、冬泰希、冬哈三、花的媽之夫冬雅黎，及其他族人，迨殺至冬漢宰（Tun Hamza），以其年幼，舍之，曰：留此小兒以續後嗣。時在一五一〇年也。墨泰希等既死，（註四）蘇端媽末卽刼花的媽爲妃，而墨泰希所積聚之財富，亦悉充公。同時另委冬庇剌之子百圖加端爲槃陀訶羅，但事隔一年，而馬六甲終爲葡萄牙人所滅亡矣。

（註一）Mas 係馬來人之一種金衡，源出梵文之 mashaka，欣都語之 masha，係用想思子或稱紅豆（Abrus precatorius, L.）者，爲計算之標準。據華倫（Charles Warran）所著人類初期之度量衡（Early Weights and

Measures of Mankind）一書中所載謂紅豆四粒之重作一單位，四之四倍之重爲一 varaha 或一 ducat，一六之四倍之重爲一 shekel，六四之四倍之重爲一 ounce（古代所用，）二五六之四倍卽一〇二四之重爲一 seer。此爲十六世紀時印度所用之金衡云。馬來人則以八沙伽（saga）之重爲一麥司。一沙伽約合英衡一·七五克冷（grain），準是推算，一麥司約合十四克冷（〇·九公分）矣。又馬來人以紅豆兩粒之重爲一沙伽，是以一麥司應有紅豆十六粒。

（註二）冬德閣與蘇端媽末婚後數年卽死。王思另覓一美麗之女如冬德閣者爲妃。聞奧斐山（馬來人稱 Gunong Ledang）隱有仙女公主，王遣拉沙馬那及衞士神賽的尋訪之。二人登山越嶺，既不遇仙女，又未見公主，僅逢一老婦。婦曰余卽仙女之化身也，可爲王妃。但有條件。一王吾之間，須駕金橋一，銀橋一，以溝通之。二定婚之禮物，爲蚊蟲之心臟七匣，眼淚一管，王自己之血一杯，王子之血一杯。王如能置備者，余卽嫁之。二人回甲告王。王曰：前述諸物尚有理由，欲余之血，乃欲余死，是安可哉？王既不得仙女公主，卽追求花的媽矣。

在奧斐山怪異中之最著名者，卽爲人變虎一事。瀛涯勝覽滿剌加國條內已有著錄：云國中有虎化爲人，入市混人而行，自有識者，擒而殺之，如占城屍頭蠻，此處亦有。卽指人變虎也。又據伊里德書所載：謂山上之比奴亞人，專習幻術，彼等能化爲虎，夜入馬六甲市，見無抵抗之婦孺，輒殺之。後經教主路嘉（Dom Jorge de S. Lucia）之破獲，其患始絕。人變爲虎之馬來名曰 Chenakn 或 Rlian。此種妖異，今仍可見。一九二三年於吉隆坡曾發生一次，一九二九年於吉蘭丹亦發生一次。惟信者始受害，不信者無傷也。關於奧斐山仙女虎變等事，可閱 JRASMB 第三卷第一册，第八卷第一册，及 JRASSB 八十三，八十五，八十六各册。

（註三）播荷一名見瀛涯勝覽，卽係梵文 Bahara 之對音。亦重量名稱也。據馬歡所言，一播荷該官秤四百斤，此自指明時而言。馬來人對播荷之使用，因物而異，衡金一播荷合天平秤十斤，衡錫一播荷合天平三擔，即四百磅也。阿剌伯文作 Ba-har。

（註四）墨泰希等被殺後，王偵知火者亞三之報告係屬虛僞，乃將其地利處死，房屋拆毀，吉多兒及其妻子亦盡殺。火者亞三受嚴厲處分，而冬漢宰則受王之特殊寵幸焉。

墨泰希暴斂傲慢，本非賢臣，然遭禍之慘，亦所罕見。論者謂其父冬阿里弒息力八密息瓦兒丟八沙，應得之報應也。其實蘇端媽末亦非賢君耳。茲更述王之逸事兩則，以見王手段之酷辣矣。昔日出征阿魯之禁衛軍長，即阿魯人稱爲辛辣之胡椒者，可謂國家之功臣，祇因王於登位以後始入朝覲賀，王甚不悅，下令處死。禁衛軍長詢何理由？王曰：登位之日即應來賀，今爾來遲，即非忠臣。此係上諭，載應死之理由五，爾可讀之。禁衛軍長讀畢，不發一言，自刎而死。蘇端媽末在位之時，以王自身之好色也，故淫風甚盛。不但黃衷海語（書成於一五三七年）已載其事，即在百年後之伊里德書（成於一六一三年）中，亦痛言馬六甲舞女（Rajavas）之淫蕩焉。有羅闍阿比丁（Raja Zain-al-abedin）者，王之異母弟也，其人風流倜儻，恆策馬出遊，市民妻女，或啓窗牖，或登牆壁，爭睹風采。甚有拋擲檳榔荖葉（Sireh），紅花綠草，以表示愛情，而供阿比丁之咀嚼與佩戴者。婦女之受其顧盼者，卽與之發生戀愛，否則棄之。王知其事，絕不責備，僅陰使勇士乘機謀殺而已。一晚有一勇士竟將阿比丁殺害，而王亦不責兇手，任其自由。吾人觀此，知馬六甲之覆滅有由來矣。

一五一〇年初，佛郎機遣孟第士 (Diogo Mendez de Vasconcelos) 率艦駛馬六甲，爲薛魁羅復仇。迨近印度，以風向不利，折航臥亞。而於一五〇九年時，有葡人亞伯奎 (Alfonso d'Albuquerque) 者已奉葡王之命，預任爲印度之副督。是年亞氏卽佔領亞丁。次年更與忽魯謨斯締和平之約，其地遂亦歸葡人保護。繼航臥亞，與孟第士會，卽進攻臥亞，竟被佔領，時在一五一〇年之十一月二十五日也。葡人既佔臥亞，遂建要塞，以爲東侵之根據地。亞伯奎更升任爲總督。其時孟第士欲繼續東航，向亞氏告別，謂若不復仇雪恥，則其隨從人員必將其謀害，故宜速行。但亞伯奎則適接一信。信係被俘於馬六甲之葡人亞勞佐所寫，係密囑其友摩爾人名亞圖拉 (Abdullah) 者遞傳於亞伯奎。信中大意，謂馬六甲虐待俘虜，請速遣大隊人馬到來，威脅馬六甲王將被拘之葡萄牙人釋放，否則用葡王之意旨與馬六甲開戰。亞伯奎當以信中之意面告孟第士，勸其暫待，謂四艘破船，兩枝銹劍，決不能征服馬六甲也。質言之，亞氏之意，認孟第士之兵力不足，萬不宜前往耳。孟第士不從，升帆而駛，亞氏忤其違命，遣快艇追捕之，捕得，解散其隨從，並將孟第士遣回佛郎機焉。然亞伯奎非不欲復仇也，祇有所待耳。迨生聚已畢，準備已妥，遂即出兵。

一五一一年五月二日，亞伯奎離臥亞，赴柯枝，然後率艦隊十九艘（一說二十三艘），葡兵八百，馬拉八兒（Malabar）及忽魯謨斯之士着兵六百，直駛馬六甲。沿途捕一胡茶辣船，強其領導，遂抵蘇門答臘北端之陂堤里（Pedir）。在其地遇見葡萄牙人八名，即自馬六甲逃出者，備述辟魁羅之主要敵人係摩爾人船主比古亞（Nakhoda Begua）（前字係波斯語，解爲船主。在亞伯奎疏解中，則誤爲 Noadabegea），並謂其人現正避居巴袞，在巴袞王之左右云。亞伯奎遂順道航巴袞，令將比古亞交出。巴袞王本預知亞氏之將臨，擬爲馬六甲居間調解，勿啓戰端，今見亞氏索人，遂推諉不知比古亞之所在。未幾，葡兵見一馬來快艇，疾駛而去，葡軍追之，一舉成擒。誰知艇中所載者，即比古亞是也。葡軍用刀刺之，肉裂而血不流，後去其骨製之護身符（註一），其血始見。比古亞遂死。少頃，更見兩大䑸（Jong）（此字當係閩南語，但亦有謂爲波斯語者），一來自注輦，即爲葡軍所獲。一來自爪哇，經過劇烈之戰鬬後始成擒。而船上所載者乃係巴袞王。蓋彼擬親赴爪哇，求爪哇主宰之助，以鎮壓其國內之叛變也。亞伯奎素聞巴衰爲胡椒之大市場，故雖獲巴衰王，亟優待之。並請王原宥葡軍之行動，同時懇王暫住葡艦中，待馬六甲事解決，班師回印度時，仍當送至巴衰爲王，王允焉。葡艦隊既近馬六甲，另遇一滿載貨物之大艅，擬駛往暹羅者，亦爲葡軍所獲。當有摩爾人多名面告亞伯奎，謂亞勞佐無恙，蘇端媽末亦已知葡軍之逐漸迫近。同時以禮物無數犒賞葡軍，惟懇亞伯奎勿毀滅馬六甲之貿易，於願足矣。七月一日，暮色蒼茫之中，佛郎機艦隊駛抵馬六甲港口，當卽升旗吹號，鳴礮下錨。旋蘇端媽末遣一摩爾人詣葡艦，詢問願和平，抑戰爭。同時告以爲首反對薛魁羅之槃陀訶羅已處死刑。而亞伯奎之答覆，謂第一須將拘捕之葡萄牙人釋放，第二須由槃陀訶羅之私產以賠償薛魁羅之損失。王答和平爲先，餘俟後論。亞伯奎不納，以戰威脅。王亦立防柵，集艦隊以示威。其時城中之士耳其人、胡茶辣人、蘆眉人（Rumes）（諸蕃志中有蘆眉國，卽指小亞細亞之地，蘆眉人指此）及可蘭康人（Coracones）（此名待考）卽泛稱爲摩爾人者，賄馬來要臣，並告王，謂亞伯奎不敢進攻，待季候風至，必他駛。亞勞佐則密遣心腹告亞伯奎，謂胡茶辣人之港長（Shahbandar）阻王言和，蓋恐和後，回教徒將難與基督徒爲商業上之競爭故也。同時亞伯奎更聞悉被拘之葡人尙屬平安，而馬六甲領袖之間似亦欲發生異動。又聞蘇端媽末曾強迫葡人改奉伊斯蘭教。亞氏以此消息密詢亞勞佐，是否屬實，以爲迅速進攻之準備。亞勞佐之回復謂胡荼辣人日夜趕建防事，非速攻不可。基此種種理由，雙方和解自無把握。亞伯奎遂致一哀的美敦書與王，着限期交出被拘之葡人與賠款。而蘇端媽末則答以待俘虜甚善，可請釋念，同時要求葡艦勿駐泊於堡壘之前，卽應撤退。亞伯奎允王之請，將小船離岸遠駐，並願靜待六日。六日過後，消息杳然。葡軍遂先焚沿岸之房屋數所。次下令盡捕港內之船隻，僅華䑸五艘不加拘捕。其來自康茂林岬（Cape Comorin）以東而船主係屬欣都人（Hindus）（凡屬孟加拉之印度人卽稱欣都人，其語卽欣都語）者，亦不拘捕。王恐卒將俘虜釋回，並允葡人建一要塞於馬六甲，而取之於薛魁羅之一事一物，亦悉數歸還。然亞伯奎早存奢望，奚能滿足，遂乘機再提其他條件要挾矣。於時水陸消息兩相斷絕。數日後，亞伯奎見馬來人之防禦工事已竣，旌旗飄展，遂派武裝小艇先行試攻，以驗馬來軍力之厚薄，及工事之強弱。而在甲之華人舟子及華䑸五艘，亦願爲葡人助力，並警告亞伯奎曰：馬六甲之糧食悉運自爪哇，若絕其航道，食盡自亂，垂手可得。亞氏然之。同時亞伯奎分令一部士卒，喬裝華人，俾易登岸。而運載兵士登岸之帆船，亦盡借之於華人者。蘇端媽末深知和平之希望已絕，抗敵之心亦決。其時馬六甲除馬來兵外，尙有勝兵二萬，係由爪哇人，波斯人及薩剌遜人(Saracens)混合而成，戰象二十頭，軍械(樊倫丁謂爲有銅礮九千尊，未免言過其實)糧秣不計其數。王與王子亞媽(Ahmad)，(註二)水軍司令火者亞三及其他首領，均親自統兵分頭應戰。於是一場惡鬭，立卽揭幕焉。

(註一)據亞伯奎疏解，謂此種骨製之護身符係用某種動物之骨以金鑲成其形如釧。佩於身上與肉體相接，則不論刀刺槍戮，永不流血。此種動物名曰 cabals，產於暹羅之深山中云。査 cabals 卽係馬來語之 kěbal，解爲武器不入，卽不能傷害之意。或解爲用水銀塗身，以護肉體。或使皮膚粗硬，有如波羅蜜之果皮。或使皮膚光澤，遇刀滑去，非動物之名也。

(註二)蘇端媽末與吉蘭丹女溫蔻寧共生二男一女：長子亞媽與葡軍戰敗後出奔時爲父所殺。次子羅闍無答佛哪爲霹靂開國之君。女亦名花的媽 (Puteri Fatimah)，與父逃抵彭亨後，卽嫁與彭亨第四蘇丹稱芒速沙一世 (Sultan Mansur I) 者爲妃。樊倫丁謂亞伯奎入寇時，彭亨王適在馬六甲與公主結婚，係屬誤載。此芒速沙一世與其讓位之父蘇丹亞媽之妃有亂倫行爲，爲其父所殺，時在一五一五年。蘇端媽末與墨泰希之女花的媽出奔後生一子，小名羅闍阿里(Raja Ali)，或稱 Raja Kěchil Běsar，又名羅闍蘭亭 (Raja Radin)，生後花的媽卽勸王將其爲儲君，如是繼續請求約四十餘日，蘇端媽末允焉。此卽柔佛開國之君阿老瓦丁黎耶沙是也。簡稱阿老瓦丁二世，生於一五一三年，登位時年僅十五齡。

七月二十四日者，聖徒雅各（Apostle James）之節日也。是日天尙未明，亞伯奎卽督師船上，準備進攻。因預得亞勞佐之密報，決先奪一跨於河上之大橋，（註一）由是可使馬來兵力迅速瓦解。黎明，亞氏析軍爲二：一歸自己統率，於設城之一邊（卽在馬六甲河東。此河近海之段略成南北向）登岸。另一則在回教堂（Masjid）（與王宮相近，亦在河東）之南上陸。兩軍合力先攻大橋。其始馬來軍隊銳不可當。而葡軍則高呼聖雅各口號，亦向橋之防柵猛衝。當有無數摩爾人持鎗執盾，放毒箭，（註二）投石丸，奮力抵抗，相持甚久。然卒爲葡軍迫退。王與王子跨戰象，驅後退之軍再進，終於不敵。回教堂與橋頭之堡壘，卽被葡軍佔領。葡軍之受毒箭而傷亡者數十人。另由冬朋達（Tun Ban-dar）統率之爪哇兵七百，陷葡軍陣後，急向自己之防地逃逸，被殺數名，其入水而逸被葡軍擒獲者，悉屠之。葡將李馬（Dom João de Lima）及其所率之兵一隊，則緊追王子亞媽。（註三）其時亞媽退抵山上，面對來追之葡軍，用鎗刺其自己之戰象。象受重傷，象師被殺，亞媽傷僅及手，終被逃脫。於是亞伯奎立防柵，保護其已得之陣地。迨海風一起，擬再奪大橋，並進攻附近回教堂之王宮。時斯也。城內城外秩序大亂，貨物之被焚者難以數計。戰至下午二時，葡軍既未得食，又感酷熱，是以未獲全勝，於太陽西沈之際，亞氏卽下令退軍，攜獲得之勝利品，回歸船上。總計受傷之兵達七十餘名。其中中毒矢者，除勒謨斯（Fernão Gomez de Lemos）一名用炙熱之烙鐵治愈外，餘均毒發而死。故此戰之結果，葡軍可謂得不償失也。葡軍退後，馬來軍卽重修橋上之堡壘，並加厚防禦，所惜者終在葡軍礮火射程之內耳。（註四）同時將橋劃分數區，各建堅固圍柵。另有兩防柵則駕以小礮，以控制葡軍之迫近。惟其時馬六甲之爪哇傭兵，既發餉三月，又特殊優待，竟各顧性命，不願應戰。而惟一爪哇富商名烏墨底羅闍（Utimutiraja）者，常蓄有家奴五、六千名，又係傭兵首領，則擅以檀香為禮物，私贈亞伯奎，並允密助。同時馬六甲之其他外籍商人，亦莫不敦促國王，和平保命。準是以觀，馬六甲人民之意志不一，難以久守，不待蓍龜而已定矣。亞伯奎則擇一極高之大艅，其高勝於馬六甲之橋亭，全副武裝，以資遠攻瞭望。艅頂則用物蔽之，可禦大雨。如是相持九日，海攻陸守，雙方均無進步。一日大艅擱淺沙灘，馬來兵立遣帆船，滿載油料木柴，擬於退潮之際，縱火焚艅，終因葡軍嚴密保護，並放矢銛，目的未達。然其時葡方各艦長亦有厭戰之情，謂卽使佔領馬六甲，從摩爾人手中奪得貿易，則開羅（Cairo）與麥加之商業亦不免毀滅，得之無益，但亞伯奎則別具卓見，抱必勝之心，認非征服不可，並謂征服之後更須建一固若金湯之要塞焉。一日天尙未曉，海潮大漲，亞伯奎再誓師船上，準備總攻。大艅周圍用物屏障，而於屏障之上則備有鎗孔，以便施放。主桅之頂則懸有火球，火箭及石丸等，可隨時發射。並載大礮數尊，緩緩駛行，其時橋上忽來一箭，射中亞布魯（Antonio d'Abreu）之口，折數齒，無大害。迨大艅迫近大橋時，另有兩小艇，滿載鎗礮，以爲左右翼掩護之用，此時亞伯奎親率軍隊，仍於設城之一邊登岸。保衞防柵之馬來軍，於葡軍登陸之時，卽與之戰鬬，葡軍死數人，馬來軍飲彈陣亡者約八十人。隨後亞氏別令一軍奪回教堂，一軍攫障壁以斷絕主要通道，同時亞布魯駕駛之大艅亦已將橋上之馬來軍完全肅清矣。際此之時，馬來殘軍乃退守於橋與教堂間之各防寨，以圖最後爭扎。但葡軍卽於船上用礮縱射之，於是各防寨亦一一爲葡軍所佔。回教堂方面本有執盾之馬來軍三千，戰象數頭，由王與王子亞媽統率守此。殘軍退至教堂，卽與會合。迨葡軍追抵時，則教堂之間已無一兵一卒，而王宮之內亦闃無其人，蓋蘇端媽末見軍心渙散，先已避入叢林，王子亞媽與火者亞三則率軍退往百谷（Pagoh）。葡軍以人數有限，悉不追擊。亞氏佔大橋，據教堂，獲防寨以後，亦已滿足，當將大橋堆置沙袋，佈列礮位，嚴密保護。同時於短時間內，竟築成堅強之障壁二，亦架礮護之。正當陽光劇烈之時，則用棕葉之幕遮蓋於橋頂及艙上，以便工作。後駐守防寨之葡軍，忽開屋頂礮聲發彈下射。葡軍稍亂。亞布魯與潘華 (Gaspar de Paiva) 兩將，當下令清除街道，男女老幼格殺勿論。因此被屠者不計其數。入晚秩序稍定。是夜亞伯奎即駐於橋上，以防不測，時便於指揮。同時河中礮艇，徹夜轟城。但終未見馬來軍之有任何反攻也。於是盛極一時之馬六甲亡。時在一五一一年八月十日星期五，亦即聖勞倫斯 (St. Lawrence) 之節日也。

(註一)此大橋者錄於一六一三年伊里惠所繪之馬六甲市區圖中（參看附圖），葡人稱曰 Ponte 意即橋也；橋跨馬六甲河口其地位與今橋殆同。在橋之東者，即聖保羅山王宮教堂均在焉。戰事重心即在此處。在橋之西而適近河口者曰爪哇人市場(Bazar de Iaos)從爪哇輸入之食糧悉聚於此。而中國村 (Campon China) 即今之吉寧仔街 (First Cross Street) 吉寧村 (Campon Chelin) 即今之荷蘭街(Heeren Steert)亦均在橋西。據一六四六年之 Barretto de Resende 言：謂橋上有橋墩兩座，各高二 bracas 半（合十五呎）長亦如之，惟甚狹云。又馬歡所說之「大溪河水」顯係馬六甲河，河「水下流從王居前過入海」。此王居亦與聖保羅山相合。「其王於溪上建立木橋」亦即此橋。故今日馬六甲河口之大橋，自馬歡以來五百餘年，其地位實未嘗變動也。

(註二)馬來半島之沙蓋人(Sakai) 及婆羅洲之狄雅克人(Dyaks)均使用毒箭，又名吹矢，土名 Sumpit。箭甚輕，竹製，長約九吋。放時置於一圓筒內吹出之。圓筒長六呎至七呎，筒孔之徑半吋。射出之遠可達百碼。土人之技精者，在距離六十碼處射一猴，三十碼處射一人，百發百中。着箭必死。箭端所附之毒物，係一種毒樹之汁，樹名 Pokok ipoh，學名 Antiaris toxicaria, Leschenault. 從印度南部以至中國南部均產此樹。中毒之人無物可解，僅用極熱之烙鐵炙之可愈。葡人勒謨斯之不死因此（關於毒矢可參考 John D. Gimlette 所著 Malay Poisons and Charm Cures 一書）

（註三）據馬來紀年所載：謂葡軍退去時，王子亞媽跨戰象，仍立大橋之上，對葡軍礮火並不介意。後王子之宗教師阿剌伯人勸其回，始離橋云。準此亞媽似未逃也。

（註四）葡軍之獲勝，全由於礮火之精良，其最利之器名曰火銃。在殊域周咨錄中敘述甚詳，茲徵引之，謂其（指佛郎機）住廣州澳口，布政使吳廷舉聞於朝（指正德十四年），尋檢無會典舊例，不行，遂退舶東莞南頭，蓋屋樹柵，恃火銃以自固。每發銃聲如雷。又謂海道憲帥汪鋐率兵至，猶據險逆戰，以銃擊敗我軍。或獻計，使善泅者鑿沈其舟，乃悉擒之。初佛郎機番船用挾板，長十丈，闊三尺，兩旁架櫓四十餘枝，周圍置銃三十四個，船底尖，兩面平，不畏風浪，人立之處用板捍蔽，不畏矢石。每船二百人撑駕，櫓多人衆，雖無風可以疾走。各銃舉發，彈落如雨，所向無敵，號蜈蚣船。其銃管用銅鑄造，大者一千餘斤，中者五百餘斤，小者一百五十斤。每銃一管，用提銃四把，大小量銃管，以鐵爲之。銃彈內用鐵，外用鉛，大者八斤。其火藥製法與中國異。其銃一舉放，遠可去百餘丈，木石犯之皆碎。有東莞縣白沙巡檢何儒，前因委抽分，曾到佛郎機船，見有中國人楊三、戴明等年久住在彼國（此非指葡萄牙，當指馬六甲），備知造船鑄銃及製火藥之法。鋐令何儒密遣人到彼，以賣酒米爲由，潛與楊三等通話，諭令向化，重加賞賚，彼遂樂從。約定其夜，何儒密駕小船接引到岸，研審是實，遂令如式製造。鋐舉兵驅逐，亦用此銃取捷。奪獲伊銃大小二十餘管。嘉靖二年，鋐後爲冢宰，奏稱佛郎機兇狠無狀，惟恃此銃與此船耳。銃之猛烈，自古兵器未有出其右者,用之御虜守城最爲便利,請頒其式於各邊製造禦虜,上從之。至今邊上頗賴其用。又月山叢談云:佛郞機與爪哇國用銃,形製俱同。但佛郞機銃大,爪哇銃小耳。國人用之甚精,小可擊雀。中國人用之,稍不戒則擊去數指,或斷一掌一臂。銃製須長,若短,則去不遠。孔須圓滑,若有歪邪澁礙,則彈發不正。惟東莞人造之,與番制同,餘造者往往短而無用。由此觀之,葡人之征服馬六甲,悉恃火銃與蜈蚣船也。

葡萄牙侵奪馬六甲事,於明史之上亦有記載,兹引錄於次:武宗正德三年(一五〇八年),使臣端亞智(Tuan Haji)等入貢。其通事亞劉,本江西萬安人蕭明擧,負罪逃入其國,賂大通事王永,序班張字,謀往浡泥索寶。而禮部吏侯永等亦受賂,僞爲符印,擾郵傳。還至廣東,明擧與端亞智輩爭言,遂與同事彭萬春等刦殺之,盡取其財物。事覺,逮入京。明擧凌遲,萬春等斬,王永減死,罰米三百石,與張字、侯永並戍邊,尚書白鉞以下皆議罰。劉瑾因此罪江西人,減其解額五十名,仕者不得任京職。其後佛郞機强,擧兵侵奪其地。王蘇端媽末出奔,(註一)遣使告難。(註二)時世宗已嗣位(嘉靖元年爲一五二二年),勅責佛郞機,令還其故土,而諭暹羅諸國王以救災恤鄰之義,迄無應者,滿剌加竟爲所滅。時佛郞機亦遣使朝貢請封,抵廣東,守臣以其國素不列王會,羈其事以聞,詔予方物之直遣歸。後改名麻六甲云。而在東西洋考中則謂:後佛郞機破滿剌加,入據其國,而故王之社遂墟,臣隸俛首，無從報仇，久乃漸奉爲眞主矣。

（註一）蘇端嫣末之出奔，黃衷海語謂爲退依陂隄里，樊倫丁馬六甲史謂爲逃至新加坡，均誤。其實王與王子，沿蔴河上溯，折入森美蘭境內之色丁河（Serting），再折入彭亨境內之比拉河（Bēra），然後沿彭亨河而抵碧潤。此雖由來已久之通道，然沿途跋涉艱苦異常。槃陀訶羅百圖加端歿於途中，其墓在昔加末（Segamat）附近，可爲明證。王子亞嫣以主戰之故，亦在途中被王殺死。王居彭亨年餘，其女卽配與芒速沙一世，已述如前。後王赴兵打島（廖島）卽在其地稱王。昔日屬地之主宰除木歪孟琼等外，仍擁護之。再後赴監篦爲王，於一五二九年卽歿於此。亞伯奎疏解謂王以失國苦悶之故歿於彭亨誤也。

（註二）據亞伯奎疏解，謂蘇端嫣末在彭亨時，曾遣使 Nasim Mudeliar 入朝中國請救，以抗葡萄牙。所謂遣使告難，當卽指此。在何喬遠名山藏滿剌加條末有云：正德十三年（一五一八年）國王蘇端嫣末爲佛郎機酋所逐，而據其地，使三十人者從廣東入貢。時廣東左布政使吳廷舉兼海道副使議許之。廣東守臣以佛郎機故不列於王會，羈其使以聞，詔給方物，遣之歸。使者留不去，刼奪行旅，掠食小兒，廣人苦之。會滿加剌來訴，御史丘道隆何鰲相繼疏言：佛郎機擅奪天朝受封之夷，據有其地，且駕大舶，操兇器往來交易，爭鬬殺傷，此南服禍始也。此文前半言佛郎機入貢，後半亦言馬六甲告難也。

十

馬六甲與我國關係之密切，人盡知之。自首王以至末王，或親率妻子入朝，或遣使詣闕進貢，所謂奕世朝天，用深帝眷，不其然歟。然享國之期，僅百有六年，仿之三佛齊固不如遠甚，即比之滿者伯夷亦大為遜色，國祚之短，論者惜之。但今日馬來各邦之蘇丹，除極北之玻璃市（Perlis）外，直接間接，幾無不與馬六甲王室之血統有關，且其勢力遠達蘇門答臘東岸，並成為十五世紀中南海回教之重心，其地位僅次於麥加。就此諸點觀之，馬六甲王國亦足自豪焉。茲以諸王世系表及槃陀訶羅世系表殿後，以備稽考。

（一）馬六甲諸王世系表

一、拜里迷蘇剌（Parameswara）。開國之君，登位於一四〇五年，歿於一四一四年。

二、母幹撒干的兒沙（Muhammad Iskandar Shah）。前王之子。歿於一四二四年。

三、西里麻哈剌（Sri Maharaja）。前王之子。歿於一四四四年。

四、息力八密息瓦兒丟八沙（Sri Parameswara Dewa Shah）（Raja Ibrahim）。前王次子。係正妃羅庚之公主所出。被殺於一四四六年。

五、速魯檀無答佛哪沙（Sultan Muzaffar Shah）（Raja Kasim）。西里麻哈剌長子。係次妃太密爾商人之女所出。殁於一四五九年。自此王起，凡爲蘇丹者，均係槃陀訶羅之女所出。

六、蘇丹芒速沙(Sultan Mansur Shah)(Raja Abdullah)。前王之子。殁於一四七七年。

七、阿老瓦丁黎耶沙(Sultan Alaud-din Riayat Shah)(Raja Husain)。即明史上之馬哈木沙，前王之子。毒死於一四八八年。

八、蘇端媽末(Sultan Mahmud)。前王之子。一五一一年出奔。後爲柔佛，廖島及監篦之王。殁於監篦。時在一五二九年。

(二)馬六甲槃陀訶羅世系表

一、槃陀訶羅・西里華・羅闍(Bĕndahara Sĕriwa Raja)(Tun Pĕrpateh Bĕsar)。

二、槃陀訶羅・邪督・西里・亞媽爾・提羅闍(B. Dato' Sĕri Amar Diraja)前者之弟。

三、槃陀訶羅・西里華・羅闍(B. Sĕriwa Raja)(Tun Pĕrtateh Sedang)。第一者之子，自殺而死。

四、槃陀訶羅・冬阿里(Tun Ali)(Sri Nara Diraja)。即太密爾商人之子。

五、槃陀訶羅・冬庇剌（B. Paduka Raja）（Tun Perak）第三者之子。

六、槃陀訶羅・冬布帝（B. Puteh）（Tun Puteh）前者之弟。

七、槃陀訶羅・冬墨泰希（B. Sri Maharaja）（Tun Mutahir）冬阿里之子。被殺而死。

八、槃陀訶羅・百圖加・端（B. Paduka Tuan）。冬庇剌之子。歿於出奔途中。

（註）一、二、三、五、六、八爲馬來系之槃陀訶羅。四與七爲太密爾系之槃陀訶羅。冬墨泰希四傳以後，即爲冬謨罕默（Tun Mahammad），又名冬郎寧，爲柔佛之槃陀訶羅，其人即編撰馬來紀年者是也。歿於一六一五年。

第二章　葡萄牙統治時代（一五一一至一六四一年）

一

佛郎機侵奪馬六甲之目的，其要有二：壟斷東方貿易，控制海上霸權一也。排斥回教徒摩爾人，宣傳基督教義二也。關於後者，吾人可從伊里德書中見之。曰繞聖保羅山有一城牆，周長六五五尋，一尋之長適爲十掌。城闢四門，兩門開啓，以通貿易，兩門常閉，謹防不測。城中有已婚之葡萄牙人三百，基督教堂五，小教堂二。聖保羅教堂與學院 (Nossa Senhora da Annunciadae Collegio de S. Pavlo) 位於山巔，卽由亞伯奎就馬來王宮而建築者也。城外有三區：一曰烏八區 (Upeh)，在馬六甲河之左，葡人稱曰 Tranqueira 意爲堡壘，卽今之東圭蚋。是區內有兩教堂，在中國村內者曰聖史梯芬 (S. Estevao)，在吉寧村內者曰聖湯馬斯 (S. Thome)。信徒共二千五百名，在中國村內所居者，名曰 Chincheos，卽指福建漳州人也。第二區名曰 Yler，卽今之怡里 (Banda Hilir)

是。區內有主要教堂一，稱慈悲聖母堂(N. S. de Piedade)，教徒一千三百人。第三區名Sabba，即今之無牙拿也(Bunga Raya)（街名義為大花）。是區內有主要教堂一，稱聖勞陵斯(S. Lov-rengo)，教徒一千四百名。離城郊較遠者，尚有三教堂，計有信徒二千二百名。據伊里德言，馬六甲計分八教區，有修道院四，教堂十四，小教堂二（註一），基督徒七千四百，異教徒尚不列入。凡此均著錄於其所撰之馬六甲南印度及契丹誌一書中，可為明證。吾人觀此，可知葡萄牙統治時代馬六甲基督教之發達焉。關於前者，吾人當略述十六世紀初年馬六甲之貿易。有巴布山(Duarte Barbosa)者，亞伯奎之妻舅，麥哲倫(Fernando Magalhães)之從兄弟也。其人於一五〇〇至一五一七年間，曾服務於東方之葡萄牙政府，關於其時馬六甲商販之情形，記載甚詳，茲徵引之於此：有各色之躉售商人甚多，有摩爾人，有異教徒，其中來自注輦者為數不少。人極富有，且備大舶，厥名曰䑸(Ju-nco)。彼等積集種種貨物，任往各地貿易。又有不少船舶來此裝運砂糖，船具極佳之四帆，其載來者為大量之絲，乃精良之生絲也，又無數瓷器，緞子，織有浮花之錦緞，各色之綾羅、麝香、大黃，各色之絲線，甚多之鐵，硝石，大量精美之銀，豐富之珠，各種小粒眞珠，鍍金之箱櫃，扇子及種種美觀之玩具。凡此貨品，售與馬六甲之商人常得善價。彼等乃滿載胡椒，香料，染成透色之甘琶逸（今印度北部西岸之Cambay灣），布紅藍（染料），可琢種種飾品之珊瑚，來自榜葛剌之印花白棉布、銀朱、水銀、雅片及其他貨品而去。又來自甘琶逸之藥材，一爲世人所不識之 cacho（按卽烏爹泥），一爲結石（卽牛黃馬寶之類），而結石係從黎凡得（Levante）經麥加而運至甘琶逸者。凡此諸物，亦爲中國與爪哇所重視者也。吾人觀此記載，知此種商舶來自中國，毫無疑問。巴布山又謂：從爪哇國（葡人稱爪哇曰 Jaoa，爪哇人曰 Jaos），來馬六甲城之大䑸，亦張四帆，此䑸異於葡舶，用極巨之木材構造，板舊再覆以新板，甚有覆至三、四層者，故極堅固。（註二）船纜桅索以籐爲之，籐卽爪哇所產。爪哇人滿載食糧，牛羊豬鹿各肉鹹肉家禽及葱蒜之屬，運來斯邦。更有種種武器，如長鎗短劍短刀等，悉用波紋之純鋼鑄造者，亦運來出售。此外如華澄茄（Piper cubeba, L.）一種黃色染料名 cazuba（西班牙語爲 cazunba）者，及其他零星貨品與黃金等，亦均運甲暢銷。蓋凡此諸品，係爪哇國之物產也。以航海爲業之爪哇人，卽以船爲家，妻兒同居，若輩除船外，無其他房屋，亦不登岸商販，生於船，死於船，此之謂也。彼等以善價售去其運來之貨物後，卽在甲易取婆梨迦脫（今印東度岸之 Pulicat）與摩蘇梨城(Masulipatam)之布，及其他來自甘琶逸之物品而去。此外如雅片，薔薇水、朱砂、染料、生絲、硝石、鐵、烏爹泥及結石等，在爪哇售價均昂，故亦無不捆載而歸。在馬六甲城出航之船，更有駛至摩鹿加羣島者，於此裝載丁香。而以運往之甘琶逸布，各色之絲與棉，來自婆梨迦脫及榜葛剌之別種布疋、水銀、熟銅、鐘與盆、中國錢幣（葡人謂爲如 bagattino ，中有一孔）（註三）、胡椒、瓷器、葱蒜及其他甘琶逸之種種物品，傾銷於此。是以在整個南海中之羣島，幾莫不有巨大之海船自馬六甲城駛往也。其往帝汶島(Timor)者，以搜購白檀爲主，摩爾人非常重視此物，價故昂貴。而售之於帝汶者，卽爲鐵、斧、小刀、彎刀、劍，來自婆梨迦脫之布、銅、水銀、朱砂、錫、鉛及來自甘琶逸之燒珠等。而易取之貨物，除白檀外，尚有蜜蠟及奴隸焉。其往班達羣島(Banda Islands)者，則以甘琶逸之貨品易取豆蔻。其往蘇門答臘者，則廣辦胡椒、生絲、熟絲、結石與黃金。其往其他各島者，則採購龍腦與沈香。由此販甲之貨物，再運往頓遜、白古(Pegu)（指緬甸）、榜葛剌、婆梨迦脫、注輦、麻囉拔(Malabar)（卽馬拉八兒）及甘琶逸，遂使馬六甲城成爲極富之海口，有極多之躉售商人，有無數之船舶，而與世界各地以貿遷有無矣。黃金之輸入馬六甲者爲量亦豐。主要商人，其所有之不動產不計其値，商品往來亦無賬目。僅以播荷權其所有之黃金，一播荷者等於四寬旦爾也（巴布山此言有誤蓋權黃金時一播荷之重僅合十斤而已。）城中居民來自異國者爲數甚衆，有卽出生於此者前說之摩爾人則自有其語言。土着卽馬來人也普通人民姿態尙佳，裸上體而以布服蔽其下體。上等之人則穿短衣，其長及腿而止。衣以絲製並佩一帶，於腰間更插鋼製之短劍一把，卽 crus (kĕris) 是矣。婦女膚色黃褐，衣精緻之綢服及短衫，戴黃金及寶石之飾品。態度嫻雅，風韻淘美而頭上則有綺麗之髮。馬來人極尊視大聖穆罕默德 (Mafamede) (Mohammed) 之可蘭經 (Alcoram) (Koran) 彼等自有其回教堂，自有養生送死之地，住於城外之大屋中，有果園，有園田，有水池，過愉快之生活。而在城內另有房屋，經營商業。彼等蓄有奴隸甚多，娶多妻，子女成羣。悉從家長命令。彼等風流優雅，嗜音樂，談情愛。又有齊智人者，卽來自注輦之商人也。彼等腦滿腸肥，腹大如瓠。裸上體，及腰下體以棉布裹之。吾人細讀巴布山之記載，自不得不引動亞伯奎之非征服馬六甲不可矣。

（註一）一六四一年一月十九日，馬六甲被荷人奪佔後，卽於二月一日遣委員旭登 (Justus Schouten) 赴甲調查。

其所作之報告於九月七日送呈巴城荷政府。今此調查報告已譯載於 JRASMB 第十四卷第一分册中。據旭登報告，馬六甲有基督教堂十九所，茲略述之。(一) Cathedral of St. Martyrs，係主要教堂，建築宏大，位於聖保羅山麓，內有祈禱所八，僧員三十六名。(二) Misericordia，係精緻之小教堂，亦位於山麓，內有祈禱所三，僧員十三名。(三) Monastery of St. Domingo，係最大而最貧之教堂，位馬六甲城東北隅，其地之城門亦稱聖多明古，於此有一堡壘，堂內有祈禱所六。(四)聖保羅教堂，建於山頂，適位城之中央。塔高百呎，並有一精美之花園，內有祈禱所三，僧員十四名，係馬六甲最富之教堂也(一五四五年，葡僧聖芳濟 St. Francis Xavier 至馬六甲，即寓此堂。一五四八年在堂旁設一學院，以教育葡人子弟，伊里德幼時即受教於此。一五四九年聖芳濟至日本傳教。一五五二年底歿於廣東上川島，翌年移葬於聖保羅教堂中，至一五五三年八月再移葬於臥亞。今此堂遺址仍存山巔，而聖芳濟之空塚亦在，足資憑弔。)(五) St-Augustyn，位城牆之東。(六) Madre de Dios，位於三寶山巔外圍土牆內，有庭園風景秀麗，氣候宜人，內有祈禱所三，修道士七名。(七) Nossa Signora da Piadado，位城南郊之怡里。(八)聖湯馬斯。(九)聖史梯芬。(十)聖勞陵斯。(十一) Nossa Signo dos Buonos Novos，此堂離城半英里，在馬六甲河之左，約在今之 Bonn Vista 路末端。(十二) Nossa Signo da Guadaloupe，位於離城四哩之今 Tampoi 地方。(十三) Nossa Signo do Empara，位於城北二哩之 Batang Tiga，(十四) St. Guilhelmo (十五) St. Jermino (十六) Nossa Signo da Victoria，以上均係城外之小教堂。(十七) St. Juan Baptista，位於城南之聖約翰山(St. John's Hill)。此外尙有兩小教堂附於醫院內，一稱 Hospital del Rey，意即王家醫院。一稱 Hospital des Povres，意即貧民醫院是也。又據旭登報告馬六甲有基督徒二萬，此殆指全人口言。

（註二）巴布山所說航行於爪哇及馬六甲間之大艅，乃中國船也。在玉耳與戈迭爾箋註之馬可波羅行記中謂船材以松爲主，且欲使其側面堅固起見，加用兩重松板，而船底則用三重松板云。大食人伊本拔禿塔則謂大型之中國船有四層甲板。又在朱彧之萍州可談中謂以席作帆，僅以其一端附掛於檣柱，宛然如門扇，可利用各方向之風力，而船幅廣闊，殆成正方形云。此雖未必指中國船，但中國海船當亦如是。至船上之檣柱，普通多係四桅，但亦有五六桅，甚至達十二桅者。馬可波羅及伊本拔禿塔均如是言之。

（註三）中國錢幣之流出海外，始於唐，盛於宋。今南洋各地，印度沿岸，遠至非洲東岸，均有宋錢發見，可爲明證。瀛涯勝覽爪哇國條內有云：買賣交易行使中國歷代銅錢。又同書舊港國條內有云：市中交易亦使中國銅錢。足見中國錢幣流入南洋之多矣。今峇厘島（Bali）仍用中國錢幣爲交易之媒介。

二

亞伯奎爾於馬六甲商務之繁盛，故於佔領之時，未作過甚之摧殘，對各色居民，亦未與異常之虐待。其目的即欲保存馬六甲有價值之貿易耳。迨秩序已定，安民之示已佈，即有自古人首先服從，表示慇懃，葡人待之甚善，准其照常興販。次來自康茂林岬之欣都商人（欣都人原指孟加拉之印度人，但亦可指非回教之印度人）亦請求葡人准其往來於印度馬六甲間，恢復航運，葡人亦允焉。

反抗佛郎機之摩爾人，蟄居旬日，至是亦出而謀食，行走街上，葡人一律寬恕，悉不追究。凡此均可證葡人極盡懷柔之能事也。一切危險既已過去，而城中刼掠之風絕不稍殺。亞氏特警告其軍士曰：毋侵犯欣都人寧那占篤（Ninachatu）之一草一木，因其人係亞勞佐之救主耳。至葡人所獲之戰利品難以數計。銃三千尊（註一）其中二千尊銅製，製作之精，可與當時之日耳曼人（Germany）媲美。凡掠奪之物，悉歸士兵分配。亞伯奎僅保藏一釧（護身符），即得之於比古亞者。另有大銅獅六匹，取之於馬六甲王之墳墓者，亦歸亞氏收藏，留爲自己墓塋之用。此外珍寶貴品，錦繡象橋，蘇端媽末御用之金葉輿，及婦女精緻之刺繡，則留贈葡王艾莫兒及王后媽麗雅（Maria）。據卡斯丹言，葡王分得之戰利品，僅占五分之一，已有二十萬杜加（ducat）（合九萬五千鎊）云。惜上述諸物，於亞氏回返印度之時，船沈於阿魯之附近，悉葬海底，殊不幸也。蘇端媽末棄甲一日，擬待龍牙之援軍，以圖反攻。並料亞氏於刼城之後，或將離去，詎知旬日以後，亞氏不但不去，且在甲建築要基，王遂再退，而其子則已抵百谷，並於本台耶（Bentayan）地方築一堡壘，以斷蔴河通道。所謂本台耶者，即Bandar Maharani，亦即今之蔴坡是矣。亞伯奎認此威脅於己不利，遂遣葡兵四百，爪哇兵六百，白古兵三百再行進擊，王子不抗而遁，王亦避往彭亨。葡軍獲象七匹，事遂大定。

（註一）據亞伯奎疏解，謂馬六甲當時有居民十萬，戰士三萬，銃數千尊。此事過於誇大，無人能信。按之星槎勝覽田瘠少收之語，奚能維持此十萬人口之糧食乎？在一六四一年之旭登報告中，謂馬六甲被圍前之人口不到二萬。即與馬六甲丘爲毗鄰之各小邦居民亦甚稀少，如南寧(Naning)僅有人口一千，寧宜(Linggi)有四百，蔴坡在一千五百至一千八百之間，林茂(Rembau)亦僅一千，均可證也。至銃之馬來語爲 mĕriam，此字源於葡萄牙文，故所謂馬來銃數千尊云者，殆係葡銃乎？並且葡甲交戰之際，馬來軍所用之武器以吹矢槍劍爲主，銃之使用殊爲少見。故葡人奪獲之銃多至三千（一說九千）門，亦不可靠。此因亞伯奎之親筆記錄，迄今未能發見，恐已沈於大海，而今人所據之疏解，乃係其私生子所輯，故所記或係推想與後來之事也。然英人林尼漢於單馬令河之上游 Jeram Koi 地方曾發見一馬來銃，並鑄銃冶坊之遺址，其時代斷在葡萄牙侵甲以前，因此馬來人自有其銃，當無疑問。不過其數如是之多，終難令人置信耳。

馬六甲王既逃彭亨，亞伯奎遂就聖保羅山麓沿海濱向馬六甲河口之東南建築一堅強之礮壘(A Fortaleza)。先遣爪哇人搜捕馬來逃犯，計獲蘇端媽末之王奴(hamba raja)一千五百名，作爲葡王艾莫兒之動產，令任此勞役。同時亞氏宣告此種王奴於工作之時，則給以辛糧，於完工之後，須自謀生活。有亞勞佐者拘禁斯邦已歷兩年，對馬六甲情形非常熟悉，知亞氏欲興建此重要之礮壘，恐無石可用，以情告之。亞氏遂擬採用巨木改建防柵。旋有印度人建議，謂馬六甲王墓穴之旁有一石山，啓而採之，定可敷用。同時更發見魚石（Sangh may）一種，生於海中，性輕耐用，亦良材也。亞氏遂決用石建卽於是日，亞氏親自奠基，並下令於壘旁建教堂一，醫院一，悉以石爲之。開工之後，進行甚速，王奴不敷分配，則再雇工助之。至一五一二年一月之初，全部完成，或顏其名曰 A Famosa，意爲盛名也。同時亞伯奎令以征服馬六甲之諸將士，鐫名於一大石之上，以垂永久。惟名次先後，將士之間頗多齟齬，亞氏大憤，乃以鐫名之石面內向，而於外向之背面則自書一語，曰此石爲營造者所拒用云。足見葡軍人間，於勝利之後，意見亦殊紛歧焉。堡壘建築地點，卽係馬六甲之大回教堂，據伊里德言，壘成四面體，每面之闊爲十尋（一尋六呎），高達四十尋。（註一）一隅建瞭望台，台高四層，台近跨馬六甲河口之大橋，而於朔望潮漲之際，載重二百噸之空船，逕可泊於壘下。對山之一面，於兩隅更各建兩台，由此於戰爭之時，可完全控制全山。堡內有井兩口，井水淸洌。葡太守駐節之處，則建一正方之五層高台，太守住第二層，第一層可貯米四千坎第（candy），質言之，卽二百萬磅也。

（註一）伊里德謂壘高四十尋，則合二百四十呎，未免過甚。其詞據馬六甲荷太守蒲脫（Balthasar Bort）一六七八年之報告，謂此堅強正方形之堡壘，高達一百二十呎云。後葡荷爭奪之戰，礮火甚烈，壘頂被毀，其高度遂減爲五十呎。葡人在馬六甲所築之城堡今幾無存，聖保羅教堂之敗垣殘壁，尙巍然矗立於山巔，前已述及。此外尙有一城門遺跡，稱 Baluarte Santiago，則在今西人俱樂部（Malacca Club）對過，可供憑吊。惟此門於一六六九年時，由荷太守蒲脫重行修理，門上之圖案係吧城之鄉，故亦非葡萄牙之本來面目矣。滄海桑田，洵不誤也。關於馬六甲城堡之詳細紀錄及圖片，可參看 JR-ASMB 第八卷第一分册及第十二卷第二分册。

亞伯奎更納寧那占篤之忠告，廢馬來王之錫幣而另鑄新幣。亞氏曾以此事徵詢當地之領袖及商人，遂決定鑄幣三種：一純錫者，錫取之於當地；一錫中含銀者，銀則來自暹羅；一錫中含金者，金則來自彭亨與明那迦保。迨新幣已成，流通市場之前，亞氏令人驅數象列隊遊行，前導者執葡王之旗仗，一摩爾人則高呼佈告，另有一葡人及寧那占篤之子，則將新幣散擲街頭，任民爭取。有白古人一百參與其事，誠其時馬六甲之盛會也。此項新幣於一九〇〇及一九〇四年時，曾在馬六甲河口發見甚多，今陳列於雷佛士博物館內，足供考證。城堡新幣相繼完成，亞氏自不免躊躇滿志。蓋堡如金湯之固，可以防守；幣則流通市場，便於商務之發展耳。然有烏墨底羅闍者，係馬六甲爪哇人之領袖，自私自利之富商，年已八、九十歲，曾私助亞伯奎者也。當礮壘落成之際，其人忽萌異志，密函告馬六甲之前王謂佛郎機戍軍人少力薄，設欲反攻，余願爲助，恢復故土，易如反掌。同時彼對葡人所鑄之新幣，又竭力反對在爪哇村（Campon Ioaeo）通用，並更唆使其隨從，掠奪在葡人保護下之摩爾人財產，而彼自己則強佔馬來領袖及前王之私財與奴隸。其尤甚者，彼囤積輸入之米，企圖壟斷，危害治安，莫此爲甚。凡此種種惡行，悉爲亞伯奎偵知。亞氏以之告欣都人，俾知此回教徒之罪惡。一方面下令將烏墨底羅闍其子巴帝臥（Patiagus），又其壻與其孫，盡行拘捕。一方面亞氏召集領袖市民，集會於堡壘之中，着將拘捕人犯，梟首示衆，陳屍一日，以儆效尤。烏墨底鼠首兩端，死固宜也。當臨刑之前，其寡妻曾以十萬杜加私賄亞氏，以免其夫之死，亞氏心不爲動，卒致被戮。後寡妻誘勸一人名加提兒（Patih Kadir）者，贈以巨款，許以愛女，請其爲夫復仇，並殺欣都人雪恥，蓋欣都人者告發烏墨底者也。加提兒率烏合之衆六千，立卽起事，然不堪亞氏之一擊，大敗於通衢之中。加提兒遂蓆捲烏墨底之所有，逃入內地，沿途遇欣都人之房屋，則縱火焚毀。如是支持旬餘，一籌莫展。最後向亞氏投誠，免究前愆，亞氏允其所請，任爲爪哇人頭目，以繼烏墨底職務。未幾其人再度起事，位卒不保，事詳於後。

當亞伯奎進攻馬六甲時，曾遣使附中國䑸至暹羅訪問。現使者事畢，遂偕暹羅使臣一同回甲，卽向亞氏報告曰：暹羅願與葡人爲友。亞氏大喜，隨備豐富之禮物，托暹羅來使帶歸，獻與白象之主，並希望暹羅與馬六甲永遠維持貿易，以利商務。監篦之蘇丹亞圖拉（Abdullah），乃蘇端媽末之愛壻也，率船十艘駛入蘇河，竟遣使以禮物饋贈亞伯奎，並表示監篦願爲葡王之臣屬矣。爪哇王素恨馬六甲王對於爪哇商人待遇之專制，遂亦遣使以長鎗十二枝，王坐於戰象作戰之圖一幅，爪哇樂器全套（gamelan）（註一）樂工數名，大鐘兩口，獻與亞伯奎，並表示如有事變，願供人力物力。亞氏則以弋獲之巨象一匹報之。同時有非回教之明那迦保人，則要求商販願以金易印度之布，亞氏允焉。一五一一年十一月，亞伯奎更遣亞布魯（Antonio d'Abreu）率船三艘往香料羣島（摩鹿加）探險，同時戒其人員謂：沿途如遇摩爾船或欣都船，毋傷害，每經一國，應以禮物贈土王與土豪，毋傷感情。當亞氏至馬六甲之航程中，凡沿途掠獲之物，盡運往巴衰易取胡椒，以應中國市場之需要。故亞氏駐節馬六甲之時間雖短，然貿易之進步，殊有出人意料之外者。

（註一）Gamelan 係爪哇峇厘語，意爲樂隊，計有數種：曰 Gamelan miring，爲演傀儡戲時之樂隊。曰 G. munggang，係日惹蘇丹御用之樂隊，其樂器有古至四百餘年者。曰 G. Pelog 或 G. salendĕra 係指演映戲時所用之樂隊。曰 G. sĕkaten 係王樂。曰 G. serunen 係軍樂是也。全隊樂工二十七人，樂器二十七件：即粗鼓 (bĕdok)，號鑼 (bĕnde)，無邊之鑼 (beri)，面小邊深之鑼 (bonang)，十弦或十五弦之桌琴 (chĕlĕmpong)，鐵板(chĕloreng)，裝於木架之薄鐵板其音斷續 (chente)，裝於木架之薄鐵板其數五或六枚其音間斷 (dĕmong)，木琴 (gambang)，鼓其鼓膜綳於中空之圓筒上 (gĕndang)，和音器用雙槌擊之 (gendir)，有邊大鑼徑長三呎 (gong)，踢音器以鐵棒與木爲之踢之成聲(kechar, kecherek)，懸架之深邊鑼兩面(kĕmpiang)，懸鑼徑約十八吋有邊中凸(kĕmpul)，平置或懸掛於架上之小鑼 (kĕnong)，中央凸起之鐘 (keromong)，長鼓兩面大小不等以指叩之(kĕtipong)，敲音器(kĕtok)，提琴(rĕbab)，有鍵之琴以鼓槌擊之(saron)，懸架之五鐵板板中凸 (sĕlĕntam)，喇叭(sĕbompĕret)，木質之喇叭 (sĕrunai, sernai)（後字即嗩吶之對音）橫笛 (suling)。另有一器名 sĕkati 者無考。此項爪哇樂隊在雷佛士博物院內有整套模型陳列，可供參考。

礮壘完全工竣，諸事一切就緒。亞伯奎召其艦隊之屬員而告曰：吾待季候風一至，即須離馬六甲返臥亞，處理政務。關於馬六甲政府之組織，警備區域之範圍，今可討論。從臥亞駛來之艦隊與軍火，存留此地。最後決定置馬六甲太守一人，艦隊司令一人，有如亞氏之副。亞勞佐因有功於此次之征服，且熟悉馬六甲之情形，即委爲代理官及礮壘之監督。（註一）同時各民族之領袖間，如有爭端，亞勞佐則爲最後之決定人，凡彼所判，務宜服從。當畢寧那占篤爲欣都人之頭目，畢迦帝（Kathi）爲摩爾人之頭目，畢盧根尼（Regunecerage）（此係葡文拼音，頗難還原，茲存其舊）爲烏八區一帶爪哇人之頭目，畢石拉斯加（Tuan Calascar）爲其他各民族之頭目。當地商人認亞氏捨此富庶與重要之馬六甲，不知何故，咸勸其勿行，亞氏答以臥亞有要事待理，非行不可。據樊倫丁言，蓋有 Abadilchain 者，正擬密謀反抗臥亞也。惟終以預約同行之巴袞蘇丹，忽告失蹤，遂使亞氏多留一日。結果蘇丹未能尋獲，亞氏遂於一五一二年一月之初（據溫士德馬來亞史，謂亞氏於一五一一年底離甲，但礮壘之完全在一五一二年一月之初，故余推其動身之期，當在此時，）率四船離甲，與其同行者有爪哇木工六十名，若輩攜帶妻兒，奉亞氏之命，至柯枝任其地船塢中之職務者。詎知航抵阿魯，正在晚上，風浪大作，木工造反，船破人逃，不可收拾，幸亞氏平安無恙，改乘他船駛返柯枝，時當在一五一二年三月之中也（樊倫丁謂爲二月。）

（註一）據樊倫丁馬六甲歷史，謂馬六甲之首任葡太守爲 Rodrigo Brit Patalyn，此卽後述之 Ruy de Brito（不列都。）至亞氏留甲之葡戍軍，僅三百名而已。

三

葡人佔領馬六甲，共計一百二十九年五個月。惟終以壟斷之心太切，施政之方不良，致土人揭旗反抗，前仆後繼，歲無寧日。特依次分述之。亞氏既返臥亞，加提兒於爪哇人之居留區內再設防柵，爲首革命。同時前馬六甲之水軍司令漢那亭，係身受重創三十餘處之勇士，反抗異教徒之健將，亦親率艦隊駛入蘇河助戰。然此烏合之衆，難敵訓練之師，未幾卽爲葡將安德剌（Fernão Peres de Andrade）（註一）所粉碎。光復馬六甲之企圖，遂告失敗。查其時爪哇人之宅居斯士者，爲數至衆，故葡人欲圖控制，頗感棘手。如居留於烏八區者，則盡係來自杜板（Tuban）之商人，杜板者，滿者伯夷之口岸也。如來自芝巴剌（Japara）及巽他（Sunda）者，則操縱馬六甲之米市。如來自新村（Grisek）（錦石）者，則居於怡里，盡營摩鹿加之香料，而其勢駕於來自杜板爪哇人上。當一五〇九年時，蘇端媽末曾與烏墨底羅閣發生糾紛，馬來人幾爲爪哇人所制服。凡此均足表示爪哇人在馬六甲勢力之偉大也。今烏墨底已爲亞伯奎所殺，加提兒亦被敗於安德剌，然爪哇人對葡萄牙仍無畏懼之心，寧非異事。一五一三年有爪哇人烏奴斯(Patih Unus)(註二)者，率船百艘，戰士萬人(大部分來自芝巴剌與巨港)至馬六甲示威挑釁結果雖被葡軍擊敗，但其人豪邁之氣，絕未稍挫，駛返爪哇，仍自稱為世界無敵之勇士，數年以後，烏奴斯即承繼滿者伯夷而為君臨台麥王國(Demak)(亦係爪哇強國，建於約一五二〇年，亡於約一五六八年)之首王矣。

(註一)據胡宗憲籌海圖編所載，謂刑部尚書顧應祥云：佛郎機國名也，非銃名也。正德丁丑(十二年即西歷一五一七年)予任廣東僉事署海道事，驀有大海船二隻，直至廣城懷遠驛，稱係佛郎機國進貢。其船主名加必丹。其人皆高鼻深目，以白布纏頭，如回回打扮。即報總督陳西軒公金臨廣城，以其人不禮，令於光孝寺習儀三日而後引見。此文中之加必丹(Capitão)，在焦竑獻徵錄中稱甲必丹末(Capitão Mor)，意為甲必丹之首領，即指安德剌也。核之巴洛斯(João de Barros)及卡斯丹之記載亦合，是以由馬六甲最初入華之葡人，即係安德剌無疑。

(註二)據樊倫丁言：謂烏奴斯率船三千艘，侵甲後被葡軍擊退，死八千餘人，逃回爪哇。葡軍僅死二十人，傷亦不多。葡軍勝後，太守 Patalyn(即不列都)及司令 Andrado(即安德剌)，均受亞伯奎重賞云。又據蘇辛(Faria y Souza)言：烏奴斯率船九十艘(此數可靠)，士兵一萬二千名，軍火充足，與葡軍戰，完全敗北。又謂此項爪哇船與最大之葡帆船相同。其中一艘特大者，即係烏奴斯所乘坐，其大為其時之任何歐洲船所不及。烏奴斯敗後，即坐此大船逃回爪哇，仍稱雄於世，後為巽他之王云。

蘇端媽末對恢復故土之心，未嘗忘懷，惟知憑藉武力，難以有成，乃思別尋良謀，改用計略。有來自孟加拉之摩爾人名麥西里（Tuan Maxiliz）者，本爲媽末之寵臣，乃令其任苦肉之計，潛入馬六甲，由此得締交於太守不列都之友人皮爾孫（Peter Person），未幾互成莫逆，情感甚篤。麥西里知有機可乘，即約其同謀曰：以殺皮爾孫爲號，事成則盡屠葡戍軍，毋忘。一日皮爾孫宴請麥西里，彼即實施其策略，拔劍殺皮爾孫，皮力拒之，僅受微傷，而潛入礮壘之麥西里同黨，認爲事已得手，咸各奮勇殺葡戍軍，死者六人。太守不列都聞警起牀，立召其部下搜捕謀反者，俄頃之間，亂事即平。於是馬六甲前王之計謀，又告失敗矣。

一五一四年七月，亞伯奎遣其從弟喬治亞伯奎（Jorge d'Albuquerque）繼不列都而爲馬六甲之太守。有監篚蘇丹亞圖拉者，爲蘇端媽末之壻，於三年前曾向亞伯奎致敬，願效忠於葡王者也。喬治亞伯奎已知此事，即派一大佐走監篚，邀亞圖拉蒞甲，任以槃陀訶羅或摩爾人之頭目，以繼寧那占篤之職位，因其人日後行爲不檢，被葡人革職，遂憤而宣佈葡人之劣跡，自己則自殉於火葬場矣。葡大佐既抵監篚，即知亞圖拉之周圍盡係敵人，並疑其有稱王於馬六甲之傾向。蘇端媽末知而恨之，遂遣其另一愛壻卽龍牙之主宰，自嗎末之新都兵打島，統軍出征監篦，以懲亞圖拉之投降僭位。大佐卜帝和（Jorge Botelho）率艦禦之，迎刃而解，隨卽護送亞圖拉至甲，令其任頭目之職。日後嗎末施離間挑撥之計，虛搆亞圖拉有造反之舉，葡人疑焉，卒將亞圖拉處死。其時在甲之馬來人與爪哇人目擊葡人手段之酷辣，對回教徒之諸多不利，遂相率去甲，於是農民罷耕，米商絕跡。並且嗎末之戰船，亦常活動於馬六甲之附近，時與以種種之威脅，致馬六甲之食糧，遭嚴重之影響。太守遂遣卜帝和至碩坡向明那迦保廣購糧食，迨糧船回，與來自兵打島之馬來水軍司令相遇於途，遂啓惡戰，馬來軍不敵而退。於是卜帝和從碩坡運回之明那迦保商人食糧，黃金，沈香均安然抵甲。絕糧之虞，得以解決，誠幸事也。同時葡人准明那迦保人在馬六甲興販，以利貿易。

一五一六年喬治亞伯奎去職，由喬治不列都（Jorge de Brito）為太守。其時印度總督亞伯奎亦告退，繼之者卽阿老倫伽（Lopez Toarez Alvarenga）是也。喬治不列都奉里斯本（Lisbon）之訓令，不顧其前任之警告，將一切奴隸與空地，悉平分與葡人。凡商船之無葡人為船長者，一概不准在馬來羣島貿易。對待奴隸仍依馬來舊律，准其自由謀生，惟從事軍役者，政府始與以津貼。土地之屬於馬來人者，暫仍其舊。於是任何亞洲商販之寓於馬六甲者，悉成無用。莫不心灰意懶，惴惴不安矣。是以東西洋考稱龜龍虎變人合佛郎機爲馬六甲之三害，洵不誤也。（註一）然此種新律，既影響於市面之繁榮，復可使人口驟減，窒礙難行，勢所必然，於是不久亦取銷矣。一五一七年喬治不刎都歿於馬六甲，其屬員爭代，而蘇端嗎末之戰船，又駛入蘇河，斷馬六甲之糧道。葡人雖從臥亞及中國獲得援軍（安德刺適由廣東回甲，沿途即將馬來軍擊退，同時調停爭代之屬員，後葡王任考斯他 Alfonsus Lopez Costa 爲馬六甲代理太守，又孟尼士 de Menezes 率葡軍三百，自臥亞駛甲）然因糧食之缺乏，致葡人患病者纍纍，竟使有一葡官倡議和平，謂若馬來人從水陸兩路夾攻馬六甲，則頗難與以擊退云。吾人觀此，可知葡人在馬六甲勢力之薄弱矣。後此不久，有一被馬來水軍司令拘獲之爪哇鯮，逃抵馬六甲，鯮主即向葡人獻議，謂蘇河之馬來要塞，易從陸路進攻，余願率士着軍一隊以爲前導。葡人認爲詭計，初不置信，旋納其議，遂即出兵。惟陸路盡係叢莽沼澤，行軍困難。幸水陸兩軍同時到達蘇河，遂一舉將要塞焚毀，馬來軍之死者三百餘人。葡司令眉洛(Duarte de Mello) 更上溯蘇河，進攻百谷，惟以馬來軍之堅強抵抗，僅獲大銃數尊而回。據考里

亞 (Antonio Correa) 言謂在此次戰事之中，葡軍又獲一暹羅王子，彼曾與嗎末計議攻葡之策。但葡人不欲深究，以王子送回暹羅，暹王感葡軍之恩，當以大宗糧食運甲報之。一五一九年，嗎末又探知葡戍軍薄弱，遂又水陸兩路進攻馬六甲，惜事仍無效。是年五月，考里亞從白古運回大宗食糧，其圍遂解。次年（一五二〇）六月，考里亞再從白古獲糧甚多。是年葡王巳任賽剌 (Garcia de Sala) (Sá) 爲太守，以繼考斯他之職。其人極端主張非將蔴河之百谷要塞毀滅不可，蓋此係蘇端嗎末進攻馬六甲之根據地也。於是遣兵五百，其中葡軍佔一百五十，猛攻百谷，當將要塞與馬來艦隊焚毀一空。經此以後，蘇端嗎末之不擾馬六甲者，歷時較久。

（註一）據東西洋考馬六甲交易條內所載，謂本夷市道稍平，既爲佛郎機所據，殘破之後，售貨漸少，而佛郎機與華人酬酢，屢肆輈張，故賈船希往者，直詣蘇門答剌（指亞齊）必道經彼國。佛郎機見華人不肯駐，輒迎擊於海門，掠其貨以歸。數年以來，波路斷絕。查東西洋考一書成於萬曆四十五年（一六一七）吾人由此可知葡人所統治之馬六甲，自始至終悉用覇道也。

一五二一年十月，賽剌仍爲馬六甲之太守。喬治亞伯奎與安托尼不列都 (Antonio Brito) 率船十八艘，士兵六百名，進攻兵打島。其地有嗎末之堡壘兩座，各小河口盡佈防柵，是以葡軍無法侵入，結果損一兩桅船而退。此舉更激起馬來人輕視葡軍之無能焉。於是兵打島（其時嗎末建都於此）之水軍司令漢那亭槃陀訶羅·百圖加·羅闍聯絡海盜擾亂航運，使整個馬來羣島對於葡人莫不懷恨。因此葡船之航至彭亨與爪哇者，悉被拘留。葡人更不知柔佛與彭亨間有親密之關係，故在彭亨登岸之葡人，曾一度被殺者數人。其有強令改宗回教不從者，則縛於銃口轟死之。是以葡、巫兩民族間永遠不能和諧，其咎實由於葡人之過恃武力政策故也。

一五二二年初，喬治亞伯奎再任馬六甲太守。一五二三與一五二四年間，葡艦隊再兩度進攻兵打島，仍各受重大損失而退。因此蘇端嗎末勢焰大盛，決欲驅葡人於馬六甲外。一五二五年，彼集大軍兩萬，戰船若干，其中一萬六千沿陸路進攻，四千循水道來襲。而叛教之葡人，亦與馬來軍合作。舉凡馬六甲之重要通道，悉予封鎖。如是圍困匝月，勝利可期，城中一雞之值，售至五十杜加，其貴無比。誰知葡將馬斯卡倫（Pedro Mascarenhas）適於是年五月自印度率艦駛甲，其圍遂解。然馬來人之畢竟僨事終無成功者，實緣其內部意見紛歧，時相傾軋，有以致耳。龍牙與兵打原屬毗鄰，但龍牙之主宰伊索（Maharaja Isup）則與葡人爲盟。嗎末恨之，令英得其利之王那羅信伽（Narasinga）掠奪龍牙，於是進攻馬六甲之軍力不能集中而龍牙反得葡軍之助，絲毫無損。凡此均可證馬來人之失策也。一五二六年馬斯卡倫爲馬六甲之太守。其人素抱武力主義，認非將擾亂之馬來人完全鎭壓，則葡人永不能高枕而臥。是年十月二十三日彼親統戰艦二十艘葡兵五百五十名（一說四百）馬來兵六百名（統率此馬來軍者，一爲 Tuan Mahomed，一爲 Sinai Raja）先掠奪蘇門答臘東岸柔佛之領地望加麗島（Bengkalis），次向媽末之根據地進發。沿途在蒲令島（Bulang）縱火焚燒，俾斥候之人報告媽末，知揚白帆之葡艦已迫近兵打島矣。然馬來人昧於軍事，認兵打係天險，葡人決不能飛越而入，故仍悠閒自得，視若無睹。據馬來記年所載，謂其時之天猛公西里·阿華達那（Sri Awadana）正在開錄一禮物單，以爲就木之用。其單中所列者，爲無邊有孔之盤一，缺口之水瓶一，破瓶架一，有裂隙之中國瓷碟一，有裂隙之茶杯一，醬油瓶一，舊燒鍋二，及奴隸三名是也。蘇端媽末見之，將其處死，以示其人之不知羞恥云。馬來紀年此項記載，殊爲失實。蓋其時之天猛公所錄者非禮物單，乃係戰士之名單也。因此蘇端媽末亦盛譽其人之勤，謂若阿華達那成爲宰相，則吾人均無事可爲矣云云。但馬來人之臨渴掘井，不難可見。馬斯卡倫之軍既抵兵打，先攻外要塞(Kota Kara)，歷十四日而陷落。繼進攻一堅固之橋，與馬六甲之大橋同，損失甚重，未能得手，於是馬斯卡倫伴攻正面，別遣一軍取道叢莽沼澤，繞馬來軍之後面而出，馬來軍大驚，全數七千，瓦解而散。兵打島之首都哥巴(Kopak)，終爲葡軍所佔，惟哥巴房屋悉用棕葉蓋成，遂付之一炬。其時從彭亨遣來之戰船，以到達過遲，亦爲葡軍擊退。兵打島之治權，即移交與葡人之盟好龍牙。後人將兵打與龍牙合稱爲廖·龍牙羣島(Riau-Lingga Archipelago)，即基於此。蘇端媽末避往監篦，至一五二九年（一說一五二八年，一說一五三〇年）此馬六甲之末王即與世長辭矣。（註一）彼既失馬六甲，又毀其亞答（atap，一種棕葉，以之蓋屋）之兵打首都，與葡人永遠爲敵，使葡人受無窮之損害，自在意料之中。然蘇端媽末連續破壞馬六甲之商務，不但憑藉戰事，而且運用其宿有之勢力。蘇門答臘東岸之主宰，昔均臣屬於媽末，彼即利用此點，勸各主宰與葡人斷絕關係。吾人須知蘇島東岸之碩坡河，監篦河及英得其利河，實爲其時黃金、胡椒與米糧之重要出口地，一經停頓，則馬六甲即受害不淺。據巴魯斯言：當一五一三年烏奴斯侵甲之時，城中居民僅日食一餐，而一餐之米又爲數僅微，摩爾人及其他人民之餓死於街道者，隨在可見。其貧民之入叢林採野果以充饑者，則爲虎所噬。又據馬司登（W. Marsden）之蘇門答臘史（History of Sumatra），謂監篦蘇丹被葡人處死後，近鄰之馬來各國幾盡與葡人絕交，致馬六甲又發生嚴重之饑餓，均爲明證。至蘇端媽末此種永不停止之襲擊行爲，旣可使葡軍之士氣爲之沮喪，又可使躁急從事，心志不定之葡人，入於傷風敗德之途。葡人政治汙黷，隨處與土着婦女結婚，卽因此故。時至今日，吾人在馬來亞各大市鎭之中，仍可見此混血兒矣。然事之最奇者，五方雜厝之莠民，並不畏赤道之炎威，葡人之苛政，仍麕集於馬六甲，而從事於商業之經營耳。蘇端媽末尙留二子，年長者名無答佛哪，爲霹靂之蘇丹。年幼者稱阿老瓦丁二世，爲君臨柔佛之首王，其最初建都之地，卽在柔佛河之支流底鹿河（Sungei Telor）旁是也。

（註一）據樊倫丁言：蘇端媽末在柔佛稱王二年，歿於一五一三年，顯誤。又謂柔佛國卽此王所建。而 Johor（柔佛）一字之來源，卽係阿刺伯文，其義訓爲眞珠，又可解爲最佳之人態，事屬可信。按之衛金孫所著巫英辭典，有 Batu Johor 一名，解爲結晶之岩石，視同寶石，與樊氏所言，頗爲近似。至柔佛開國之君，世人均屬於阿老瓦丁二世。該王生於一五一三年，歿於一五六四年，其登位之期卽在一五二九年也。

一五二九年賽剌又爲馬六甲太守。（註一）其時有一馬六甲之馬來富紳名神那耶（Sang

Naya)（葡人稱 Sinaya Raja）者，與亞齊人議定計畫，合謀革命。待基督徒解除武裝，正在教堂祈禱之時，立卽起事。詎知尙未實行，歡讌作樂，互爲誇辭，爲賽刺所悉，當將神那耶拘獲，而亞齊人則不加追究，令其回歸亞齊。此無異縱虎離山，日後葡人之受其大害，實咎由自取也。神那耶審訊而後，判以死刑。其處死之法，自堡壘之瞭望台頂下墜而死，此實爲葡人正法罪人之創例，而爲昔日所未聞者也。因此下述之事，亦隨之而生矣。一五三三年，柔佛水軍司令巴加剌（Tuan Barcalar）率戰船二十七自霹靂駛回，道經馬六甲，對新任之太守伽馬（Estevão da Gama）佯示歡迎之意，且謂幼君阿老瓦丁二世願與葡人爲友云。新太守伽馬爲首闢歐、印航路 Vasco da Gama 之子，對馬來人之謙恭，未與重視。隨後伽馬派一使臣至阿老瓦丁二世之新都，馬來人之鑒於賽刺處死神那耶之惡毒，並知伽馬之無禮，遂認來使爲間諜，將其懸於樹頂，擲地斃命以報之。同時馬來戰船，又集中蔴河，擾亂馬六甲之商務，並襲擊葡軍一隊。葡軍輕率應戰，死三十餘人，太守之弟保羅（Paulo da Gama）亦陣亡焉。一五三五年六月，伽馬親統大船二，小船二十，士兵四百，上溯柔佛河七英里，猛烈礮轟阿老瓦丁二世之要塞。此要塞遺址，至今存在，卽在哥踏丁宜之上，位於底鹿河旁者是也。

馬來軍隊堅強抵抗，不稍退讓。伽馬遂令軍隊登陸，與馬來軍短兵相搏，戰鬭之烈，前所未有。伽馬一因軍火缺乏，二因士兵疲憊，下令後退。馬來軍不知其計，鹵莽急追，反致大敗。是夜馬來軍盡攜所有，循柔佛河上游而遁，葡軍追之，追至支流薩蓉河（Sayong）口，斷一大樹，橫阻通道，葡軍不能再進。至今其地稱曰 Rebat，意即攔阻也。伽馬遂毀底鹿河之要塞，駛回馬六甲矣。然柔佛艦隊威脅馬六甲之航運，仍不停止。一五三六年，伽馬再率葡軍四百，馬來傭兵若干，重入柔佛河。馬來軍雖英勇抵抗，但終不敵葡人之礮火，傷亡之重，昔所未有。阿老瓦丁二世遂向葡人求和，葡政府准其住於蔴坡，於是在表面上柔佛與佛郎機已成友好矣。馬六甲之航運，雖因馬來人之不斷襲擊，已呈停頓之勢，但葡人在馬來半島貿易之發達，似正方興未艾也。據一五四〇年賓都（Fernand Mendez Pinto）之行記，謂在彭亨有一土庫（Factory），馬六甲太守所委之土庫長名陸布（Tome Lobo）駐此。商務則非常興盛云。又在北大年則有一商館，經商之葡人達三百名。凡此均可證葡人勢力之浩大矣。

（註一）據樊倫丁言：一五二七年之太守爲 Georg Kapraal。一五二八年之太守爲 Peter de Far 云。

柔佛與葡萄牙既言歸於好，彭亨及霹靂亦與葡人表示親善。然其時有一新興之回教國焉，繼柔佛之後，屢與葡人爲難，此國爲何，即蘇門答臘北部之亞齊（註一）是也。當一二九二年馬可波羅途經蘇島之時，已知 Perlak（其地之土酋稱曰 Hulabalang，意爲軍長）與巴袞兩邦已宗回教。一三四五年之伊本拔禿塔，則謂島北之 Samudra（即宋史中之蘇勿吒，島夷志略中之須文答剌，元史中之速木都剌，）外圍城堞，市廛繁盛，貨用錫幣及從中國輸入之金條。十四世紀之中，此地列入滿者伯夷之版圖。而馬歡之瀛涯勝覽，則對蘇門答剌記載甚詳。意人康帝(Nicolas de Conti）於一四四四年暢遊東方後，蘇島之名始爲歐人所注意。迨葡人征服馬六甲，因對回教徒之處處敵視，遂使來自胡茶辣、占里、榜葛剌、錫蘭、白古以及土耳其之回教商人，盡趨蘇島北部。然其時尚無亞齊之名也。約在一五一九年時，有阿里莫哈耶沙（Ali Mughayat Shah）者，始爲亞齊之首王，未幾，陂隄里、巴袞及蘇門答剌盡被征服，胡茶辣與中國之商人，均與此國貿易，於是亞齊日臻繁榮，國勢漸強焉。至一五二八年，阿里莫哈耶歿。當王在位之時，亞齊與葡人爲商業上之競爭已甚劇烈，蘇島東岸之貿易幾盡爲亞齊所獨占。而葡船之被捕，水手之被殺者，亦間有發生，然兩國交戰之舉，尚未有所聞也。迨王子迦哈兒(Alaud-din Riayat Shah al-Kahar)繼位，即於一五三七年九月，遣亞齊軍三千，而爲首次進攻馬六甲之企圖。第一晚軍隊登陸，即被葡軍擊退，重返船上。隨後兩晚，持火炬，炬高於葡軍之防壘，向葡軍作示威行動，無實施攻擊之志。殆葡軍出戰，亞齊軍稍受損失而退。蓋亞齊軍此行之目的，僅爲對葡進攻之序幕而已。

（註一）亞齊何時建國，頗難考定。據明史所載，僅謂萬歷間（一五七三至一六一九年）蘇門答剌國爲其下所篡，易國名曰啞齊而已。然其首王確歿於一五二八年，故余斷亞齊建國之時代，當在一五二〇年之左右也。惟該國最強之期，則在一五七〇至一六七〇年間。馬來半島南部，除歐人統治之馬六甲外，幾盡受其控制。後荷人統治蘇門答臘，亦屢與亞齊人發生戰爭，自一八七三至一八九六年間，荷人與亞齊人混戰，達二十餘年之久，事實上至一九〇四年始完全平定。蓋亞齊民風之強悍，素見稱於世也。查亞齊人係由四種民族混合而成：一稱 Kaum Lehee（前一字作族解）乃源出峇答人(Bataks，即星槎勝覽中之花面國人)之孟德剌人(Mantras)，一稱 Kaum Imanpeet 乃係欣都教改宗回教之民族。一稱 Kaum Tuk Batee 係由外來民族改變而成者。一稱 Kaum Dja Sandang。

一五三九年，亞齊王迦哈兒掠奪阿魯。其地本係馬六甲王國之領土也。迦哈兒所統之軍達一萬數千名，戰船一百六十艘，盡係敏捷之快艇，由來自麻囉拔及胡茶辣之傭兵駕之。而於軍隊之中，更有土耳其人及阿比西尼亞人（Abyssinia）人矣。然王攻阿魯未甚得手，五個月後，阿魯得葡人之助，其公主逃往兵打，隨即與柔佛之王結婚，要求阿老瓦丁二世援助阿魯矣。一五四〇年，柔佛王傳檄碩坡霹靂，共同出兵，艦隊之數過於亞齊。同時亞齊艦隊中之駕駛人員，以昧於當地潮汐之知識，竟致大敗，死司令一名，士兵一萬三千五百名，戰艦之駛回亞齊者僅十四艘而已。賓都譽此海戰，謂爲空前未有，而柔佛日後統治阿魯亦達十四年之久云。此戰之結果：就亞齊言之，遭此慘敗，痛恨罔極。就柔佛言之，可謂失陷馬六甲以後之大勝利，恢復昔日光榮，又可壟斷貿易，獲益自然不少。就葡人言之，則希圖鷸蚌相爭，漁翁得利而已。然亞齊究係新興強國，損失雖重，恢復不難。故日後柔佛王之蒙塵，葡人勢力之終難穩定，胥中因於此也。

印度與亞齊之貿易發榮滋長，馬六甲竟無法阻遏。是以亞齊之損失，不久即恢復原狀。一五四七年，亞齊王迦哈兒遣大舶二十艘，由王子統率，橫行於馬六甲海峽間，襲擊商船，掠奪行旅，氣焰之盛，無敢與抗。王子亦自信其每舉之必成，目空一切。一晚艦隊駛抵馬六甲港口，王子申言，僅暫駐足，並無敵意，故願遵守葡人之法度。詎知王子暗渡陳倉，派軍登陸，捕鵝數頭，迨鵝聲鶃鶃，戍軍驚起，王子亦立卽回艦。隨後亞齊軍在港口焚毀葡舶兩艘，並拘捕漁夫七名，將其劓鼻割耳刖足，且卽以漁夫之血繕戰書一通，一併送交葡太守表示挑釁。城中居民，莫不驚駭。而太守西眇(Simao de Mello)則認定亞齊王之此種舉動，跡近懦弱，若出軍應戰，此堅強之堡壘固可無憂，但人民之犧牲或將不少，是以痛斥亞齊人之行爲曰一種罪惡而已。質言之，其時葡軍勢力薄弱，故西眇作此動聽之詞，以拒絕亞齊人之挑戰是也。嗣後亞齊艦隊悻悻而去，葡人陰遣一快艇隨之，以偵其何往。是年七月，葡僧聖芳濟再蒞馬六甲，彼本有淺水帆船兩艘隨之俱來。同時彼更勸說葡商，迅宜合組一艦隊，計含大舶二、大划船二、快艇六，歸第卡 (Francisco Deca) 統率，速追亞齊人。而來自北大年之葡艓兩艘，由狄武古 (Diogo Soarez de Mello) 駕駛者，亦於此時到甲，乃聯合追之。迨抵吉打沿岸，則知亞齊人已於玻璃市河附近建一要塞，以爲襲擊航行於馬六甲及孟加拉與白占間葡商船之根據地。吉打蘇丹素本膽怯，逃避北大年。其時血系相通之柔佛、霹靂及彭亨三邦，深恐吉打之降於北大年也，乃集中戰船三百艘，士卒八千人，駐於蔴河之口，以爲進攻北大年之準備。北大年受此威脅，遣使言和，願與上述三邦訂立盟好。於是柔佛之艦隊，轉助葡人，合抗亞齊矣。是以安剌達 (Jacinto

Freire de Andrada）於其所著印度第四總督卡斯脫羅之傳記（The Life of Dom John de Castro）中，對此次葡萄牙、亞齊、柔佛等間之角逐情形，謂爲以子之矛攻子之心，以計謀對抗計謀，洵屬確論。葡人勢力已厚，後顧無憂，遂與亞齊軍戰於吉打沿岸，亞齊大敗，死四千人，大船二十艘之沈沒者亦達半數。葡軍獲銃三百，鎗近千架，而葡軍之陣亡者僅五人而已。玻璃市河旁之亞齊要塞，完全掃平，馬來艦隊亦歸柔佛。葡軍大勝之消息抵甲，適在星期日晨，其時聖芳濟正在聖保羅山麓之大教堂（卽 Cathedral of St. Martyrs）中舉行祈禱，聞之狂喜，幾致不能發言。隨後匍匐於禱壇之前，謹謝上帝佑葡人之勝利，終將敵艦摧毀云。四年以後，卽一五五一年六月，柔佛蘇丹阿老瓦丁二世，不納其水軍司令之忠告，遽與葡人離貳。遂聯合霹靂、彭亨及爪哇芝巴剌之王后，集艦隊二百艘，士卒五千名，進攻馬六甲。（註一）柔佛水軍司令拒絕預聞其事，但遣其子（一說其壻）通知葡人，請派艦兩艘，參加上述之軍事行動，合力反抗亞齊。然其子所攜者尙另有一密函，此卽水軍司令警告葡太守別都盧（Pedro da Silva）者，謂馬來軍之行動不在亞齊，其眞正之目的乃在馬六甲也。是年六月十一日，馬來軍先焚毀馬六甲港口之船隻，次佔據城郊，搜索糧秣，最後竟猛攻堡壘（卽 Famosa）。然葡人以預得密報之故，已有整備，立將排木，石塊及手榴彈等，紛如雨下，由高拋射，馬來軍隊之陣亡者八百餘人。於是馬來軍稍退，擬久圍以困之。未幾謠傳葡艦隊援軍已駛入柔佛，彭亨及霹靂之河口，遂除爪哇軍外，悉解圍而去。葡戍軍知之，當將爪哇軍驅逐。於是全圍盡解，時在九月十六日，計圍困之期達九十餘日矣。柔佛水軍司令及其子以私通葡人之故，均遭殺身之禍。

（註一）據 Faria y Souza 所著馬六甲之葡人歷史（Portuguese History of Malacca）（英譯文載於 JARSSB 第十七號中）一書所載，謂芝巴剌王后派出之大綜達八十艘，較小之船計二百二十艘，圍城之時期共三個月，結果敗北而退云。惟其人以此事繫之於一五七一年，顯屬錯誤。

一五六四年當葡人努倫哈（Antãio de Noronha）抵臥亞之時，卽聞亞齊爲盟主，聯絡各士邦，反對異教徒。士耳其王亦派礮兵五百，幷願供應大宗軍火以助。然沿考其實，亞齊之擧動非欲造成宗教戰爭，其主要之目的乃因亞齊商船之航行於印度及紅海間者，常遭葡人之擊沈，並痛恨葡人壟斷之故耳。夫以其時貿易之重要，君主之野心，致激動亞齊人之政策，非將回教之柔佛帝國，置於卵翼之下不可。而同時葡人在馬六甲之治權，亦須將其摧毀。凡此皆亞齊之素志也。一五四〇年時，柔佛曾擊敗亞齊統治阿魯。然至一五六四年，亞齊王迦哈兒（該王在位時期，約自一五三七至一五六八年）藉佯攻北大年爲名，不但將阿魯克服，驅逐柔佛之馬來人，且進攻舊柔佛（Johor Lama），（註一）毀要塞焚房屋，柔佛首王阿老瓦丁二世亦被捕，（註二）當即送至亞齊，不久即死，或說被害。此實阿老瓦丁之反覆無常，咎由自取也。至所謂舊柔佛者，即爲其時柔佛國之首邑是矣。

（註一）柔佛國建都於舊柔佛，起於一五三〇年，直至一五八七年八月十五日爲葡人掠奪後，始不再爲首都。葡人稱舊柔佛曰 Cottabato (Kota Batu) 意爲石堡。其建築於斜坡之堡壘遺址至今存在。其地又有古代之馬來船遺跡兩艘亦尚未毀。一在舊柔佛河旁，埋於一椰樹之下。一在舊柔佛村後面之 Pangkalan Raja 地方。以鋤掘之，曾獲得十六世紀初期中國陶器之碎片甚多。在石壘之後更有兩古墓，一具墓碑，其詳難考。舊柔佛村雖屢經兵燹，但從不完全放棄。一八二三年雷佛士曾在此懸英國旗，致遭荷人嫉妒。於一八四六年時，其村仍爲武吉斯人所盤踞。舊柔佛離柔佛河口不遠，舊柔佛河即柔佛河之支流也。

（註二）據荷蘭萊丁（Leyden）圖書館所藏之兩種馬來文手蹟：其一謂迦哈兒曾娶阿老瓦丁二世之女爲妃。一日迦哈兒往訪其岳父，柔佛王懼而避入叢林，後仍被拘，帶返亞齊，待以上禮。其一亦敍述亞齊與柔佛婚媾之事，惟謂阿老瓦丁二世歿於舊柔佛云。又據葡人柯都（Diogo da Couto）言：謂柔佛王確被亞齊所拘，即死於亞齊云。在王園（Bustan al-

Salatin 或 Bustanu's-Salatin)（此書爲胡茶辣之回教徒名 Shaikh Nurud-din 者在亞齊所著，時在一六三八年）一書中則謂柔佛王及其家族，均被拘至亞齊，而亞齊王則以女妻柔佛王，次妃所出之子 Radin Bahr，隨後即遣該子重返柔佛，繼其父爲王云。然在馬來紀年之中並無 Radin Bahr 其人，僅謂阿老瓦丁二世生有兩兒，長男名 Raja Muzaffar，次女名 Raja Fatimah。繼阿老瓦丁二世爲王者，即長男是也。登位後稱無答佛那沙二世，其在位之期，始於一五六四年，止於一五八〇年，柯都亦如是言之。

一五六八年，亞齊又進攻馬六甲。其艦隊之混成有大船三艘，由厤囉拔人駕之，平船四艘，帆船及大艇六十艘，快艇三百餘艘，共載士卒一萬五千名，另士耳其人四百名，銅銃二百管，奴隸若干，軍容之盛，得推爲其時之無敵艦隊矣。亞齊王自爲司令，佯言彼之遠征軍係進攻爪哇王國台麥，因其拒絕參加回教國之同盟耳。然亞齊王遣至馬六甲之使臣，遭葡人之嚴刑拷詢後，直認不諱，謂王之出征，其目的在殺堡壘之司令，與轟毀葡人之穀倉是也。葡人知之，怒甚，斬來使之首，並砍去其手足，末將無肢之屍體置於一小船之中，令其浮返亞齊艦隊。王知之，仍僞爲不覺，視若無睹，僅申言欲廣辦糧食以供軍需而已。最後王起銅銃，圍困城池。其時馬六甲之太守爲畢利剌 (Dom Leonis Pereira)，僅有戍軍一千五百名，其中葡人佔二百名，衆寡懸殊，一見便明，遂遣使柔佛、吉打，請求援助開戰之初，傳教士亦戮力同心，堅守一隅，人民之避難於教堂者，亦竭力予以保護。嗣亞齊王擬誘勸僑居於馬六甲之太密爾人及爪哇人以爲己用，結果無成。二月十六日王身先士卒，下令總攻，結果大敗，兵士之死亡者達四千名，王之長子，卽阿魯之主宰（亞齊兼倂阿魯後，卽遣王子亞圖拉爲阿魯蘇丹，）亦陣亡焉。其時柔佛王率艦六十艘應召而到，知葡人已勝，欣悅逾恆，馬六甲太守盛宴之。一五七〇年，亞齊恨柔佛之助葡，再焚柔佛河旁之村舍。同時聯合各地酋長，再抗佛郎機。然其艦隊終爲葡太守路易斯（Luiz de Mello）兩度擊退，無功而返。一五七三年十月，亞齊艦隊九十艘，載士卒七千名，再擾亂馬六甲之航道，並遣軍登陸，焚掠南郊。惜其時風浪猛烈，亞齊艦隊遂不得不駛回本國焉。

一五七四年末，爪哇芝巴剌王后以葡人損害其在馬來羣島之貿易，出兵圍攻馬六甲。惟以亞齊與柔佛之失信，不能切實合作，致葡人之戍軍雖弱，艦隊雖少，而仍能將爪哇之侵略者擊退。一五七五年二月一日，亞齊艦隊駛抵馬六甲，遣兵圍城。旋以別種關係，撤兵自退。蓋其時亞齊正有事於霹靂，而自國亦有王位承繼問題之發生故也。一五七九年以前，霹靂已被亞齊人所征服，而位於霹靂河口之葡人要塞，亦被亞齊佔領。同時霹靂首王之寡妃及兒童十六名，則盡成俘虜，中有一兒即霹靂蘇丹阿末（Raja Ahmad）之長子，拘至亞齊後，強與亞齊公主茄娜（Abdel-Khaua）成婚，旋即繼承王位，其王號曰阿老瓦丁芒速沙（Alaud-din Mansur Shah），時即在一五七九年也。據王園一書所載，此霹靂之亞齊王在位期間，對於回教極具熱誠，恆令其臣僚蓄鬚髭，戴頭巾，穿長袍（jubbah），日誦經五次云。至一五八五年，王被其水軍司令所弒。其時有彭亨王子名羅闍與瑪兒（Raja Omar）者，曾娶柔佛首王阿老瓦丁二世之女花的媽（即 Raja Fatimah）為妻，生一子名亞圖爾闍里沙（Abdul-Jalil Shah），幼時即為柔佛之王，年九歲而歿，時在一五八〇年。此幼君夭亡後，與瑪兒繼其子為柔佛之王，稱亞圖爾・闍里・黎耶沙（Ali Jalla Abdul-Jalil Riayat Shah），其在位時期為一五八〇至一五九七年。據伊里德言，此柔佛王黎耶沙更娶亞齊王阿老瓦丁芒速沙之女為妃，婚後出一子名羅闍亞三（Raja Ashem），送往亞齊而為亞齊之儲君。然至一五八八年時，有阿老瓦丁黎耶沙者，弒此幼君，篡位自立，而為亞齊之王。故柔佛與亞齊之間，並不因婚媾之關係成為盟好，可以知矣。一五八二年，即柔佛王黎耶沙與亞齊公主婚後之第二年，有信伽羅闍(Singaraja)者，駕一大船，滿載珍物，自亞齊逃往柔佛，闍里黎耶沙納之。亞齊王大怒，遣軍征柔佛，幸得葡艦十二艘之來救，卒將亞齊軍擊退。柔佛王黎耶沙德之，親往馬六甲感謝葡人援助之恩。據伊里德書，謂在此時期之中，柔佛與馬六甲之商務非常發達，香料與金屬，尤其大量之錫，均在馬六甲交易云。但至一五八四年，葡萄牙在柔佛之商人遽爾撤退，而來自爪哇之大䑸，亦願納稅與柔佛王，而不願駛往馬六甲。葡人膠執於貿易之壟斷，遂任意掠奪柔佛之商船。闍里黎耶沙憤甚，鑿沈其滿載石塊之舊䑸，阻塞新加坡海峽之航道，使來自中國及摩鹿加羣島之商船無法通過，然葡人於新加坡之更南，另闢一新航路，以便船隻出入。此新航路葡人仿其國內運河之名，亦稱曰Santa Barbara，實即伊里德圖（見JRASMB第八卷第一分册二二五面）中之新峽(Estreito Nouo)是也。柔佛與葡人既成敵對行爲，各不退讓。一五八六年，闍里黎耶沙遣艦隊百艘，其中有大船十六，並陸軍若干，水陸兩路，包圍馬六甲。而其時宅居於南寧及林茂之明那迦保人，專以販賣荖葉爲業者，其先本與葡人友善，至是亦助柔佛從陸路進攻。蓋南寧與林茂兩小邦者，本爲馬六甲王國時代之領地也。葡方遣葡兵一百，士兵六百，恃精銳之礮火，先將明那迦保人二千一掃而空。若輩在南寧之村舍，悉縱火焚燒。敗卒遂退往林茂。在其地有柔佛之統領，已建一要塞，迨葡軍追至，此所謂統領者亦早聞風而遁矣。柔佛水軍亦敗退而還。此次葡人雖獲勝利，然馬六甲之市民曾遭饑餓之苦也。一五八七年一月，柔佛王黎耶沙率艦一百二十艘再攻馬六甲。葡教主擬爲之調停，但扼於太守西梵(Joao da Silva)之命，致無成效。闍里黎耶沙遂於城之一面登陸，其將信伽羅闍則於他面進攻。然仍爲葡軍擊退，無功而返。柔佛心不能甘，再由水陸兩路封鎖馬六甲港口，一切運輸悉行停頓，往來印度與中國間之葡船，則與以威脅，故馬六甲之危殆，終未能解除也。印度葡總督聞而憂之，卽在臥亞巴賽因(Bassein)（其地在孟買之北，非緬甸之巴賽因也）及注耳(Chaul)（其地在孟買之南，於十八世紀以前以產布疋刺繡著名於世）三城籌募戰費，遣軍相助。遂於四月二十八日，派大舶三艘，平船兩般，巨艇四，帆艇七，載士卒五百，由黎馬(Paola da Lima)率領駛往馬六甲以解危矣。際此之時，亞齊與柔佛暫時言歸於好，葡人更懼兩國之永久聯盟，遂決心先將柔佛毀滅。是年（一五八七）七月，努倫哈率大舶數艘，卽游弋於柔佛河口，監視馬來軍之行動，惟以孤掌難鳴，竟不能與疾如飛矢之馬來船相抗。迨西眊亞布魯(Simao d'Abreu)率帆艇快舟紛紛而至，遂領導大舶，溯河而上，馬來船二十艘出與應戰，不敵而退。葡軍再進，即抵舊柔佛，遂猛轟石堡，歷時兩日（即七月二十至二十一日），總計馬來房屋及船隻等之損失，達二十萬杜加也。努倫哈乘戰勝之威，決率精銳之師三百登陸進攻，以期一舉蕩平。西眊亞布魯則力言不可。謂舊柔佛之要塞非常堅固。其守軍在萬人以上，盡係來自爪哇與明那迦保之武士及來自丁加奴，英得其利與監篦之軍隊，區區三百人，奚能對抗。努倫哈不從，竟於次日隨軍登岸，終至敗退，設其時不得其他葡軍之助，則其人亦陣亡焉。如是葡軍在河，巫軍在陸，相持旬餘，各無動靜。迨同年八月六日，葡將黎馬趕至，先審察舊柔佛之形勢，則見既無城牆，又乏譙樓，僅有小阜，三面環水，堡壘雖用木石築成，自亦相當堅固。九日後，即八月十五日，黎馬下令總攻，卒將防線衝破，馬來軍雖奮勇抵抗，終於不敵，遂散伏於周圍之森林中，待機而動。黎馬隨下令，焚燒此柔佛王之首都（註一）所獲戰利品不計其數。如珍貴之金屬，精美之器皿，即埋藏於地下者，亦均爲葡軍所得（近年在舊柔佛出土之古物，如破銅器，史前硝珠，錢幣，滿者伯夷護身符，中國陶瓷器之碎片，爲數極夥，足證其地於二千年前當爲海舶必經之大口岸也。從舊柔佛再上數里，即爲 Seluyut，唐賈耽所說之羅越，即指此。）此外更獲大小船隻二千艘，小銃一千管，鎗一千五百挺。葡軍之陣亡者僅八十名，巫軍則傷亡數千。黎馬班師回，經新加坡，深恐柔佛之再圖復仇，遂順道再焚掠兵打島，而亞齊知葡人之大勝，亦遣使至馬六甲祝賀，並申言以後停止阻害葡人之貿易云。（註二）

（註一）舊柔佛被葡人擊毀後，遂遷都於 Batu Sawar，意爲魚孀岩。又稱 Tanah Puteh，意爲白地。其地亦沿柔佛河，距哥踏丁宜僅六里而已。柔佛王於此築一要塞，周一千三百步（一步合三呎），繞以防柵，與河迫近。自一六一三至一六一五年間，爲亞齊王伊斯干達茂達（Iskandar Muda 或稱 Mahkota Alam，爲亞齊最有名之王）所破，故亞齊王稱柔佛爲其屬國云。據德人洛佛（G. P. Rouffaer）言：謂白地之名稱始於一五八七年以前，魚孀岩之名稱，用於一五八七至一六一三年；自一六〇九至一六一三年間又稱 Pangkalan Raja，意爲王之埠頭。自一六一四至一六七三年則稱 Makam Tauhid，意爲上帝同意之住所也。據溫士德言：洛佛之說，並無根據。

（註二）荷人林旭丁（Jan Huygen van Linschoten）於一五八三至一五八九年間，曾服務於臥亞之葡政府。對葡人此次之進攻柔佛，記載特異，茲撮要引述於下：謂葡將黎馬於一五八八年四月，自馬六甲駛回臥亞，途遇一亞齊船，捕之，船中載亞齊王之女，係送往柔佛，嫁與柔佛王者。黎馬趁此良機，藉護送王女爲名，率軍旋航，抵柔佛首邑，見僅柱木柵，悉係草屋。葡軍遂湧而上，馬來人逃避一空。當將防柵毀除，房屋縱火，獲銅銃二千五百管，有大有小，解回印度。亞齊王知公主被葡人所拘，遣使與黎馬言和。自此以後，馬六甲商道盡通，百貨薈萃，糧食充盈，人民欣愉云。

一五九七年柔佛王黎耶沙卒。其子羅闍芒速沙（Raja Mansur）繼位，稱阿老瓦丁黎耶沙三世。其時柔佛經十餘年之生聚，元氣已復，遂與亞齊開戰，以報亞齊篡王阿老瓦丁黎耶沙弑羅闍亞三之仇。亞齊不敵，放棄阿魯。時在一五九九至一六〇三年間也。一五九九年七月二十日，有英人台維斯（John Davis）者，駕荷船航抵亞齊，篡王與其約合攻柔佛，事成以胡椒爲酬。旋因發生爭執，聯盟不成。同年亞齊遣使在臥亞與葡言好，葡總督待以盛禮，餉以佳餚。後由葡船載來使駛歸，同舟者尚有一葡僧，任通譯之職。僧謂使曰：今荷蘭之海盜與叛徒，橫行於南海間者日多，使宜告王與葡政府合力撲滅之。一六〇〇年，葡人向篡王建議，欲在亞齊設一堅強堡壘，以抗荷蘭，亞齊不納。一六〇一年柔佛戰船六十艘出現於巴衰之前，亞齊大驚，疑柔佛與葡萄牙已成聯盟也。然其時亞齊貿易之發達，仍爲南海之冠，來自胡茶辣、麻囉拔、榜葛剌及白古之商船充塞港口。篡王於朝廷之內，餐盛金葉之盤，日飲椰子之酒，世人比之希臘之酒神，其富可知。兩年後亞齊即強盛如初，遂遣兵入柔佛河，攻首邑魚壩岩矣。雙方戰事相當劇烈，柔佛大敗，勢不能支，篡王之子赤烏巴（Merah Upah）亦陣歿，幸亞齊供應不繼，撤兵自去。柔佛受制於亞齊後，葡太守傅太圖（Don Andre Furtado de Mendoca）於一六〇四年初，向柔佛建議聯盟與和平之條件，謂柔佛王若將其境內之荷人及荷人財產，驅逐與沒收者，則葡人始終與柔佛爲友。此日夜酩酊之柔佛王阿老瓦丁三世於二月八日函復葡太守曰：余若接納此條件則不待葡人之來助余國已毀滅矣。質言之，柔佛願友荷而敵葡也。一六〇七年，伊斯干達茂達弑其叔自立爲亞齊王。至一六一二年，亞齊王茂達郎征服阿魯。一六一三年五月七日，亞齊戰船再攻魚壩岩，克服之。一六一五年，亞齊已完全控制柔佛，而柔佛惟亞齊之命是從矣。是年秋，葡人與亞齊艦隊戰於蔴坡沿海，歷三日三夜不息，火光燭天，見者咋舌，然葡人終不能擊破亞齊也。一六一六年六月，亞齊與柔佛擬合取馬六甲，旋聞葡人援軍來自臥亞，暫卽中止。同年七月，亞齊王在致英王詹姆士一世之公文中，自稱爲神聖無敵戰士（johan berdaulat），統治之國達三十有九云。彭亨與柔佛系出同源，吾人所知。然柔佛常思兼併彭亨。一六一二年初，彭亨之要臣，拒絕將彭亨王之遺女送往柔佛，柔佛遂掠彭亨郊外。蓋此女者曾許嫁與柔佛王子爲妻者也。一六一四年，仍以此事，亞齊助柔佛再掠彭亨。一六一五年柔佛與葡人訂友好條約於馬六甲，葡人遂護送柔佛王子至彭亨而爲彭亨之王。（註一）亞齊王知之大怒，先懲柔佛，次於一六一七年將彭亨征服。並擄去彭亨王弟日後即承繼茂達而爲亞齊之王，稱伊斯干達二世(Iskandar Thani)。一六一九年，亞齊征服吉打。一六二〇年征服霹靂，得俘虜五千名。一六二四年征服尼亞斯島(Nias)及英得其利。一六二九年，亞齊大舉進攻馬六甲軍隊於馬六甲東南十六里處之榜鵝河(Pongor)口登陸，繼向城堡挺進。葡將方雪加(Dioga Lopez de Fonseca)率軍二百禦之，堅持五旬，方雪加病退。瑪耶(Francisco Carvalho de Maya)繼之，被亞齊軍擊敗，於是亞齊軍三千進佔三寶山，即以山上之教堂爲司令部矣。另一葡將維烏斯(João Suarez Vivos)率軍三百五十，駐於怡里者，亦被亞齊軍擊破，亞齊軍遂佔聖約翰山，毀山上之小教堂，並礮轟市區。此時馬六甲情形之危險，不言而喻。際此之時，彭亨派戰船一隊，來援葡人，而卜帝和(Miguel Pereira Botelho)亦自印度率五船來甲。同時亞齊之水軍司令竟爲彭亨軍所俘，移交葡人，於是杌隉之局，始得轉危爲安。亞齊功敗垂成，至可惜也。一六三二年，北大年王后蔡陽(Nam Chayam)(後嫁與柔佛王亞圖爾闍里三世之幼弟爲妻)倡議，由荷蘭、北大年、柔佛、柬埔寨、占碑及英得其利組一大同盟，反抗西班牙與葡萄牙。一六三五年，亞齊恨彭亨之助葡，再掠彭亨。一六三六年七月十五日，柔佛戰船四十艘，集中於蒲令島以抗亞齊軍。同年十二月二十七日亞齊王茂達卒。其養子伊斯干達二世至一六三九年始繼王位。其時距葡人之退出馬六甲僅兩年而已。此種葡萄牙、亞齊、柔佛間之三角式戰爭，雖使葡人疲於奔命，元氣斵喪，然其主要之勁敵，則荷蘭是也。關於葡、荷間之鬬爭情形，當於第五節中敍述之。

（註一）據張燮東西洋考之彭亨條所載：謂彭亨在永樂十二年後之二百數十年，而有柔佛之事。先是婆羅王子者，彭亨王妹之壻也，贅於彭亨。柔佛之副王，精悍好鬬，其子娶彭亨王女，將婚，副王送子之彭亨。彭亨王宴柔佛副王，戚屬俱會。酒半，婆羅王子舉觴爲壽，手指一巨珠，光耀倍常。副王心欲之，曰王子以是珠見餉者，不惜重貲爲報。王子固靳之。副王恚甚，歸而起兵攻彭亨。奕二國卜爲婚媾，賊出意外，彭亨人人惴恐，不戰自散。王與婆羅王子奔金山(Gunong Jelai)。彭亨王妃者，浡泥王之妹也，率衆來援。副王焚掠其城郭宮室以歸。是時彭亨國中鬼哭三日。英人林尼漢認此文即指一六一二至一六一五年間柔佛與彭亨相爭之事。準是以推，其時之柔佛王即爲瑪耶沙(Sultan Abdullah Ma'ayat Shah)矣。該王世稱 Raja Bongsu，又名 Sabraug 或 di-Hilir，係阿老瓦丁三世之弟，其在位時期僅兩年(1613—1615)，後即讓位與其姪。張燮稱爲副王，甚是。瑪耶沙與荷人極友善，馬來紀年一書即由該王勅冬郎寧所撰者。上引之文格侖威爾德(W. P. Groeneveldt)曾譯載於印度中國論叢(Miscellaneous Papers relating to Indo-China, Second Series)第一卷中，惟將浡泥解爲在婆羅洲西岸，甚誤。蓋此浡泥即名山藏中之大泥，亦即今之北大年是也。

四

爪哇、柔佛、亞齊、葡萄牙間之不斷混戰，已如上述。茲所欲言者，爲葡人在馬六甲之行政，及貿易之壟斷情形，蓋此亦葡人在南海勢力消失之要因也。馬六甲爲葡萄牙與西班牙之殖民地，承國王（註一）之命組織一政府統治之。其管轄權則屬印度之總督府。負行政之責者，則爲下述之主要官吏。馬六甲之鎮守使，或稱太守。通常由貴族（fidalgo）任之。太守權力極大，全市居民，不論外籍土着，悉受其治理。民政事務則設一參議會處決之。會中計包括大法官（Ouvidor）一，市長（Viador）一，主教或其代表一，祕書一。而太守爲會中之當然主席。軍事方面，則太守與總司令及軍長商決之。司法方面，則常用太守與大法官之命令定讞罪人。如遇重要案件，太守更可出席於法庭。太守由國王委任，任期三年，年俸爲六十萬里予（real）（註二）或二千五百十字葡幣（cruzado）。（註三）彼可置葡衞士及扈從四十名，執戟之黑人二十四名，鼓手一名，號手一名，及持傘者一名。凡此人員悉由國王給俸，又卽太守之禁衞軍也。馬六甲之葡太守，除應得之俸給外，私益甚巨。凡商船之駛甲交易者，商人須獻十字葡幣二百至一千枚與太守，否則不給通行證，或與以他種爲難。首任太守開此弊端後，輿論譁然，葡王既不批准，臥亞之參議會亦與以擯斥，未幾此種不法之勒索卽行停止。彼等又可將自己貨物配往各地，鮮納運費，更可與來自澳門、臥亞、榜葛剌、那伽鉢亶（Negapatam）、馬尼剌及其他各地之商船，互爲貿易。彼等有時則利用王船（卽葡王遣使各地之船舶）載貨從中牟利。凡由馬來人望加錫人、爪哇人及其他印度人運甲之丁香、豆蔻、白檀、胡椒、錫與任何有利可圖之商品，不准售與任何商人，均先堆於太守之士庫，由此彼等絕無危險，可極易獲利百分之二十至三十。最後此種勒索行爲，亦爲臥亞之參議會所禁制。馬來各邦之若干王公，則常贈禮物與太守，而此風以外籍富商爲尤甚，此項收入數亦可觀。霹靂之錫，則由太守與馬六甲政府各專利六個月。每期中太守所得之錫爲二十四播荷。此種專利方法，經葡王裁可。由此於三年之中，太守可獲利一萬葡幣。總之，馬六甲之每一太守，於三年之任期內，除年俸不計外，可得額外收入爲五萬至八萬葡幣。在其時而言，其數亦不可謂小矣。

（註一）葡萄牙於一五八〇年爲西班牙所併，至一六四〇年又恢復獨立。故此處所說之國王，卽合西班牙王與葡萄牙王而言。然馬六甲之葡政府自始於未併之前，惟爲行文方便計，不再區別。

（註二）里予係西班牙幣名，馬來人亦稱 rial。每八個里予即爲西班牙銀幣一枚。其中含純銀三七一・五克冷，約合吾國七錢六分。是以其大小厚薄約與吾國之銀幣同。當時每一里予值六便士又四分一，故每一西班牙幣值四先令二便士也。

（註三）Cruzado 爲葡萄牙幣名。幣上有一十字花紋。此幣之價值變化不定，金質者值三十先令至九先令九便士之間，在十六世紀之中，葡人在馬六甲行使銀質之 Cruzado。每枚值阿剌伯幣五價伽（tanga），或三百六十 reis，或四八〇 reis，約合二至三先令。大概此處所說之十字葡幣，即指此而言。一八〇五年，葡人另鑄一新十字葡幣（cruzado novo），值兩先令八便士。又有一種老十字葡幣（cruzado velho）值兩先令二便士。凡此均與本文無涉。cruzado 以後簡稱葡幣。

總司令一人亦由貴族任之。彼對士卒具絕對之權力。如遇戰事發生，彼代表國王爲海陸軍大都督對外作戰。總司令僅接受印度總督之訓令，不受太守節制。在馬六甲之軍人，如發生民刑事件，彼可獨立處理，不受法庭裁判。彼又爲管理戰費之支出者（Viador da Fazenda），其戰費則出自國王之稅收。總司令得置衛士及扈從四十名，年俸爲四千葡幣，然於戰費內及其他來源，可獲法外之收入。其任期亦三年。彼如發生案件，除總督外，無論何人對彼無審問之權。大法官一人通常由法律碩士任之。彼經總督之任命後，可審判馬六甲居民之民事案件。並可命其祕書簽發拘票與執行吏，拘捕罪犯。惟大法官審理之案件，其罰金以不超過二百葡幣者爲限。若逾越此數，則須歸臥亞之高等法庭審判。凡刑事案件，則須經太守之同意後，方可定讞。大法官之年俸爲二十萬里予，或八百三十三又三分之一葡幣。然彼可於罰金或訟費之內獲得法外之潤利也。彼之任期亦爲三年，總計任內可得之利益，約爲二萬至二萬五千葡幣。於馬六甲海關（Alfandega）之稅收內，其百分之十定爲王稅，故國王派一代理收稅官（Feitor）駐甲，專司賬目及其他職務。又總司令如需戰費時，卽命令該官在王稅內支出。此外軍火與軍用品之購置，戰船之修理與配備等，亦由其負責。彼之年俸爲三十萬里予，或一千二百五十葡幣，但在三年任期之中，彼可得額外之收入爲二萬葡幣也。軍長一人，由總督委任有經驗之軍官任之。彼在總司令下可管理一切武官及士卒。其年俸爲八百葡幣，另給津貼二百葡幣，無其他法外收益。在國王之代理收稅官下設祕書一人，同時兼充太守及總司令之祕書。彼之年俸爲五百葡幣。但其額外之潤利十倍於此。太守，總司令及大法官等，於任滿之後，須向總督述職。其時如有不平之人，認此等主要官吏，瀆責時，可向總督申訴。然申訴者每易罹誣控之罪名，常遭總督斥責。其原因此種肥鴨，自知貪汚，早請託其友好向總督說情，或餽贈禮物，故常反能開釋而無罪也。並且如太守，總司令，大法官及收稅官等之要員，除總督外，別人無審訊之權，是以更易作弊。不過收稅官之賬目，須呈報印度之財政稽核部（Collegio de Contas）審查，如遇弊竇，則除將該官之財產沒收外，並處以終身監禁矣。

此外尚有一文官團（Corpus de Cidade），係根據市政組織而成立者，計括七人，其中三人為市長，二人為推事，一人為檢察官（Procurador），一人為錄事（Den Secretario）是也。此文官團依據葡人習慣處理全城事務。團員得隨時商討關於全城之稅收及支出事宜。三市長輪流為會議時之主席，各一月為期。市長收集全城之酒稅及丁稅中之三分一，以為修建要塞及興築公共工程之用。市長之一，則管理財政。彼等又須預算支出，管理度量衡，及城市之衞生等事宜。市長於每年之聖日，由全城高等市民選舉任之。彼等無報酬，僅於聖誕日（Natal）及復活節（Pascha）各贈五十葡幣，並於聖餐節（Corpus de Christo）贈袍一襲而已。蓋此為市長就職之日也。惟市長中之掌財政者，則於城市收入項內，年撥五百葡幣，作為俸給。推事專負責審理市民之民刑案件。如所判不合，市民可控於大法官。在推事之下，設不受俸給之鈔胥兩人，專負繕寫公文之責。推事亦年選一次。檢察官專任稽查公共工程及興辦城市中其他設備之任務，亦年選一次。並年得俸給五百葡幣。錄事專掌法庭案卷及有關市政府之記錄等，彼亦年得俸給五百葡幣，三年一任。除上述之官吏外，在文官團下另設管理食糧販賣員（Almotaseyes）二人，並負城市清潔等事務，彼等每月由市民選任一次，不給薪俸。此外尚有一孤兒院長（Juiz du Orfaons），由太守委任，任期三年，亦無俸給。

葡人更採取馬來行政，設置下列馬來官，惟任職者非悉馬來人也。一曰天猛公，係終身職，專掌南寧，林茂及寧宜各小邦中之事務。前二邦之居民，以明那迦保人為多，後者以馬來人為主。據一六三四年葡人雷申德（Barretto de Resende）之記載，謂在馬六甲之邊徼，有明那迦保之摩爾人住居於林茂，其地為彭亨之領土，又臣服於葡王，計有明那迦保之摩爾人五或六千，由一馬六甲之已婚葡人稱天猛公者統治之。其職務經總督之同意後而委任者也。摩爾人須服從天猛公之命令，自不待言。凡摩爾人之無後裔者，彼可享受其財產。若摩爾人盡有子嗣，則彼與摩爾人訂立合同，就彼認為合宜之貨物，徵稅十分一以為天猛公之報酬矣。彼係終身職務，永不更調。此等摩爾人植地甚廣，其最愛種植者即爲蔞葉（又名蒟醬學名 Piper betlo, Linn 供咀嚼之用。）彼等又從內地購錫販往馬六甲云。又據旭登報告：謂管理南寧與寧宜之明那迦保人及馬來人，係由天猛公任之。此係公民，任職終身。彼有權解決一切糾紛及嚴懲罪犯。惟欲將罪犯處死，則須得太守之同意。彼之報酬，即就蔞葉徵什一之稅，蓋從南寧販往馬六甲之蔞葉，年可達一千葡幣也。彼有代理人駐於南寧。凡明那迦保人之坐小舟至甲商販者，則每舟納米磅半及葡幣一枚與天猛公。彼於貨品之中，如家禽牛羊等，亦可分享若干，作爲禮物。寧宜之居民亦須送禮，毋待贅言。但彼等常由寧宜河泛海至甲，故通常除付關稅外，可免天猛公之其他勒索矣。至於西班牙王，則對此上述之小邦，幾無利益可沾云。二曰槃陀訶羅，由國王委一馬六甲之著名紳士任之。亦係終身職。凡來自異地往甲之亞洲民族，彼有審理民刑案件之權。彼之報酬，係取之於聖湯馬斯教堂旁之大果園。又與販雜貨之船舶，亦須以禮物贈彼，特稱曰 ruba-ruba，意即船舶抵甲時，船主送禮與槃陀訶羅之謂也。若此等異地民族，破壞法律，則其所判之罰金，亦歸槃陀訶羅享有。是以此項職務，亦葡人之肥缺也。三曰港長 (Shahbandar)（或釋稅官），專任視察外舶抵埠及起椗之責。設有使臣到甲，則彼在太守與使臣之間，又權任通譯之務。彼對總司令及槃陀訶羅，亦須謹候服役。彼之收益，就來舶徵規定之稅。凡載米之船，則每一立方噚收米十加登(gantang)（一加登等於五斤。）凡載葱蒜魚糖等雜貨者，則抽什一之稅。惟此種稅收彼不能獨享，由槃陀訶羅，港長，副港長三者之間均分之。港長通例由槃陀訶羅委任，此殆由馬來人任之。四曰副港長(Alcalde de Mar)，輔助港長檢查外船，兼任謠譯。彼之收入已述於上。五曰甲必丹首領(Kapitien Mor)（註一）乃管理馬六甲土着及黑色人民之族長也。如遇戰事發生，則此甲必丹首領合其他各民族之甲必丹，須負維持地方秩序之責。承平時則僅處理同民族間之爭端而已。是以甲必丹首領與甲必丹概係義務職。

（註一）在焦竑獻徵錄中，有加必丹末一名，即爲葡文 Capitão Mór 之對音，意爲加必丹之長也。加必丹今稱甲必丹。英文作 Captain，荷文爲 Kapitien，馬來文出於葡文作 Kapitan，常簡寫爲 Kap。馬六甲被荷人佔領後旬餘，旭登即於一六四一年二月一日到甲詳查，謂於城北之吧刹（Basar）（意爲販賣食物之市場），有華人住居，其甲必丹名 Notchin，係一經營買賣爲生之小商人也（見 JRASMB 十四卷一分冊一一七面）。此華人甲必丹顯係葡人所委，荷人因之，特不知其漢名爲何耳。華人甲必丹今稱僑長。總之甲必丹制度，起於葡，荷人隨之，於今仍然。惟英人則不採此制。由是觀之，馬六甲於葡荷人治理之下，華人之爲甲必丹者，其數必多，惜今無可信之充分史料，供吾人詳考耳。其可得而言者，僅有數人，將於後文述之。

馬六甲之海關位於城西，適在馬六甲河口入海處，其地之城門即稱海關門（Porta da Alfandega）。葡政府設關務司（Juiz de Alfandega）一人主持其事。彼可用國王名義，有權將貨物沒收或充公。凡來貨虛報或偷運者，悉如是處理之。貨船起貨之日，彼必到場監視一切貨物之出入口稅，亦悉憑其徵收。彼之年俸為五百葡幣，並日給津貼八里予。然彼可憑藉祕密詭譎之手段，可得更多之額外收入也。在關務司以下者：有錄事一名，專掌登記稅收之賬目。其年俸為二百葡幣，另日給津貼一里予半。然其非法之額外收益，亦甚可觀。會計一人，其職務以計算應收之稅額，通知錄事，並書面報告於國王之代理收稅官。其年俸為一百葡幣，另日給津貼半里予。秤手一名，每秤貨物一擔，取佣八分之一里予，作為秤手之酬勞。門丁（sarchars）兩名或三名，每名每月之工資為五葡幣。凡此皆海關方面之職員也。

據伊里德言，太守之官邸，主教之行宮，參議會之大廳，均位於城內。又據旭登言，謂市政廳之規模並不宏大，但可容多人。廳建於聖保羅山斜坡，為天主教派（Jesuits）之產業，係出租與管理市政之文官團，該團卽在廳中舉行會議。廳內懸有征服馬六甲之亞伯奎肖像，及葡將孟圖贊(Andreo Fortado de Mendoza)之肖像各一幅云。孟圖贊者卽於一六〇六年時擊退入侵之荷將麥鐵烈夫(Cornelis Matelief de Jonge)而有功於保衛馬六甲者是也。

葡人在馬六甲所施之土地政策，亦惡劣異常。大段土地任意給與葡人。既給之後，既不訂任何契約，又不限其開墾。據雷申德言，謂馬六甲之已婚葡人，咸佔有數里格(leagues)(一里格約合三英里)之土地，其範圍之廣，西北起拉加渡岬(Cape Rachado)(係森美蘭濱海要地，今行政上仍屬馬六甲)，東南止榮譽河(Rio Formosa)(卽谷株巴轄河)。卽非濱海之內地，葡人亦各佔數里格不等。然此項土地，既無人居，又不墾殖，雖係膏腴沃壤，可耕稻穀，但葡人任其荒蕪，悉置不問也。而天主教會則因柔佛之不斷襲擊，竟在馬六甲毗鄰，不敢擁有大宗地產，令人耕種。是以戰事一起，饑饉隨之，卽因此故。然地之屬於摩爾人者，則盡栽培良好，農產豐盈。故當馬六甲被圍之時，間受摩爾人之厚賜焉。論者謂葡人之行政長官，專獎勵馬來人耕種內地，其目的卽在預防戰時之糧食恐慌。因此於和平之時，葡政府對此良民特殊優待，俾可於戰時使若輩恪守中立，或與葡人為友，當係確論。

葡人土地政策之惡劣，固使於戰事之秋，影響馬六甲之福利。然其關稅政策之腐敗，尤爲葡人經濟與政治毀滅之要因。當一五五五至一五六三年間，馬六甲既不受亞齊之進攻，又不遭柔佛之襲擊，但其港務衰落，貿易不振，即因關政積弊所致也。考葡人於佔領馬六甲之初年，即圖控制海權。凡來自南印度之商船，常強其駐甲貿易，納稅販賣。惟葡人所取政策過於專制，對待外商又甚苛刻，致使來自異國之商船，盡力之所能，避甲他駛。於是柔佛，日里（Deli）（即阿魯），霹靂，亞齊及萬丹（Bantam）等處，轉成良港，貨舶麕集。即來自中國之商船，亦改駛北大年矣。由此所產生之結果，即爲馬六甲之貿易一落千丈，稅收減少。葡人欲彌此憾，不施良善政策，反組無敵艦隊（Armada da Rima）（註一）日夜巡邏海面，強迫通過馬六甲海峽之船隻，須駛馬六甲納稅貿易。其有不從而抵抗者，則黥水手爲奴，船舶焚毀。此劇烈之手段施行不久，商船更裹足不前。其時與馬六甲互爲貿易者，僅當地之小船而已。據賓都之記載，謂葡官吏常詐騙馬來商人，致若輩販貨於柔佛及柔佛之盟國。若輩更企圖恢復失地，掠奪葡人船隻，故所謂當地之小船者，其爲數恐亦有限也。葡王知此政策，爲害甚大，當明令停止，准海峽爲自由之通道，於是馬六甲之商務，始日漸歸復原狀。一五四四年，臥亞之葡政府，認馬六甲之關稅制度，僅有利於官吏之中飽而無益於葡王之收入，遂命令改革，予以調整。其始凡由印度運甲之貨，恆徵稅百分之六，其運往中國者，則以四分之一提交馬六甲士庫，作八折價售。是以商人屢將難售之貨，估價比進價高六分之一以報之。然葡官吏有時強迫商人售去其貨，而價在進價之下。故官吏之中飽，一見便明。臥亞葡政府遂派西眇卜帝和 (Simao Botelho) 到中，任監督之職，將上述之規條，予以取銷，另頒新章，卽日施行。凡入口貨物，不論來自何地，悉徵稅百分之六。惟糧食則例外，若馬六甲之糧食發生恐慌時，更可免稅輸入。兩年後，自榜葛剌輸甲之貨物，改徵入口稅百分之八，其來自中國者，則增至百分之十。此因欲阻止葡官吏藉國王之名，在上述兩地經營貿易，於中取利故也。當畢利剌 (Ruy Vaz Pereira) 爲太守之時，對此增稅辦法，不予核准，彼謂國王命其任職四年，一切全權辦理，故對卜帝和之條陳，視之如同草芥也。未幾，畢里剌死，改革稅則，導入施行，一年之後，馬六甲之關稅收入，卽從一萬二千增至一萬五千，再增至二萬七千五百杜加。迨至十六世紀之末，竟一躍而至八萬杜加矣。據一六三八年雷中德之記載，謂來自異地之船舶，其通過馬六甲海峽者，須至馬六甲納稅售貨，其稅率爲百分之十，另加徵百分之二，則作爲修建城市堡壘之用。不從者，不准駛甲貿易，此爲馬六甲之法律云。準是以觀，其時馬六甲之貿易，似已有起色矣。荷人旭登，對葡人之賦稅情形，記載更詳，茲徵引之。關稅方面，一切入口貨物，除糧食外，悉徵稅百分之九，其中六分歸國王，三分歸城市（馬六甲）。黃金一條之値二百三十葡幣者，徵稅四葡幣。一切出口貨物，悉徵出口稅百分之四·五，其中三分歸國王，分半歸城市。但運至臥亞及柯枝之貨，悉不徵稅，以此二地國王有稅關之設立也。貨船抵甲，關吏卽公佈貨物，隨納稅與國王之代理收稅官。該官更負處理沒收貨物之責。每年關稅收入，其額甚巨。官吏之俸給，戍軍之費用，盡出於斯。除關稅外，尙有各種專利稅，凡樹果，農產物，家畜，魚類，一律徵稅，其稅率爲十分抽一。此係教王與葡王間所締之協定，而由葡王遣員征收者。其收得之稅，國王於每年或每季提出若干，賜與神甫。此什一之稅，每年可得一千至一千二百葡幣。設由神甫直接征收，其額可三倍於此。一切地產，不論在城內或城外，依照面積之大小，悉年徵地稅一葡幣或較少。惟教堂之產業，則一概豁免。果園之小者，年徵一葡幣，大者徵三葡幣。未墾之荒地，及昔屬馬來王之土地，則由代理收稅官訂價出售或租借與人。依此方法，歲入亦巨。販賣椰子酒者，月納酒稅一葡幣，此項收入年約六百葡幣，馬來人更須納丁稅，其稅率不同。凡一船之水手不超過五名者，每名納丁稅半里予。其超過此數者，則須繳三葡幣。爪哇人外籍人以及馬六甲土着，則免納丁稅。此項丁稅收入年可二千葡幣。一切船隻之碇泊於馬六甲者，每船須納碇泊稅一葡幣。其船上之水手在五名以內者，則僅納一倘伽。此項稅收，得葡王之永遠特許，以賜贈伽馬之後裔者，蓋彼係發見歐印航道之第一人也。除馬六甲外，在印度之各口岸亦征碇泊稅，收得之款，逐年寄往葡萄牙，以供伽馬後嗣之用。凡從馬六甲起碇之船隻，則須將船上所載之人數銃數及目的地等告知政府，然後由太守親筆簽一准許證交給船主，而船主則須納手續費兩倘伽或四分之一里予。此項收入年亦可觀云。十七世紀初年，英船之東航者已多，葡人認英爲敵，勒索更甚。當一六三六年時，英國東印度公司之貨物在澳門馬六甲與臥亞三處，即不發生交易者，亦須徵稅百分之九；若交易者，則徵貨價之二成（20%），至在臥亞，則不論交易與否，悉抽百分二十，其稅率之昂，誠空前所罕有也。

（註一）此種無敵艦隊，係由單桅快艇（fusta）及兩桅船（banting）組合而成，每隊八至十艘，配備精良，駕駛迅速，常駐馬六甲，以爲攻守兩用。遇必要時，可徵集二十至三十艘。船中人員有王兵，有奴隸，有貧苦之混血兒，水手每人每月給薪一葡幣，兵士則領規定之薪給。然水手所得，難維生活，是以常呈請總督另給津貼。葡人藉此艦隊，橫行海峽，歐洲商船每不能敵，印度船更無論矣。故號曰無敵艦隊。

葡人在馬六甲之行政賦稅，已述如前，茲就商務情況，略再檢討。一五三〇年時，在馬六甲之葡人已達五百，彼等經營之業務，爲來自婆梨迦脫及榜葛剌之棉布，爲糧食，爲來自白古（緬甸）之寶石與麝香，爲來自霹靂及馬來半島其他各地之錫，爲來自帝汶之白檀是也。又自明那迦保輸甲之黃金，年可得七寬旦爾，以應太密爾人市場之需要。一寬旦爾者，合荷磅一·二也。從暹羅與北大年亦有黃金輸入。龍腦則來自婆羅洲，瓷器則來自中國。惟以其時葡人壟斷手段之嚴酷，致中國與馬六甲間之商務，已大爲減少矣。據一六一三年伊里德書中之記載，謂自爪哇來甲之貨船，年可二百艘。彼等輸入者爲粳米、糯米、各種穀粒、葱蒜、奶油、油類、蜜蠟、金鏈花（Cassia fistula, L.）、少量之肉桂、羅望子（Tamarindus indica, L.）、椰子、家禽、鳥類、鬱金香（Curcuma domestica, Valeton）、蕃紅花（Bixa orellana, L.）、各種草藥、大量肉類、鹹肉及魚乾等。此外如陶器、蓆籃及武器等，亦自爪哇販運斯邦矣。在旭登報告之中，則詳列馬六甲之出入口貨，茲略去其價格引述於下：謂自馬來半島及蘇門答臘東岸輸甲之貨物，爲胡椒、錫、金、沈香、結石、打麻兒、椰子纖維、象牙、犀角、燕窩、米及籐等。而輸入商人之攜回本地者，則爲來自注輦、榜葛剌及蘇剌（Surat）之布疋、中國之瓷器及西班牙之里予是矣。從婆羅洲之蘇干達那（Sukadana）、爪哇、比馬（Bima）、望加錫及其他摩鹿加羣島輸甲者，爲龍腦、結石、爪哇布、出自婆羅洲與望加錫之奴隸、粗鑽石、蠟、椰油、檀香、玳瑁及米等。從暹羅與柬埔寨由土人或由葡人輸甲者，爲安息香、紫鑛（Laccifer lacca, Kerr.）、黃金、白米。其交易而去者，則以棉布爲主。從馬尼剌由葡人輸甲者，爲白糖、紅糖、玳瑁、黃金、丁香。易去者爲布疋與奴隸。從澳門輸甲再由甲轉販印度者，爲粗細瓷器、黃金、絲織品、白糖、紅糖、鐵鍍金線、水銀、中國錫（tutunaga）、白雲母（Musculiast?）及眞珠等。易去者，爲胡椒、象牙、犀角、檀香、沈香、紅珊瑚、琥珀、奴隸、龍腦、燕窩及其他雜貨。從臥亞與柯枝由葡人輸甲者，爲各種印度布、阿剌伯香料、琥珀、紅珊瑚、象牙、犀角、白茴香、葡萄牙酒、奴隸、麥米及西班牙里予。由甲輸往上述兩地之貨品，則爲中國瓷器、黃金、玳瑁、檀香、蘇木、銅、錫、安息香、紫鑛、打麻兒、籐、糖、鑽石、結石、水銀及椰子纖維等。由甲輸往那伽鉢亶及聖湯馬斯（St. Thomé）（卽在Madras略南之St. Thomas Mount）者，爲黃金、檀香、丁香、胡椒、犀角、錫及中國瓷器。其易來者爲布疋、魚皮、米與雜糧。由甲輸往榜葛剌者爲錫、胡椒、丁香、檀香、蘇木、眞珠、絲及瓷器等。其易來者爲布疋、漁網、蔴、蠟、米、麥、奶油、糖、油類及男女奴隸等。馬六甲與錫蘭之貿易，則由臥亞與柯枝轉口。自古則以內亂關係，與甲停止貿易歷時甚久。關於葡人在甲使用之貨幣及衡量二者，旭登亦有記載，謂幣以銀質之葡幣爲主，一葡幣合六倘伽或四分之三里子。重量一播荷合二百斤，或合荷磅四七五。一斤合〇·四荷磅云。

就馬六甲之商務而言，確爲其時南海之冠，比之今日之新加坡，殆無遜色。然以葡人貪汚成性，急求暴富，致難永保。一五四九年，卽爲聖芳濟乘華船（其船主華人名Ladrão），自甲首途赴日本傳道之年，彼謂：「君如公然宣佈太守，代理收稅官，或其他葡王所委任之任何官吏，有黷職不法等行爲，則君須非常謹愼，羅列證據。此證據者，卽若輩藉以爲生財之道者是也。若輩是否繳納賦稅，君宜詢之。若輩專利壟斷之情形，君宜查之。若輩藉國王之財，互相利用，經營其自己之商業，君亦宜詳審之。不特此也，詢問大概難得要領，不厭求詳，始能滿意。然若輩之回覆於君者，曰若輩所爲無損於人也，曰此種瑣屑之事無人注意也。現若輩基礎已固，即有中傷，亦無影響云。聖芳濟雖寥寥數語，實慨乎言之矣。查葡政府之發軔貿易，企圖壟斷香料與胡椒，即欲擴大其稅收之故。但香料之專利，終以爪哇人與馬來人之劇烈競爭，即於一五六五年時完全放棄。而胡椒之專賣，則一因亞齊之角逐，二因葡人私商之蠭起，在荷人未來東方以前，亦已崩潰。一六一二年，荷人狄門(Antonio van Diemen)（後爲吧城總督）對葡人私商曾下嚴酷之評語，謂葡人之思想，僅知贍養家族，自謀富裕，彼等一如土着，無母國之觀念存乎其間云。洵屬確論。然在此等私商之中，儘多官吏，若輩與其自己之政府互爲敵手，其矛盾可謂甚矣。故雷申德之言曰：馬六甲太守所犯最大之弊害，莫過於抑低貨價，自行收買，而強迫商人接受其貨價。此種惡行，不但於甲爲然，在葡人之其他屬地中亦無不如是。商人之受其害者，不知多少。並且此輩太守，有時攫奪人貨，自行估價，其所估之價則比進價低甚。因此有許多商人，恆在晚間將貨送往海關，祕密納稅與關吏，於是馬六甲之關稅收入，自受巨大之損失矣。葡人稗政，一至於斯。太守之積幣不革，荷人與占碑，英得其利及霹靂間之商業因而大盛。此亦可從葡人雷申德之所言，得以知之。曰：一切南方民族，昔羣至馬六甲交易，遂使商務擴展，獲利倍蓰。

但此種盛況，今全毀滅。任何士人均不來甲買賣，卽來，爲數亦微。蓋彼等所需，盡與荷人交易矣。從馬六甲出航之船，其主要之目的地，卽爲駛往中國，馬尼剌及交趾支那者，其次要之目的地，卽爲駛往北大年者，雖仍照常開行，並不停止。然新加坡海峽已爲荷人所控制，彼等靜候來自中國，馬尼剌，望加錫及摩鹿加羣島之葡船，而加以刧持矣。海峽狹而水道多，不但岸旁大樹之枝阻礙船行，且水流湍急，其險無比，今再加荷人之威脅，則此通道之不能持久，亦無疑問。船經此峽，船商恆向石叻人購魚，以爲佐餐之用。此項民族喜合族同居小舟（ballões），捕魚爲生。彼等以槍貫魚，手術甚精，捕得售之於人。惟性頗險惡，對葡人尤甚。彼等受荷人利用，更充間諜，一見葡船駛來，立卽報告荷人，是以葡船之損失，幾盡爲若輩所釀成。荷人待石叻人甚厚，攫得之物，盡數賜之。蓋若輩係葡萄牙仇敵柔佛之子民也。質言之，荷蘭與柔佛乃係其時之盟國耳。考葡人經商之船，盡係王船，定期租與商人，屆期由出租者自行修理。是以，以葡人之草率從事，而船能歷久不毀，卽因此故。至葡人辦事，不但腐化頹廢，而且屢違上命，此風在亞伯奎時代卽已如此。當一五九六年時，印度總督遣一艦隊，出巡巽他爪哇，勸說士人勿納英國船隻。臨行戒艦長不列都（Lourenco de Brito）曰：爾此行宜與亞洲民華族親善，弗傷感情，是為至要。詎知既抵南海，不列都即刼土人船隻所載之糧秣，且遣其屬員掠奪鯨兩艘，藐視上峯命令，此其顯例也。葡人此種不忠犯上之行為，直至在南海勢力消失之時，未嘗稍改。是以霍脫門（Cornelius de Houtman）（最早到爪哇之荷人）於一五九五年到爪之時，即遇若干葡商熱誠迎接，願以胡椒載於荷船，無足怪焉。然葡政府之腐化，不但於甲為然，即在臥亞亦屬如是。林旭丁有言曰：在臥亞之葡官吏，大多數均草率任性，毫無能力，不盡職務，從事跋扈，並且彼等不依功績高據要位，而引用戚黨，亦甚流行云。史密斯（Vincent A. Smith）則謂臥亞之葡政府完全腐敗，葡人則喜與土人婦女結婚，以致墮落，隨在可見，而婦女則溺於淫亂。今捨葡人之敗壞不言，即就其國本身而論，亦斷難維持其在南海之勢力於永久。當十六世紀之中，佛郎機之勢力可謂已達登峯造極之域，然其全國之人口仍不到一百五十萬名，故欲擴張海軍，控制霸權，力不能逮，至為明顯。所謂國小民寡，不利一也。易比利半島（Iberian）宿為十字軍與回教徒鬬爭之場所，故葡人抱傳統之觀念，痛恨伊斯蘭教。柯都曾用極粗鄙之言痛詆摩爾人曰：不論彼輩任至何地，吾人（葡人）必隨時粉碎之，此為彼輩所應得者云。然回教徒在馬來羣島實力之雄厚，世人盡知，葡人懷此褊見，不利二也。準是以觀，葡人在南海勢力之消滅，豈徒腐敗而已哉。

五

葡人在南海之勁敵，厥爲荷蘭。十六世紀之中，荷人在歐洲僅爲販賣南海貨品之中介商人，迨葡被西班牙所兼併，中介之地位遂失，於是亦興東航之念。自一五九五至一六〇二年間，荷船之東航者已達六十五艘。是年荷蘭東印度聯合公司（De Vereenigde Oost-Indische Compagnie）正式宣告成立，其資本達六百六十萬盾（guilder），於是東進之勢，尤爲猛烈。希姆斯克（Jacob van Heemskerck）者，爲與馬來半島發生關係最早之荷人也，彼於一六〇二年之六月，卽航抵吉打，後續航至柔佛，惟以風向與潮汐不利，竟折至北大年矣。旋應柔佛王弟蓬蘇（Raja Rongsu）（卽瑪耶沙）之約，再航柔佛。一六〇三年二月二十五日，希姆斯克知在澳門之荷水手十七名爲葡人所暗殺，遂取報復手段。其時適有一葡船，滿載漆器絲綢陶瓷，自中國駛來，航經柔佛，荷人奪之，葡人升白旗而降，船中貨物，後運往阿姆斯特丹（Amsterdam），售得三百五十萬盾，可謂巨矣。柔佛馬來人目擊荷之勝葡，大爲感動，遂歡迎荷人蒲吉孫（Jacob Buijsen）至魚壩岩，任爲荷蘭在馬來半島最初之代表商務官。同時柔佛王亦遣使二人（一名Megat Mansur，歿於途中。一名Enche' Kamar），報聘荷蘭，並謀親善。同年十月，荷將恩古仁（Jacob Pieterzoon van Enkhuizen）率船三艘，自日本駛抵新加坡海峽，彼得柔佛王與蒲吉孫之函告，謂葡人現攻魚壩岩，請爲助力。恩古仁遂與葡船大戰竟日，葡人不敵而逃。荷軍之死者五、六人，傷者數人。柔佛王與蓬蘇感恩古仁之大德，各以劍賜之，而恩古仁則以銀邊之日本劍贈王，以毛瑟鎗餽蓬蘇以報之。一六〇四年五月三日，荷將華維克（Vijbrand van Warwijck）亦航抵柔佛河，彼以火藥礮彈贈王，而王則以胡椒兩播荷半報之。次年二月，馬六甲太守傳太圖擬再圍魚壩岩，惟以華維克之尚未遠去，不敢實行。一六〇五年初，荷將西巴司丁（Cornelis Sebastiaanse）在北大年附近獲葡船一艘，船中所載者，爲白糖二千擔，錫四千五百擔，中國龍腦二二三包，沈香九十束，麝九十八箱，朱砂十一箱，中國扇二二箱，生絲二〇九捆，劣黃絲七五捆，雜色瓷器六千件，粗細瓷器十箱。此外尚有玩具，安息香，絲織品，天鵝絨，金線等，不能盡述。又在白礁（Pedra Blanca）另掠一自交趾支那駛甲之葡船，船中所載者，爲

一六〇六年麥鐵烈夫登岸時之馬六甲

此圖採自 JRASMB 十六卷第一册 J. V. Mills 所著 Two Dutch-Portuguese Sea-Fights 一文。

沈香一七四·五擔，安息香三三·五擔，中國龍腦兩箱及紗籠若干。更於蘇洛（Solor）（在帝汶附近）羣島拘一葡小船，計載檀香九二播荷，玳瑁二·五擔，荷人鑒於商貨之盛，競爭之心，自更積極，不言可知。一六〇六年一月之初，荷海軍大將麥鐵烈夫率船十一艘，士卒七百名，航抵毛里茨島（Mouritius），在其地與另一回航之荷將哈勤（Steven van Hagen）相唔，因是備悉馬六甲之詳情。麥氏遂於一月二十七日繼續東航，至四月三十日抵甲，即寄碇於離市半里格之港外。隨後麥氏迅遣快艇數艘，向擱淺於對岸之葡船四艘開火，葡戍軍還礮擊之，彈均不中。是夜麥氏遣使告柔佛王，謂彼已到達。翌日荷艇拘捕三馬來船，滿載紗籠，係奉吉打王之命來甲者，麥氏釋之，令其駛回，謂彼與吉打王願和平，無惡意也。未幾麥鐵烈夫召集各艦長，各商人，開一軍事會議於離馬六甲數里之某地。會畢進攻。然礮力不強，難及城堡，僅有一彈命中聖保羅教堂，葡方亦有一彈，擊中荷船一艘。同時麥氏遣出快艇四，測量城北沿海之水深，擬在此登陸，旋以淤泥過甚，且岸上有葡人堅固之防柵，當即罷去。後於聖約翰山相對之爪哇嶼上，臨時築一礮台，擬藉二十四磅之礮彈以爲轟城之用。五月二日立即實行，但亦不奏效。麥氏見攻城不成，乃集各艦長商議曰：放棄攻城，先擊葡艦隊爲愈乎？抑決先奪城池爲愈乎？衆曰：此事應先徵柔佛王之意見也。五月五日，王遣二小舟到甲，探知荷艦確已來此。遂當夜駛返柔佛報王。十三日，王致文與麥鐵烈夫，謂柔佛於四日後，決遣軍前來，聯合攻甲。十七日，王弟蓬蘇率戰船五十艘，士卒三千名，準時而至。是日麥鐵烈夫與王弟蓬蘇，在奧倫治艦（Orangie）上簽訂進攻馬六甲及分配戰利品之盟約十三條。（註一）翌日麥氏率荷軍三百，馬來軍八百強行登陸，與葡軍四百及黑人若干，戰於今之東圭蚋附近，葡軍敗退，散匿城郊。麥氏前進，遇一堡壘，遂爲所阻。乃再徵馬來軍二百，運礮若干登岸，作圍城之舉。其時葡人各礮台，如聖多明古，上帝之母（Balvarte da Madre de Deus）等，悉開礮迎擊，而葡太守更從鄰邦及彭亨，獲救軍若干，歐洲軍六十名，因是實力雄厚，聲勢大盛。荷軍欲一舉而下，自不可能。七月十四日，荷艦兩艘雖來甲增援，但欲將城佔領，仍無希望。其主要之原因，由於荷軍操作過甚，多食樹果，狂飲椰酒，致患病者纍纍也。迨至八月，麥氏獲悉強盛之葡艦，已自印度駛來，彼遂下令士兵，迅自吉寧村撤回船上。檢點之後，知全體軍士共有一千二百名，其中傷者三十二名，病者一百六十二名。同月十七日，麥氏率軍離甲，是日中午，卽與大隊葡艦相值。於是雙方礮戰，夜半始止。此來自印度之葡艦隊，計大舶十六，巨艇四帆船一，快艇十四，歐洲軍三七五四名，土着兵兩倍於此。其軍容之盛，遠非十一艘荷艦所能及也。十八日，葡荷艦隊再戰於拉加渡岬附近，荷方毀船兩艘，死士卒二十四名，傷者無數。葡方亦毀船兩艘，死軍士五、六百名，副司令並軍官十名均陣亡焉。十九、二十及二十二日各再戰，葡軍再敗。迨至二十四日麥氏駛赴柔佛之時，沿途已未見葡艦一艘。九月十三日，麥氏入柔佛河，十八日抵魚壩岩，王迎揖之，並賜金劍一把。二十三日，麥氏將前訂之約請王追認，惟對奪取馬六甲一事，暫且延期，王亦同意。同時柔佛王在其所屬之領土內，請荷人任指一地，以爲建築土庫屯積貨物之需。十月十七日，麥氏獲悉有全副武裝之葡艦，保衛貨船駛甲，彼遂率艦，靜候於途。二十一夜，葡艦來，即與之激戰，延至次晨惡鬬未息。麥氏下令，如將葡船拘獲，即須縱火。結果葡軍之傷亡者達六千人，葡艦十八艘中之被俘與被毀者半數。葡人經此大敗後，海上霸權遂漸爲荷人所控制焉。

（註一）此約訂於一六〇六年五月十七日，實爲柔佛與荷蘭間最初之條約，爰摘錄於下，以供參考。(一)葡萄牙爲荷蘭與柔佛之共通敵人，故荷蘭願助柔佛從葡人手中奪取馬六甲。奪得之後，該城即爲荷蘭所有。但除防禦方面認爲必要之地域外，所有城外之其他各地盡歸柔佛。(二)荷蘭在柔佛王統治之領土內，有斬伐木材之權。此項木材，用以建造船舶及城市方面其他建築之需。(三)一切荷蘭船隻在該城上落貨物，悉免納任何賦稅。(四)凡其他荷蘭人或歐洲商人，欲在柔佛王統治之領土內經營貿易者，第一須得馬六甲荷太守之准許。若未得准許而任意貿易者，卽作敵人論。(五)柔佛王可在現巳焚毀之吉寧村內補充居民，繁榮市面，荷方不加干涉。若柔佛王願住於該村，並加築堡壘，荷方亦樂助其成。(六)馬六甲征服後，凡在城內發見之大礮小銃，悉歸柔佛王所有。其中一部份儘先移去，一部份則暫作該城防禦之用，待荷蘭之鉅礮運到後亦可移去。(七)凡在城內發見之一切商品錢幣及其他任何貨物，悉作兩份均分，一份歸荷蘭，一份歸柔佛。(八)凡貨物之不屬於荷船運甲者，得在吉寧村起卸，惟屬於荷蘭統治之人民，概有權至該村購貨，並可以貨自由攜入城中。(九)締約國雙方均宜忠實互助，以抗葡人與西班牙人。但除非爲自衞起見，概不得與其他國家開戰。(十)凡締約國未得雙方同意者，概不准單獨與西班牙王言和。(十一)若締約國治理下之人民有觸犯關於宗教之事件，則須將犯者移交各締約國自行處罰。(十二)若一締約國之人民對於別一締約國之人民有債務糾紛發生時，則可將被告移交與主控之締約國處理之。(十三)若任一締約國內之罪犯，有發生逃避等事情，則須將逃犯拘交各該締約國自行處罰。

柔佛王河老瓦丁三世係一昏庸之君，日惟醇酒婦人，不理政務，荷人在則與葡爲敵，荷人去則與葡爲友，反覆無常，殊可笑也。當一六〇七年荷人愛碧斯 (Martinus Apius) 航抵柔佛之時，卽函告巳赴彭亨之麥鐵烈夫曰：設無荷艦來援，則柔佛將與葡人言和矣，可爲明證。一六〇八年葡人攻柔，葡軍雖未登岸，而馬來人巳先焚屋避入叢林，羅闍蓬蘇亦遠走龍牙。結果柔佛王向其敵人投降而了。一六〇七年十二月二十三日，荷將范霍夫 (Pieter Willemszoon Verhoeff) 率船十三艘，離荷蘭東航，於次年十一月二十二日抵甲。當拘葡船一艘，獲其貨物三十四日范氏函告駐柔之荷蘭商務官勃洛克(Abraham van der Broeck)，請阿老瓦丁遣軍由陸路攻甲，彼則封鎖海面。王雖同意，不願實行。圍甲之舉，遂作罷論。但范氏仍於十二月二十六日與葡軍會戰，葡方死長官九名，傷者若干，荷方死士卒七名，被俘三名。隨後有黑人駕駛之船十五艘與荷軍合作，聲勢更甚，惟終不得柔佛王之供應，成功無望。結果交換俘虜，范氏遂於二十九日離甲赴魚壩岩矣。一六〇九年一月五日荷艦抵柔佛河口，八日上溯至舊柔佛，王派要臣率船迎之。范霍夫既抵柔佛首邑，王待之甚厚。旋范氏欲建一礮壘，保護柔佛以抗葡侵，王不允其請，謂荷人或與葡人同，對馬來婦女有許多妨礙故也。但王謂范氏曰，若荷蘭能毀滅北大年者，王可應之。然荷人其時投資於柔佛者，僅一萬西班牙幣，而投資於北大年者，則達六萬三千西班牙幣，荷人自不願有此舉也。旋范氏委商務官一，副二，士庫長一，鑒別鑽石專家一及助手三於柔佛，自己則於同年率艦他去矣。一六一〇年十月十六日，經碩坡蘇丹（係阿老瓦丁三世之異母兄弟）之斡旋，柔佛與葡人竟簽訂和平之約。於是荷人之在柔佛者，頗受威脅。幸有羅闍蓬蘇之維護，尚能相安。而荷人於此時與三發司(Sambas)之發生貿易，亦係蓬蘇介紹之功也。葡柔言歸於好，事爲亞齊所聞。一六一三年五月七日，亞齊遂攻魚壩岩。阿老瓦丁三世，妃與王子數名，其弟蓬蘇，並在柔之荷商均爲亞齊所俘。王卽歿於亞齊。蓬蘇則由亞齊人送返柔佛而爲柔佛之王，此卽前述之瑪耶沙是矣。王登位不久，卽遣使至萬丹與荷人聯絡。一六一四年八月二十五日，荷將杜孫 (Adrisen van der Dussen) 來魚壩岩，重申范霍夫之請求，擬在柔建一礮壘，王仍拒絕之。一六一五年柔葡又言和，亞齊知之，再攻柔佛，魚壩岩變成焦土。蓬蘇亡命兵打，不敢再出。此後八年，柔佛無王。一六二三年，亞圖爾閣黎沙三世 (Abdul-Jalil Shah III) 卽位。是年荷蘭東印度公司董事十七名（其中三名係阿姆斯特丹之代表）下令荷軍再圍馬六甲，無功而退。一六二七年重演一次，仍無效果。自此以後約十年，荷人集中其精力於吧城之發展，是以僅有少數船隻通過馬六甲海峽，間或與葡人爲難。蓋荷人之目的，乃在靜待有利之機會，企圖一鼓而下，將葡人逐出於馬六甲外也。

自一六三六至一六三九年間，始爲荷人完全控制馬六甲海峽之重要時期，其主將卽洗蒙士 (Cornelis Symonz van der Veer) 是也。彼於三年之中，繼續不斷，或掠奪葡船，損其貿易，或阻塞交通困其供應，葡人焦頭爛額，應付不遑，雖力圖爭扎，不願垂手而去，然馬六甲之陷落，僅時間問題而已。一六三六年五月，葡將卡滑嘉（Don Francisco Cotinho Cavacca）率配備精良之大舶二十艘，小船五艘，自臥亞駛甲，擬保護新加坡海峽之通道。荷人聞之，立遣副司令鐵包德（Orlando Thibault）率艦三艘，由南至北，航抵馬六甲附近，嚴密監視葡艦之來臨矣。六月二日兩軍相遇，荷將奮勇直前，駛入葡方礮火射程之內，發六十餘礮，葡船之中彈者甚多。然荷船二艘卒爲葡船二十艘所包圍，其中一船且已着火，船員之死或傷者，爲數不少。鐵包德睹此危機，奮不顧生，當將葡船三艘擊沈，二船縱火，而被焚之荷船立卽救出，總計船上之水手五十名僅存十四名矣。然葡方之損失，遙比荷方爲重，葡將卡滑嘉中礮身亡，葡軍與黑人之死傷者不可數計，故此海戰之結果，仍不得不認爲荷勝而葡敗也。經此以後，大舶之駛往馬六甲者，已極困難，僅當地小船尚能通行無阻耳。稍後，洗蒙士獲一自澳門駛甲之葡艅船，上貨物計三萬四千盾，悉歸荷公司沒收。又自那伽鉢亶駛甲之葡船五艘，其中四艘逃逸，一船亦爲荷人所捕，計船上裝載之布八八箱，米五十噸，亦完全充公，船空則縱火焚之。未幾洗蒙士與葡將維凡爾（Don Francisco Cotinho de Viveres）更大戰於天定

(Dindings)，葡船之被焚者三，弋獲者計大船一，小船五。維凡爾，一神甫及九葡人悉成俘虜。此時荷人拘獲之葡人已達一百餘名矣。然洗蒙士之勝利，尙不止此也。於天定之南，馬六甲以北，葡荷雙方，又起海戰，葡船之被毁者又有九艘，另兩艘急避入一河中，荷人追之，葡人舍舟登陸，架礮抵抗，堅持數日，不敵而降。荷方獲銅礮十三尊，來福鎗四挺，及其他軍用品若干。又獲錫甚夥，混血葡人四百及黑人一，雖被免脫，但大多數重爲荷人所俘至馬來兵或遭屠殺，或餓死於叢莽中。故葡方此次之損失，實極嚴重也。總計此兩船中之水手，自馬六甲出發時，共有一百五十名，今生存者僅九人而已。荷人更以葡俘虜五十二名易荷俘虜十四名，而荷方所有之葡俘虜，其數尙有一七二名之多也。一六三六年八月十五日，荷人又截獲葡船一艘，船中所載者乃係出使望加錫回甲之葡官，同時丁香檀香亦爲荷人沒收矣。準是以觀，葡人無力控制馬六甲海峽，至爲明審。稍後，洗蒙士與柔佛王開始談判進攻馬六甲之計劃。而亞齊王子亦自動請求荷人合作攻葡。一六三七年柔佛與荷人之友誼，更形堅固，葡人雖極厭惡，無可奈何。其時於吉利門常駐荷蘭艦隊，卽爲加強對柔友好之表示。一六三九年三月之初，巴城荷政府曾文告注輦之荷官曰：馬六甲糧食短少，難以久持，今其形勢，已成孤立。

設無任何消息再行奉告，則務祈速遣軍隊，前來攻甲。萬一錫蘭之事（亦指葡荷之爭）非常緊急，則僅遣一司令到甲指揮軍務亦可。即葡人自己，亦知馬六甲之地位已如纍卵，謂苟於本年之內不得充分援助，其陷落勢不能免云。然馬六甲其時之危殆，實際並不若是之甚也。否則葡人尙安能維持兩年之久乎？不過當時航行澳門之葡船，已取道峇厘海峽，而避免馬六甲海峽之危險，確係事實。

是年荷人遣船兩艘，航至蘇門答臘北端之帽山（Pulau Weh）等候截留來自臥亞之葡船。未幾葡船三艘，果自西而來矣，船上載有赴亞齊之葡使一，並餽贈亞齊王之珍寶無數。荷船萬福士（Veenhuizen）因風向不利，不能逼近葡船。但烈斯維克（Rijswijk）（亦荷船名）則已與一葡船接戰，最後獲其船，並殺死水手數人，於是另兩葡船夾攻烈斯維克，少頃葡人躍至荷船，短兵相接，鬬爭之烈，嘆爲僅見。繼葡人擬縱火燒荷船，事未成而葡船一艘已受重傷將沈，葡人懼，退出烈斯維克，懸帆而遁，萬福士追之，入亞齊河，獲其貨，奉亞齊王命，盡行充公。葡大使卽係前馬六甲之太守，遂成俘虜。後洗蒙士被調至臥亞，任其地攻葡艦隊司令。而馬六甲方面之戰事，則另委荷將考伯（Jacob Cooper）任之。其時荷人與亞齊之協商，進行頗爲順利，亞齊王願竭誠合作，驅出葡人，並派代表駐於吧城，以爲遠征之準備。一六三九年八月，荷人已在吧城集歐洲軍二千，精銳之礮若干，決定於是年之十一月或十二月進攻馬六甲。惟終以錫蘭軍事行動之緊急，柔佛與亞齊之意見不合，攻甲之舉，遂再延緩矣。嗣荷將路加斯（Philip Lucasz）離吧城，赴錫蘭，取道馬六甲審察形勢，以爲日後進攻之參考。據路加斯言謂：彼於九月二十四日（一六三九年）離吧城，十月九日泊舟吉利門島，十二日柔佛水軍司令率船四十艘來迎，申言欲即攻馬六甲，逐出葡人。惟彼告水軍司令曰，應與亞齊和好爲先，攻甲不妨暫緩。水軍司令答曰：亞齊屢困柔佛，人民遭害，柔佛王固願與亞齊合作，以抗葡人，奈亞齊不允，無可如何。十月十四日路加斯率艦離吉利門，十六日於航向峇株巴轄途中，適遇來自馬六甲之荷將考斯忒（Willem Jacobz Coster），彼係烈斯維克之艦長也。彼於馬六甲要塞附近，曾拘捕漁夫三人，據彼等所言，謂此時馬六甲之物價甚昂，西班牙幣一枚，僅能糴米四加登。礮壘中雖有精良之銃不少，但軍士俸給甚薄，大有蠢動之勢。現全城僅有正規軍五十，雜色軍三千，均無心應戰。城門衛士更惡劣異常，悉不照常服務云。十月二十一日路加斯訓令考伯謂：亞齊與柔佛之間，永難和睦，荷人絕不宜偏坦任何一方，再增糾紛。設亞齊王欲借用荷船，轉運兵士，應即拒絕。謂荷船專任巡查，掠奪葡船之責，運兵非所宜也。若亞齊對於圍甲之舉，緩慢參加，則責以葡人之不能驅逐出境，悉由亞齊怠懈之故。吾人觀此，日後荷人之成功，亞齊之不能分潤，胥決於斯矣。翌日，路加斯巡航錫蘭，臨行猶叮囑考伯曰：封鎖馬六甲務須嚴密，一切供應均宜斷絕，吧城總督之命令亦應聽取，如是勝利在握，而流血勞力與費用，亦可大爲減省矣。茲再述荷人之夜襲與葡荷雙方交換俘虜於後。荷船萬福士與德剌克（Draak）方自谷株巴轄駛往馬六甲港口，即捕一葡船，大告成功。考伯與鐵包德遂遣四礮船，鎗兵五十名，於一晚登陸，襲馬六甲郊外，戰至次日下午，獲俘虜二十名，牛十二頭，羊若干首，並進圍一郊外葡貴族之宅邸，旋遇一無髯之華人，謂此貴族已往北大年，荷人遂能據俘虜言，謂葡方有船三十艘，不久來甲，藉資保護。荷人聞此，預爲警備。一日荷方遣一船，懸白旗，駛向岸邊，磋商交換俘虜事，葡方允焉。葡人遂派大尉大佐各一，登考伯之船，從事談判。荷方願以一易一，葡方願以少易多，雙方堅持不能解決。葡使曰：請派人一同登岸，與太守商決之。荷人乘此良機，遂派考斯忒喬扮舵工，權充代表，隨來使登陸，以便窺察要塞之虛實，而利軍事之進行，荷人之智誠非葡人所及也。談商結果，葡太守以荷俘虜四名，無條件送回荷船，荷方遂以葡俘虜七名易之，雙方各滿意而散。稍後，荷將鐵包德率五船，載銅礮鎗兵於夜半驟攻馬六甲郊外，居民大驚，其始葡礮壘沈寂如常，絕不還擊，後施一礮，彈中荷船，死水手二，荷兵一，荷人遂退。但其時馬六甲之葡軍，抵抗能力已極微弱，鎗兵之數不過二十，其勢殆成強弩之末，顯而易見。是以於一六三九年中，荷方艦隊司令曾集會於馬六甲海峽，竟互相預祝某人應爲馬六甲之太守矣。是年柔佛王自兵打遣使至吧城，再與荷人締結新約，惟此約之內容爲何，今不可考。質言之，荷柔合作，使葡人屈服是也。沿考此三年之中，荷人控制馬六甲海峽之成功，推洗蒙士之力爲最巨。彼測繪之海峽詳圖，何處深，何處淺，島嶼礁石，沙灘彎角，羅列無遺，日後即作爲進攻之南針。故荷人在南海勢力之勃興，豈偶然哉？

一六四〇年五月十九日，吧城荷總督狄門特任安托尼松（Adriaen Antonissoon）爲征甲總司令。考伯所統之戰船十餘艘，及以後增援之船，則悉歸其調遣。一切委員、司令、副司令、商官、船長及其他隨征人員，亦悉受其節制。安氏奉令後，即於次日率四船載水手二四二名，士兵九十名，離吧城，至六月初抵甲。當開始嚴密封鎖，待機決戰。七月底，柔佛遣兵六百加入作戰。八月三日黎明，荷軍乘潮漲之際，在堡壘（Tranqveyra）之北登岸。其登陸之軍計六百名，分十二隊。又野礮七門，巨銃三尊，隨軍而上。八月五日，荷方續到援船三艘，載來士兵水手共三八〇名。九日又到援軍一三〇名及糧食若干。荷軍登岸後，即在第一防線遇葡方之歐洲軍二百，雙方礮戰許久，葡軍放棄第一防線，荷軍進迫，獲礮四尊，俘混血種一，白種婦女二，歐洲兒童二，其中之一年僅一齡，足見於退走之時，爲父母所棄也。由是葡軍退入第二防線，即石築之成堡是矣。當時葡軍防守之力尙稱堅固。礮六十八尊分置於聖多明古，上帝之母，各醫院，各城門及各堡壘。正規軍計有二六〇名，分四隊，每隊六三名，各有軍官統之。混血兒及土着兵約有三千，亦均係善戰之士。而城堡之堅強，實爲其時所罕見，是以亞齊柔佛雖屢犯葡人，終不能破城而入，即因此故。荷軍小勝後，知亦不能勢如破竹，長驅直入，遂在聖湯馬斯教堂及城堡之間，速掘戰壕一，速築礮台二，架礮四門，日轟城市，同時水面交通，盡行斷絕。葡船之航甲者，悉遭拘捕。九月中荷方續到援軍四六七名，軍械糧秣無數。未幾荷軍患病者三百名，攻勢頓挫。其時南寧與林茂之明那迦保人一部份助葡，一部份助荷。助荷者約五百名，惟終以人困馬疲，進展甚緩。亞齊既不助荷，而柔佛亦無大助，凡此均使戰事延長之要因也。十月二十七日，荷總督狄門決定再遣精銳之生力軍一百赴甲。是月淫雨，軍事進行更爲不利。惟三寶山已爲荷人佔領。

由是馬六甲城北郊外，悉爲荷軍所控制焉。十一月初，荷軍之在甲者計達二〇六三人，其中士着軍僅四百餘。荷方深恐軍火不接，再運火藥七百桶，子彈一千五百發及手榴彈等到甲。然其時之總司令安托尼松已感時疫，臥病兼旬，毫無起色，荷總督狄門立遣杜維史脫（Johan van Twist）（馬六甲首任荷太守）赴甲，謂不論總司令存亡與否，應迅速總攻，完成目的，是爲至要。但葡方亦已知荷軍之進行不利，擬圖反攻，而太守顧鼎和（Manuel de Souza Coutinho）（註一）則力主堅守待援，遂作罷論，殊可惜也。安托尼松臥病十八日後逝世，荷方卽委考伯爲總司令。其時在甲之荷軍祇賸一七〇八人，其中一一五名係爪哇人，患病者計四七一人，故實際作戰之兵僅有一二三六人而已。十二月一日荷將勃洛基（Pieter van den Broeke）又病歿。此時馬六甲之疫癘較前尤爲猖獗，圍城者與被圍者傷亡不可勝數，而尤以居民爲苦。據荷人之記載，謂馬六甲在圍困以前，約有人口二萬，其中歐洲人二百，歐亞混種人四百。圍城後，死亡者達七千，因避疫避亂而逃去者不計其數，事平之時，僅存人口三千而已。一六四一年一月三日，總司令考伯亦染病身亡。同月五日，總督狄門卽委卡德高（Minne Willensz Caertekoe）爲海陸軍總司令。於是荷軍進行，轉趨積極，而馬六甲之陷落亦近在眉睫矣。一月九日卡德高通令全軍準備登陸。十四日清晨卽密圍城堡。其時荷軍計分三大隊：第一隊共二八五名，其中鎗兵二十五，工兵十二，攜長梯者七二，擲手榴彈者五十，分成六組，由各軍官統之。第二隊二八四名，攜長梯者二四，擲手榴彈者十二，爬城者八四，亦分六組，由各軍官統之。第三隊一九二名，分爲五組。三軍齊下，合力並攻，高呼上帝助吾（荷）聲如雷動。葡軍死守，絕不稍退。未幾聖多明古堡壘先行陷落，繼之者爲上帝之母堡壘，再次爲聖烏蘇剌堡壘，隨後貧民與王家兩醫院亦相繼爲荷軍佔領（請參看馬六甲城市圖）。於是此金湯之城堡，悉入荷軍掌握矣。時在一六四一年一月十九日之清晨也。此奪城之戰，荷軍僅死三十八人，傷倍之。葡軍死傷，約與荷等。查荷人此次包圍馬六甲，亘時七閱月，實際損失亦極慘重，司令之病死者三人，士軍之陣亡與患病而死者達一千五百人，其數亦殊可觀矣。至圍城之際，馬六甲之居民自遭空前未有之浩刼，城中之米一加登（五斤）值西班牙幣十元，牛皮一磅值葡幣五至六枚，其貴驚人。婦孺老弱，盡被葡人逐出，流離失所，餓死溝壑者，不能悉計。更有一婦人以其所生嬰兒之屍體充饑，其悲慘可知。北郊房屋，悉被士兵焚毀。教堂妓院，均遭刼掠，損失之重，不言而喻。葡人既失馬六甲，於是安汶，簡那底

(Ternate) 及帝陀爾 (Tidore) 等屬地亦一一爲荷人所有。降至一六五八年時，葡人在南海之勢力幾完全消滅，而錫蘭於此時亦爲荷人所奪。迨至一六六三年葡荷和平之時，葡人在馬來羣島之屬地，僅帝汶一隅而已。

(註一)關於荷人奪佔馬六甲事，英法人士咸謂出於葡太守（顧鼎和）之叛謀私通，茲引錄於下。英人漢彌爾頓 (Alexander Hamilton) 於一六八八至一七二三年間，曾居南海甚久。彼著有東印度之新見聞 (A New-Account of the East Indies) 一書，嘗記述此事。謂荷將素知葡太守係一貪婪之人，因與其締約交出馬六甲城，荷人願以八萬西班牙幣爲酬。葡太守面允心違，陰令其部下伏兵城內，待荷軍開入，驟起擊之，以圖一舉撲滅。屆時荷軍入城，幸事先已得戒備，葡人計劃無由實施。惟荷軍因欲避付八萬西班牙幣起見，遂殺太守。故荷人之佔領馬六甲，全藉此手段而獲得者也。又據法人 M. Yuan 言，謂荷商賄葡太守，請其交出城市，以免爭奪。葡軍不知太守之私通，執戈與荷人大戰，其抵抗之英勇，嘆爲僅見。後荷軍蜂湧而來，終於不敵。葡人束手待斃，悉聽荷人處置。荷軍事成後，本約以五十萬 livre（與法郎同值）酬太守，今爲賴付此款計，遂將太守暗殺。以上二說大致相同，惟在荷人所著之吧達維亞(Batavia)一書中，力辯上述諸說全出虛構，謂葡太守係善終，荷人稟性正直，絕不願用此狡猾之詭計云。

第三章　荷蘭統治時代（自一六四一至一七九五年又一八一八至一八二四年）

一

荷蘭即明史上之紅毛，或稱紅夷。以其人喜穿紅衣，鬚眉連髮皆赤故名。葡太守顧鼎和於馬六甲陷落後二日，遽爾去世。荷人用隆重之禮節，葬之於聖多明古教堂，以定人心。其他葡官吏及其眷屬奴隸約三百餘名，悉載荷船，遣往那伽鉢亶。投降之葡軍則送至吧城改編。僅已婚之葡人（指與土着婦女結婚者）及歐亞混種，則仍任其居留，照常營生。城陷時刼風甚熾。凡葡人所藏之金銀，務須繳出，限時送至聖保羅教堂，違者論罪。因是荷官吏，上至總司令，下至軍人，咸獲物無算。據旭登報告所載，卡德高所得之現款金銀珠寶共值一三、三〇二盾（註一），首席商務官赫脫（Anthony Hurdt）得八、九五二盾，軍長蘭慕茨（Johannes Lamotius）得九、六八八盾，大佐福森伯（Lourens Forsenburg）得八、九〇七盾，船長巴克（Pieter Baeck）得九、四三二盾，委員史班希（Hendr Sieversz Spanheim）得五、八五六盾，霍考伯（Nicolaes Jansz Houdcoper）亦得此數，另兩小吏各得一千盾。以上共計六三、九九三盾，其數亦可謂鉅矣。然此僅就荷官員所得之金銀珠寶而言，此外所獲之戰利品悉未計入也。在旭登報告之中，關於此事就品名數量價值三者亦詳爲分列，茲擇其時南海中重要之貨品而爲吾人所注意者，略示於下：琥珀九一六·五磅，每磅值十三盾，檀香一五、七五五磅，每百磅值二十盾。丁香二五、九五一磅，每磅值七分（Stuivers）。錫四五、三六〇磅，每百磅值三十盾。象牙二、四五〇磅，每磅十分。玳瑁二、四一五磅，每磅二十分。犀角二六三枚，其中一八三枚，每枚值二十分，十枚每枚值十盾，七十枚每枚值五盾。沒藥一、一〇一磅，每百磅值四十盾。雅片一四〇磅，每磅三盾。結石三二〇磅，每百磅值二十盾。錫蘭肉桂一千八百磅，每磅六分。紅珊瑚重八四里予（一里予之重約合吾國七錢六分），每里予值西班牙幣六元半（一元西班牙幣值二盾半）。金鑲珊瑚項圈重十六里予，每里予值西班牙幣四元。銀一、一二三·七五磅，每磅值四十盾。黃金二八五·七五里予，每里予值西班牙幣十元。又黃金八三里予，每里予值西班牙幣八元。次等沈香一二五磅，每磅十分。各種布疋一一、二一二疋，共值二

七、五二六盾此外尚有珠寶鑽石，不能盡述。總計荷人在甲所獲之戰利品，共值二〇八、〇一一盾。其中一部份運至吧城，一部份留甲出售。至荷人征甲時所需之費用，六個月軍士之俸給爲六六、七一三盾，其他支出爲四萬盾。是以對比之下，尚獲盈餘約十萬盾也。若論軍火之消耗，則荷人於佔領馬六甲時所得，足償所失。惟人民與戰士之喪亡，終無法恢復耳。柔佛與荷蘭雖係聯盟，然於葡荷劇戰之際，因援助不多，故柔佛分潤之戰利品，至爲有限。亞齊本未與戰事，但曾要求荷人交出寶石八件，共值七萬四千盾。旋亞齊王伊斯干達二世於城陷後一月去世，該項寶石遂始終留於荷人之手。總司令卡德高於一六四一年四月三日始回吧城。彼以葡太守顧鼎和於城陷後賜給之金項圈一，重二〇·五里予，獻與總督狄門。總督以總司令勞苦功高，乃改用荷蘭東印度公司名義，仍回賜卡德高自用，以示顯貴。安托尼松與考伯均有功征服，均不幸病歿，總督各以重約十一里予之金項圈一，各賜與彼等之寡妻。赫脫、蘭慕茨及巴克三人，則以獲得之金項圈一枚，下垂大勳章者，計重二·八五里予，敬獻與總督狄門，作爲光榮之紀念，總督受焉。是以荷人之征服馬六甲，不得不謂爲極大之勝利也。

（註一）十七世紀時荷人行使之銀幣計有三種：一曰 Gulden (Guilder)（盾），值二十 Stuivers (Stivers)（分）。二曰 Rijksdaalder (Rixdoller)（元），值五十分。三曰 Schilling (Skilling)（先令），值六分。通常荷一分合英一便士。但於十七世紀之中，每荷十分恆作英幣一先令算。是以一盾之值，約合英幣一先令八便士至兩先令。一元之值，約合英幣四先令二便士至五先令（此荷蘭之元與西班牙銀幣約同值）。一 Skilling 之值，合英幣六至七便士稍多。

上文中之盾與分，悉以此計算，幸讀者注意矣。

葡荷爭城之戰，相當劇烈。故亞伯奎所築之堡壘，毀壞甚重。事平以後，荷政府派船十艘，前赴柔佛，載運木材。又雇馬來木工二百名，任修理之職。同時選男女奴六十名，令運灰搬石。舉凡橋樑礮壘，城牆要點，以及城外被毀之房屋，略加修繕，約經兩月之時間，工程始草草完畢。聖多明古堡壘因荷人最先攻入，遂更名維多利亞 (Victoria)。意為勝利也。上帝之母圓堡更名愛米麗亞 (Aemelia)。聖烏蘇剌更名路易士 (Louyze)。貧民醫院更名毛里茨王家醫院則更名阿姆斯特丹。此外不能盡述。既更之名，繕於木板，釘於城牆。嗣後一律禁用舊名，違者處罰。每更一名，放一礮以敬。惟更維多利亞時，則放三礮，以昭隆重。當亞伯奎建此城堡後，曾於城牆之上繪一華鯮，以為徽誌。此因葡人於最初登陸之時，曾喬扮華商潛入。故繪此以作紀念耳。今荷人則於華鯮之旁加繪一武士，手握土王與東印度公司之鈐記，其意卽在表示憑藉武力，始能征服馬六甲，而以征服之地歸入荷蘭版圖之內也。原兩國相爭勝利者更改舊名事所恆有。惟吾人於此必須注意者，昔日葡人所用之名，概取神號，今荷人所更者非用人名卽用地名。由此可知，荷人不以宣傳宗教爲重，而專以壟斷貿易爲務，是以荷人之對於回教摩爾人，頗能一視同仁，並不如葡人之動輒壓迫。此爲葡荷人對南海政策最大之異點，不可不知。當一六七三與一六七四年間，法國用兵印度，英國攜手合作，對荷蘭在東方之權益與以莫大威脅之時，太守蒲脫（其人於一六六五至一六六八年爲馬六甲司令，嗣後卽升爲太守，至一六七九年止。在一六七八年十月六日，彼寫成馬六甲報告一册，極爲詳盡。英譯本載 JRASMIB 第五卷第一分册，以後簡稱蒲脫報告）繞城堡周圍鑿一城池，長一八三・五桿（rod），闊二至四桿，深十二呎。一端通河，一端通海，各設閘門以節流水，由是城堡宛如一島，更易防守。據蒲脫言：謂淡水魚與鹹水魚已滋生池中，雖爲量不豐，而將來頗有獲利之望云。故此城池不但爲保護之用，且作產魚生利之場矣。據旭登報告（其人於一六四一年二月一日到甲，七月二十四日離甲，至九月七日方將報告提交吧城荷總督）謂馬六甲轟毀之城堡房屋，未修者尚佔多數。如太守官邸幾無屋頂，軍士員吏寓所，盡多漏水。有一大道因瓦礫堆積，路不通行。美麗之石橋亦遭破壞，現僅用椰木作柱，臨時修補而已。凡葡人所建之教堂，或因年久失修，已成敗屋，或因毀於此次之礮火，無從整理。僅山頂之聖保羅教堂，因荷人欲宣揚新教（Protestant）之故，稍加修葺。城郊房屋，無一完善。沿馬六甲河兩岸之住所，亦悉摧毀。一切果園中之果樹，則盡被馬來人砍倒。誠馬六甲空前之浩劫也。

當旭登草此報告之時，馬六甲城僅開三門，餘則常閉，而衞城之礮則達六十尊，其中銅者四八，鐵者十二。至軍火之數，尤爲充足，據一六四一年七月十六日調查所得：火藥一項，即有三百桶，計重二九、一九一磅，導火線五箱，各種礮彈七千二百發，毛瑟鎗六百枝，燧石鎗十八挺，鎗彈九桶，矛三五二枝，戟二六枝，劍六百把，大刀一五〇把，軍裝革帶等一、〇二〇件，硫黃一桶。是以旭登曾說，馬六甲有此軍實，暫時可不懼敵人之進攻焉。迨至蒲脫時代，情形自更進步。太守官邸之屋頂，則用琉璃瓦八千蓋之，此瓦每千值西班牙幣四十元，在其時可謂最佳之瓦片矣。今吾人在馬六甲所見之Stadthuys（太守府），即此官邸之遺蹟也。（註一）城堡設備，更形鞏固，全城計有礮壘七座，角壘兩座，其中三座面海，餘盡向陸，最高者達二十九呎，最低者有十九呎半。所謂角壘者，即指城牆轉角處之礮壘是也。各礮壘共架銅礮四九尊，鐵礮三三尊。而城外之防禦，亦頗周密，沿馬六甲河則新建木質礮台四座，共架鐵礮九尊，銅礮七尊。北郊則架鐵礮三，銅礮一，三寶山則架小礮（pedrero，葡文為 pedreiro 彈用石丸藉轉鐶發射）八。東印度公司所屬之農園後面，則架鐵礮五門，河口則架鐵礮四門。合城內城外之礮共計言之，達一一九門，其實力較旭登時代適為兩倍。再就軍火而論，則有燧石鎗六六枝，馬鎗二十枝，手鎗四十，毛瑟鎗四七九，矛三二，大刀一五三，短劍二三六，螺旋二十，大口鎗二，小刀六，斧頭二一，戟三九，馬來劍五，子彈帶四一〇，軍鼓五，長戟三五六，吊鏈四二六。火藥則悉藏於瓷坛中，計有五萬三千三百磅。此外尚有一火藥製造廠，設於城外，距維多利亞礮壘僅一彈射程，足便保護。該廠有碾壓機十二，用水牛迴轉，每年可製火藥一萬三千磅。而最近從吧城運甲之軍需品二、〇七一件，則尚未列入也。

（註一）荷人在南海中留存之最古建築物，即此馬六甲之太守府。據 M. Macdonald 對於此屋之研究，斷為建於一六四一至一六六〇年間。蒲脫於一六七八年左右再加修理而已。查荷人征服 Djajakerta（Jacatra）（即 Batavia）比馬六甲約早二十年（其確實之征服時期在一六一九年），但吧城其時之建築物今無一存。於此可知此太守府之彌足珍貴矣。Stadthuys 略同於英文之 state-house，意為州議事廳，用太守府一名，對於其時似更確實。該府在今馬六甲大鐘樓附近卽在升旗山（聖保羅山）麓之大廈是也。

在旭登與蒲脫之兩報告中，對其時馬六甲之人口，亦各有詳細之敍述，茲分別徵引，藉資比較。據旭登言馬六甲未被荷人佔領以前，有果園農園計一百二十所，人口約近二萬。劇戰以後，人民則流離失所，城郊則荒涼滿目，居民之數僅三千而已。就荷蘭人計之，則有戍軍兩隊，計二九〇人，太守，商務官暨助理員十四人，教士及醫官八人，技師十八，礮手三名。水軍三隊共二一一人，以上荷人合計爲五四四名（一六四九年，馬六甲計有荷人四七七，水軍三八〇，迨至一六六三年減爲二八六）。屬於東印度公司之男奴計七二名，女奴八十，屬於私人之奴隸六十。就葡人（計括三種：一爲來自歐洲之葡人，一爲混血葡人稱 Mestise ，一爲生長於馬六甲之葡人稱 Malaccans ）計之，住於城市者有二六一名，住於北郊者有二三〇名，住於南郊者有三五八名。此外尙有未報者約八百名，合計之共有葡人一、六四九名（戰事過後，混血葡人之尙避居外地者數亦不少，在寧宜約有六十名。其在柔佛者，則爲蘇丹所拘留，每名須納贖身費西班牙幣五十至六十元，方准釋放。荷人欲使馬六甲增加人口，計曾備款贖之。）至關於其時旅甲之華僑，究有多少，旭登雖未詳查，但吾人亦可獲得其梗概。在彼報告之中：謂有華人店主工匠及農夫約三至四百人，可隨彼等自己之方便，准居於城內。惟在彼等居留區內之園田，須負墾植之責。城中空屋，亦可任華人租用，或自由佔領，以免坍毀。不過其時戍軍薄弱，若准外人羣居城中，易生危險，是以對外人之入城居留，應有嚴格之限制云。又謂：北郊之朋達馬六甲（Bandar Malacca），務宜整理，以容一切外商，如葡人，土生葡人，中國漁民及農夫等。而其地已毀之農園果園，亦須重植。又謂：聖約翰山附近之澤地，實爲使馬六甲空氣不潔之要因。其地務宜租與華人種稻及栽培果樹之用。由此掘一溝渠，與海相通，於是污水外泄，不致淤積。同時一切發臭之地穴，亦應完全塡塞。如是馬六甲之空氣，自可淸潔矣。此等澤地，以之種稻，最爲合宜，葡人時代，卽已如此。又謂：介於三寶山河及南郊間之已毀園田，務宜租與荷人，葡人，土生葡人及華人從事種植，如是數年以後，悉成東印度公司所有之良田矣。各種樹果務宜充分準備，一切農產亦應妥爲保護，以供市民需要。欲達此目的，則居留於斯邦之八百至一千華人至爲有用。葡政府時代固已認識此點，亦嘗試行，惟終以馬六甲葡人之自私自利，遂受其阻礙耳。又謂最近自吧城來甲之華人計有三三名，此則服役於軍隊中者。吾人細觀上引諸說，則知在一六四一年時，馬六甲至少有華僑一千人也。在蒲脫報告之中，對人口之分析尤爲精細。就戍軍言：駐城堡者，合軍官與士卒共二七七人，駐馬六甲河沿岸之礮台者計三四人，駐三寶山者十三人，駐河口之海關者七人，病者七人。又駐天定者七人，駐霹靂河口者十二人，駐寧宜河口者十三人，以上共計三七〇人。水軍方面，計二二四人。戰船之大者，載重一五〇臘（last）（一臘合兩噸，）裝礮二十門，小者三臘，裝小銅礮四門。公務人員，自行政官以至書記助理，共一八八人。而公務人員之眷屬以及眷屬所有之男奴女奴童奴共計四九五人（其中奴隸佔三五五人，）共住瓦屋四七所（其中十四所屬東印度公司。）若馬六甲發生戰事，則尚有可用之後備軍六三一名。其中計東印度公司之職員一八一，荷蘭市民二四，混種葡人二五〇，華人四十，摩爾人三十，馬來人七十及武吉斯人三六是也。然此等人口，以易於流動之故，蒲脫不將其列入馬六甲市民之內。茲再就有定居之市民言之：荷人男三四，女五三，童五八，男奴一四三，女奴一三〇，童奴七六，合計四九四名，分住瓦屋二三所，亞答屋一〇七所。葡人與混種葡人男三五八，女五六二，童五四九，男奴二一二，女奴二三四，童奴一〇五，合計二、〇二〇名，分住瓦屋六所，亞答屋二二〇所。華人男一二七，女一四〇，童一五九，男奴九三，女奴一三七，童奴六十，合計七一六名，分住瓦屋八一所，亞答屋五一所。摩爾人及欣都人（Gentoos = Hindu），男三七二，女一百，童七五，男奴三五，女奴五一，童奴一二八，合計七六一名，分住瓦屋二七，亞答屋三二。馬來人男一九八，女一八八，童二〇二，男奴八七，女奴七一，童奴二二，合計七六八名，分住亞答屋一三五所。武吉斯人男三八，女二四，童四十，男奴十四，女奴九，合計一二五名，分住亞答屋三八所。以上為馬六甲確定之人口，共計四、八八四人，共住瓦屋一三七所，亞答屋五八三所是也。蒲脫除將人口統計外，再就各色居民之分佈狀態，亦詳為論列，茲僅擇有關於吾僑者言之，餘均從略。彼謂住北郊外之華人，計男九四，女（妻與寡婦）一一三，童一一七，男奴四八，女奴九六，童奴五一。住於北郊外之沿海者，男十一，女六，童七，男奴十，女奴七，童奴九。住於南效內者，男二三，女二一，童三五，男奴三五，女奴三四。以上即馬六甲之華僑總人口七一六人也。蒲脫作此報告在一六七八年。吾人讀其統計，知其時華僑在甲之富當推第一，蓋能住瓦屋者以華人為最多耳。然旭登調查之時，華僑人數約有一千，今隔三十七年而人數反減（除奴隸不計外，華僑實數僅四二六名），其理安在？余嘗思之：當蒲脫為馬六甲太守之時，正在滿清定鼎中原之後，鄭成功（註一）不顧其父之降清，揭旗反抗，曾大舉進攻南京，力圖恢復明室。不幸事敗，回師廈門，計無所出，遂取臺灣，時在一六六一年，即順治辛丑年也。查荷人於一六二四年（天啓四年）時已據臺灣西岸之台南，即於其地建土庫築礮壘，以爲屯積絲瓷薑三項中華物產之用。今爲成功所逐，荷人懷恨於心，於是認鄭成功及其統治之人民，均爲荷蘭之仇敵矣。是以在蒲脫報告之中（見一八七至一八九面），一再稱國姓爺華人(Cokchinse Chinese＝Koxinga Chinese)（因鄭成功賜姓朱，故稱國姓爺）爲吾人（荷人）之大敵，凡彼等之大艅小舶，航至新加坡海峽及柔佛河口附近者，務須一律拘捕，不稍寬縱，則其時吾僑到甲之困難，從可知矣。

(註一)在邵廷寀東南紀事一書中，對於鄭成功一生事蹟記載甚詳。茲擇與荷人有關者徵引於後：辛丑成功取臺灣。初紅夷（荷人）欲城浯嶼，依粤澳互市，數以巨艦入犯，因泊灣築二城，一曰赤嵌，一曰王城，餘皆土番。立法嚴，土番咸奉約束。歷三十餘年無敢犯者。成功積苦海上，自南都（南京）敗回，無經略中土之志，又虞廈門單弱，謀所向。紅夷譯何斌進曰：公何不取臺灣？臺灣沃野千里，四通外洋，橫絕大海，得其地足以應國，取其財足以餉兵。土番受紅夷淩侮，每欲反噬久矣，以公威臨之，如使狠逐羣羊也。陳可取狀甚悉。是年（一六六一）正月，成功決意取臺灣。諸將謂夾板船（荷船）多礮火，難近；鹿耳門水淺，不可渡。成功引舟徑進，三月次澎湖，至鹿耳門，則水驟漲丈餘，舟大小銜尾而渡。紅夷驚謂自天而下。先取赤嵌，紅夷走王城死守，後燒其夾板舡，盡殲之。圍至十二月，紅夷出降，生存者僅百數十人，縱其歸國。成功既得臺灣，改稱東都，奉永歷年號（桂王），所以不忘明也。又改王城爲安平鎭，改赤嵌爲天興府。壬寅五月，成功歿於臺灣，嗣子錦（或稱經）在思明（廈門）發喪繼位。迨至一六七〇年，錦以荷人在臺所築之土庫，讓與英國東印度公司，英人經營十載，無利可圖，於一六八二年退出。次年（康熙二十二年）臺灣卽爲清所平。

又據同書：謂朱成功本姓鄭氏，名森，字大木，平國公芝龍子也，其母日本女。天啓七年生於日本。幼讀書，爲南安諸生。福王時，入國子監。師禮錢謙益。唐王立，召見，奇其狀貌，賜國姓及今名。封忠孝伯。貝勒入閩，芝龍諭成功降，成功不從，曰：父教子忠，未聞以貳。成功之志，於此可見。

在上述人口之中，有一點必須注意者，卽其時馬六甲奴隸之多是也。各色居民，莫不蓄奴，已見於上。而荷蘭東印度公司，則於城堡之中築一石堡，名曰 Slavenburgh，或曰 De Misericorde，意卽奴堡。一說係葡人所築，其地點卽馬來蘇丹之王宮。當一六七八年時，在奴堡內之奴隸，卽屬於東印度公司者，計有一八五名，其中男奴一六七，女奴十三，童奴五，由戍軍十三人監守之。若輩所任之勞役，爲焙烘麵包，醫院值差，修補軍械，整理馬廐牛舍貨棧，墾植園田，及從事公共工程等。此外尙有罪犯二九名，其中刑事犯九名，荷人佔三，女人佔二。民事犯二十，女人佔六。亦同居於奴堡之內。另有馬來縉紳（orang kaya）（海語稱姑郎伽哪）三名，自南寧捕來者，雖同囚於奴堡中，但別室居住，稍示優異。奴隸與罪犯有時貫以鐵鏈，令任造橋築路之勞，如是每名每月可得米四十磅。而東印度公司之男奴則每月給兩里予，女奴給半里予，以爲購鹽胡椒與椰酒之用。又每年各賜給黑奴布兩疋。凡破產者，如因債主之要求，亦可閉於奴堡。倘東印度公司令任公共工作時，得日給米一・二五磅。如遇工作需要，奴隸不敷分配，則公司另雇苦力，惟其時一因工價甚高，二因監工者之缺乏，致所作工程，每淩亂無序，草草畢事。凡公司所雇之苦力，其每日之工資爲八至十分（半盾）。若苦力頭目認爲急需勞工之時，其工價尙可要求增加矣。

蒲脫時代，馬六甲之水陸人口雖僅七千左右，然對食糧之供應，荷政府備極注意。尤其關於米之來源與貯藏，更力謀妥善。荷政府有鑒及此，曾另建一宏大之新積穀倉，其木材則運自暹羅，木工與方石則來自注輦，可爲明證。玆就發給公務人員食糧之額，示之於下。凡一切戰船之泊於馬六甲港口者，依船員之多寡，於每星期六發給食物一次。一船之中船員達六十至七十人者，給値西班牙幣六元之豬一，又蔬菜一元。五十至五五名者，給五元之猪一，又蔬菜一元。四十至四五名者，給四元之豬一，又蔬菜一元。三十至三五名者。給三元之猪一，又一元之蔬菜。十五至二五名者，給值兩元之猪一，又蔬菜四里予。凡船中患病之船員，或船將出航，或自遠地歸航，則所給之食糧特別豐裕。（註二）當荷政府與南寧發生戰事時（詳見後節），不但雞鴨猪隻發生恐慌，即各種新鮮蔬菜亦來源缺乏，是以其時駐甲之船，即不依上數供應。而米之主要供給地，厥爲爪哇，戰事之際，入口亦難。荷政府之未雨綢繆，理固宜也。食糧管理員若未得當局之明白許可，則不准以任何食物發給與個人，船舶，公司所屬之醫院或奴僕。惟參議會中之官員，則可照固定之市價，購買鮮肉與鹹肉（每磅六分 stivers），牛油（每磅二里予），孟加拉牛油每磅一里予），糖（白糖每擔西班牙幣六元，紅糖三元），西班牙酒（每罇五里予），白蘭地（每罇一元），橄欖油（每罇一元），椰油（每罐三分），荷蘭醋（每罇十分）及鹽（每六十磅三里予）等供家屬之需用矣。至東印度公司所屬之公務人員，則每月發給酒米及津貼一次：計太守月得津貼西班牙幣二四元，酒二十瓶。主要商官得十元二四分，酒十七瓶。牧師兩人各得十元二四分，酒七瓶，米一二〇磅。船長所得者同於牧師，惟不給米糧。港長得十元二四分，酒六瓶。商官、軍需官、副官長及醫官長，各得八元，酒六瓶。牧師之嫠婦，得五元十二分，酒四瓶，米一二〇磅。下級商官、會計、副官、旗手、醫官、騎師、礮手頭目及巡查，各得四元四八分，酒四瓶，米一二〇磅。助理、軍曹、下級醫官、監工、船上書記、工匠頭目、營造師及火藥製造師，各得四元十二分。釘書匠及劊子手，各得四元十二分，米四十磅。水夫長、舵手、司令號手、製帆師、典獄及木匠、鐵匠等頭目，各得三元十二分，司食得三元十二分，酒四瓶。學校教員、教堂中之下級職員及海關小吏，各得三元十二分，米四十磅。下級助理及醫院中之清道夫，各得一元三分。騎兵及太守之衞士各得一元三六分及米四十磅。伍長、工匠及礮兵，各得一元四二分，米四十磅。馬來書記得米六十磅。財務官之僕人得米四十磅。各種護兵各得一元二一分，米四十磅。然一切工匠、技師、水手、僕役，每日晨暮須至奴堡所禱。星期日則至教堂。如無故不到，則給糧減半。此爲荷政府之定例也。其時東印度公司對於各種工人之工作時間，不但嚴格規定，而且嚴厲執行。晨起祈禱後，工作至十一時止；中饍後，下午至五時止。散工時各以鳴鐘爲號。凡工人頭目及其所屬之工人，能按時工作，且於工作之際不生怠惰情形者，公司始認爲滿意，否則處罰決不寬貸。工作時間以外，尤嚴禁工人爲任何之私人工作。如有發見，卽爲犯罪。其嚴如此。至公司所雇之工人與頭目，在蒲脫報告之中，計有八一名也。

（註一）Christopher Schweitzer 於一六七五至一六八三年間曾航行東印度羣島，據其所言其時之船長月薪爲八十至一百盾。另給酒七罇，油二罇，荷幣十元(Rixdollar)作爲津貼。上尉月薪五十盾，津貼六元。少尉月薪三六盾，津貼同上尉。軍曹月薪二十盾，津貼四元。伍長月薪十四盾，津貼同軍曹。士兵月薪十盾，津貼四盾，又米四十磅。除士兵外，每日發給之食糧爲麵包三磅，白蘭地與橄欖油各○·二五吩（pint），醋半吩。逢星期日星期二及星期四正餐各加豬肉或其他肉類。有時加乾魚與豌豆。逢食魚日之早晨則加煑熟之麥糊。又 Christopher Fryke 爲荷蘭東印度公司之醫官，於一六八○至一六八六年間，亦航行馬來羣島，據彼所言每日發給之麵包爲五磅，牛油半磅。食肉日爲星期二星期六及星期日，各給牛肉或豬肉○·七五磅。餘略同上述。二人均著有遊記行世，頗爲翔實。英文譯本稱 Voyages to the East Indies，乃倫敦 Cassell 公司所發行之海員叢書(The Seafarers' Library)中之一種也。

荷蘭東印度公司爲商務與政治之總彙。開創之初，操大權者爲董事部。迨至一六一○年始改總督制，並設一印度參議會輔助之。其時之總督居無定所，大概駐節於摩鹿加羣島之間。一六一九年柯恩(Jan Pieterszoon Coen)征服吧城，政府遂設於此，於是總督始有定居矣。馬六甲政府歸總督直轄，政府中之公務人員卽公司之雇傭，無待贅述。茲所欲言者，關於政府之組織是也。據一六四一年之旭登報告，馬六甲有一參議會，太守爲當然主席，次於太守者爲高級商官，再次爲財務官，第四位爲軍長，第五位爲商官，末位爲大佐，此爲參議會中之六大吏，亦卽馬六甲之高級行政官也。

此外尚有港長一，祕書一，亦係要職。海陸軍官數人，則專任防守作戰事宜。惟其時馬六甲居民複雜，荷政府承葡政府之舊制，各民族各設一甲必丹，令處理自己民族間之小糾紛。其情形如下：謂居於城北郊之土生葡人，由甲必丹山巴耶（Juan de Sampaya）治之，其人得月薪西班牙幣四元。來自羅庚之人民，亦居於城北者，由甲必丹西維圖（Jacinto d'Asevedo）治之，其人係義務職。葡人與混血葡人，則由紀蕭（Diego Kesio）爲甲必丹，現其人已死，尚無繼替者。居於城南之土生葡人，則由費南迭（Pero Fernandes）爲甲必丹，其人得月薪四元。居於馬六甲河兩岸之人民，由孟第士（Alexander Mendes）治之，其人稱甲必丹末（Mor＝Major）得月薪六元。凡屬漁民，統歸伽馬（Pero da Gama）管理，其人亦得月俸六元。居於城北吧刹之華人，則由甲必丹 Notchin 治之，彼係小商人也。此種甲必丹除解決爭端外，尚須以人民之罪過報告太守，並獻議處罰之方法矣。迨至蒲脫時代，情形稍異。參議會中計括八人，即太守，高級商官，傳道師（二名），大佐，財務官，軍需長及稅務司是。而祕書亦常列席。此外尚有醫官，工程監督，典獄暨助理等大小屬員五十餘人。在陸軍方面則有主要官吏七名。海軍方面，除馬六甲外，更分駐霹靂、天定、寧宜及英得其利各處。而由蒲脫新置之官，則爲牌照局長，其地位似在港長之下。港長及關吏之職務，詳爲釐訂。船往何處去，從何處來，載何貨，應徵何稅，均細爲區別。其至海關之辦公時間，除星期日外，則爲上午七至十一時，下午二至五時是也。據一七二六年樊倫丁所著之馬六甲歷史一書，則對歷任長官，分別列表。茲擇要徵引之。一曰太守（自一六四一至一七一七年共計太守二十一人），恆兼印度參議會之額外議員。其任常務議員者，僅蒲脫一人而已。蓋此係要職也。二曰高級商官中有一人名史諾克（N. Snoek）者，於一六四三年時，曾目擊一老婦死年一五〇歲（據樊倫丁自己，彼亦親睹一人死年一二〇歲，另七人死年各百歲云）。三爲衛戍司令。四爲港長。五爲稅務司。六爲法官。七爲財政司。八爲祕書。九爲土庫長（Winkeliers）。十爲醫務長。凡此十員均爲馬六甲之要吏。此外歸馬六甲管轄而駐於外地者，則於霹靂（始於一六五五年），吉打（始於一六五四年），六坤（始於一六五六年）及養西嶺（Oedjong Salang = Ujong Salang 卽 Junk Ceylon）在馬來半島西岸今屬暹羅）（始於一六五六年）各置司令（Opperhoofden）一人，處理防衛及貿易上之要務矣。另有一種委員，由吧城總督府派出，專任調查報告之責，略如欽差，其權甚大，如常舉之旭登卽其一也。荷政府每逢征服馬六甲之紀念日（一六四一年一月十四），必舉行隆重之典禮。是日清晨，全城礮壘一律鳴礮，軍士則站立城牆各放三排鎗。隨後則齊集聖保羅教堂舉行特殊之祈禱，感謝上帝獲得勝利。紀念禮已畢，則在太守府公開競賣烟、酒、賭、當（pawn）（華僑稱曰當碼，賭曰賭碼。餘仿此）等包稅制度（此項制度至今存在），出價最高者承包。太守與參議會均親自主持其事。蓋有關經濟之收入也。又荷人對於來往之大員亦常鳴礮放鎗以示敬，如卡德高離甲之時，鳴五礮，放三排鎗，即爲明證。

荷人之政治總機構既設吧城，故對馬六甲之地位，並不如葡人之重視。其主要之目的，無非供船隻之停泊，策貿易之壟斷，謀賦稅之徵收而已。關此諸點，荷人曾定原則三項：(一)凡屬貨物概徵規定之出入口稅，而船隻之通過馬六甲海峽者，不論其起貨與否，亦一律徵稅。同時仿葡人之方式，強迫船隻在甲停靠。(二)南寧爲臣屬之小邦，應令其納什一之稅。(三)厲行壟斷政策，尤其對於馬來半島最重要之物產，即霹靂、吉打、雪蘭莪、寧宜及養西嶺等所產之錫爲然。雖成效不多，而東印度公司始終努力於錫，香料，胡椒及檀香之專買專賣。又布疋貿易亦悉歸公司壟斷矣。荷人之征服馬六甲全恃武力，犧牲甚巨。而艦隊與礮壘之維持治安，又在在需費。是以對英商，丹麥商及其他商販，一概徵費；葡商則徵費特重，此卽荷人之報復政策也。外舶納稅以後始給通航證。無證者，易被沒收。凡船之屬於英國或暹羅者有時可蒙優待。柔佛與荷人宿係盟好，故凡柔佛之富商得享受免納出入口稅之權利。然對華人，馬來人及回教印度人，或稱摩爾人所屬之商船，則異常虐待。有一時期，凡印度商船之駛往亞齊與霹靂者，概遭拒絕。卽執有英人與丹麥人發給之通航證者，亦在禁航之例。而亞齊，霹靂及吉打諸邦，荷人更與之締約，封鎖港口，不准摩爾人，馬來人，爪哇人及華人與此諸邦通商。然此等商人若先往馬六甲繳納賦稅及獲得准證後，則仍可前往興販矣。一六四一年七月十八日，馬六甲荷政府規定之貨物入口稅爲百分之十，出口稅爲百分之五。凡馬來船或外船，其水手超過四名者，納丁稅葡幣三元。其水手適爲四名或不到四名者，每名納丁稅兩倘加或兩里子。凡船中之水手滿五名，或在五名以上者，則每船須納停泊稅葡幣一元。較小之船，其水手僅四名或更少者，納停泊稅一倘加或一里子。不論何船，各納准稅（Permit）兩倘加或兩里子。土產之魚，家畜及其他食物，卽售與東印度公司者，各須納稅百分之十。凡船主贈與港長或其他官吏之禮物（ruba-

ruba)，乃係向來習慣，荷人仍舊照行，惟以有益於公司為目的。上述各稅在試行之初，每月僅收西班牙幣四三四元六里予。其數實甚微也。一六六四年，荷太守黎比克（Johan van Riebeek）又徵葡船過境稅，稅率甚重。謂凡葡船之來自臥亞、澳門及其他各地途經馬六甲者，不問其為葡王之船，抑屬私人之船，小船每艘徵稅西班牙幣三百元，中船四百元，大船五百元，回航時亦然。設船於馬六甲卸貨，則納關稅百分之十，過境稅免徵。設卸貨僅一部份，則除納售貨之關稅外，仍須照章繳過境稅矣。惟葡船運打麻兒（樹脂）出口，則以其購自東印度公司，可免繳該貨之稅項。在蒲脫報告之中，關於賦稅及罰則記載更詳，茲徵引之。凡異地客商，於日暮以後仍在街上遊行者，罰款西班牙幣十二元，船則充公。在馬六甲管轄權以內，除亞洲船主（Nakhoda）（海語稱南和達）外，概不准帶劍，違者處罰。爪哇船到甲，則須將船上之武器暫交港長收藏，待開船時取回。惟船主亦可帶劍。除屬於東印度公司之貨物外，若尚未呈報納稅，則一概不准通過水柵，違者，船貨均沒收。外商間如有小糾紛，由港長與牌照局長平衡之。如有大爭端，則由太守及參議會處理。港長須命令船隻依次停泊，俾可保持良好秩序，並便來往。凡航至柔佛、爪哇沿岸、霹靂及董里（Trang）以外之船舶，其通航准須經港長及太守簽字。航至附近各地者，則由港長簽署卽可。凡直接航至爪哇，或由吧城轉者，又葡人，摩爾人或其他商人航至榜葛剌或榜葛剌以外者，則須取得各該地政府頒給之通航證後，方可回航。凡航至婆羅斯（Baros）（又稱班卒或賓窣）或蘇門答臘西岸各港口之船舶，概不給通航證。從占碑航至吉打亦然。質言之，此航路歸荷人專利是也。凡輸入之胡椒，錫與打麻兒其售與東印度公司者免稅，違則沒收。又柔佛境內之人民，其所販之錫不出柔佛者亦免稅。米、穀、奴隸與水牛，若先供給東印度公司者免稅，惟米不准出口，篤信基督之奴隸不准售與摩爾人。金與銀不論其已鑄成貨幣與否，金鋼鑽，紅寶石及其他寶石，眞珠、麝香、結石及其他有價值之物品，若先售與公司者免稅。同時商人亦可自由販賣，惟不准售與公司之公務人員，此時應納入口稅百分之十。凡來自蘇剌（Surat），注輦及榜葛剌之一切布疋，不論售與公司，或由商人收買，概徵入口稅百分之十，出口稅百分之五。又來自印度之四蹄家畜、豌豆、黃豆及麥，徵入口稅百分之五。城南城北之果園，其屬於公司者，則以樹果之半數在市場拍賣，半數歸公司。私人之果園，悉向園主徵稅百分之十。奴隸之販往公司轄地者，每名繳稅荷幣五元（Rixdollar），運往其他各地者十元，童奴半稅。鐵與鉛，不由公司收買者納出口稅百分之二十，否則繳百分之五里予及其他硬幣，納出口稅百分之十，但銅幣與鉛幣免稅。從鄰邦沿海運甲之瑣細貨品，如家禽、蛋、魚、樹果、籐、茭葦、烹調用具、檀香及沈香等，一律徵稅百分之十，若再出口，則另征出口稅百分之五。如買主係東印度公司，則免稅，惟籐與茭葦二物，例歸公司收買。凡來自注輦與榜葛剌之摩爾人及葡人，即以其貨物之什一，在港長與委員之監視下，舉行公賣，售得之現款即作納稅之用。但麥與牛油兩物之稅項，應即以現款交付。若在甲之摩爾人，以貨運往柔佛，有時可以免稅。但回甲後再以貨運往別地者，則照章再繳出口稅。凡柔佛之貴族與平民在甲經商者，亦須納出入口稅，惟貴族得太守之同意後，常優待豁免。來自南寧之荖葉港長取其什一，以爲饗客（如使臣、船主等）之用。凡屬外人各納丁稅一里予。凡往霹靂、吉打、養西嶺、亞齊、占碑、巨港、吧城、爪哇及柔佛與吧生以外各地之船舶，各納通行稅一荷元。停泊稅則視噸位之多寡，納一至四元。凡往柔佛、望加麗、碩坡羅、庚吧生、英得其利及監篦之船舶，各納通行稅六里予。停泊稅四里予。凡往林茂、雙溪烏戎、蔴坡、巴登(Padang)（在柔佛西岸）及峇株巴轄之船舶，各納通行稅一里予。凡往上述各地之船舶，不在馬六甲卸貨者，除納丁稅、通行稅及停泊稅外，不繳貨物稅。

若卸貨者，徵全稅。凡在吧城或別地，已納貨稅於各該地之東印度公司者，則到甲時免納入口稅。一切外人，不宗基督教，又不居於馬六甲者，僅付出口稅與過境稅，餘稅免徵。但若再回甲，則須納丁稅一里予及停泊稅。凡屬於暹王之船，來去自由，免納一切賦稅。酒販每月納費兩荷元與承包人。又酒一桶抽稅七十五元，其中五十元歸公，二十五元歸城市，違者重罰。一六七九年，吧城政府訓令荷太守，對葡人、英人及其他歐洲商人，悉徵貨物出入口稅百分之二十。至一六八八年此律取消，但嚴禁外船在甲卸貨。翌年重申此令，則不但嚴厲禁止貨物起卸，而且即使繳稅兩倍，亦不予通融矣。一六九二年，出入口稅又規定為百分之十三。一六九八年再增為百分之二十，凡歐洲人、摩爾人及其他外人一律辦理。同時土着商人之無通航證者，亦易遭拘留之累。惟商船之執有英人與丹麥人在印度簽發之證書者，繳百分之二十之稅率後，不予為難。至持有葡證書者仍無效焉。迨至一七四四年，出入口稅始降為百分之六。就大體言之，荷人在甲之稅則，實遙比葡人為重也。

亞齊與馬六甲為十七世紀時錫商聚集之中心。而販錫者，則盡係來自榜葛剌、蘇刺及注輦之摩爾人。荷人為求壟斷計，吧城政府即於一六四七年頒佈命令，禁止摩爾船駛往亞齊及一切馬來港口。莫臥兒大帝沙日漢 (Shah Jehan, Great Mogul Emperor) 聞之大怒，卽以荷人在蘇剌之士庫掠奪一空。荷人不甘示弱，遂採報復手段，當將屬於大帝之兩巨舶來自摩加 (Mocha) 者，加以拘捕，船中貨物共值一百五十萬元，悉數沒收。經此以後，來自蘇剌與榜葛剌之商船，不敢駛往亞齊矣。爪哇小販，恆以鹽糖及其他微細之雜貨販往霹靂，由此易錫行之已久。荷人則強迫此等小商，先至馬六甲領取通證，同時令繳保證金西班牙幣四十至五十元，擔保若輩於得錫後回甲，售與東印度公司，其售價由公司規定。違者證金沒收。是以躁急與傲慢之馬來人及爪哇人，常將壓迫者謀殺，洵非奇事。凡霹靂與吉打產錫之半數，望加麗產錫之總數，又英得其利所產胡產之總數，荷人悉用條約規定，須一律售與東印度公司，其售價較市價爲低。實際言之，因遭土人之反對，荷人亦不能完全封鎖，故條約之效力至爲有限也。在馬六甲境內，除公司有購錫權外，無論何人不准收錫。迨屆年終，荷人卽以屯積之錫，裝其自己之船，運至印度、錫蘭、波斯及荷蘭本國焉。

荷人統治馬六甲後，與鄰邦交涉亦甚頻繁，茲略述之。據旭登報告，柔佛、霹靂、吉打之蘇丹，亞齊與北大年之王后，羅庚與碩坡之羅闍，望加麗與監篦之主宰，占碑與英得其利之土酋，以至暹羅、柬埔寨、廖島（兵打）、浡淋邦、萬丹、注輦、榜葛剌、阿臘干（Arrakan）（在緬甸西岸）及白古之王，無不與馬六甲親善。然用兵之事，間嘗有之。南寧乃馬六甲接壤之小邦也。荷人承葡人之後，作為采邑。但明那迦保人未尊重荷人之主權，是以對葡荷交戰時逃入南寧之奴隸及土着基督徒，羈留不釋。荷人惡焉。荷政府遂遣孟第士往南寧，邀其主宰羅闍茂拉（Raja Merah）之弟及那督蓬蘇（Dato' Bongsu）等到甲。一六四一年七月二十四日，彼等卽承認荷人之宗主權。同時荷人册封蓬蘇為與茂拉同等之領袖。是年八月十五日，太守杜維斯脫與南寧長老羅闍茂拉及那督蓬蘇等簽訂條約二十三款（詳見蒲脫報告五六至六十面）。其大意謂南寧願為陪臣，願將逃入之罪犯與奴隸交出，願納米、樹果、荖葉與胡椒什一之稅。願以售去土田款項之什一獻給荷政府。願以刀鎗劍戟火藥子彈悉數讓渡。定讞死刑或沒收財產，須得荷人同意。不准以篤信基督之奴隸強行割禮，或售與摩爾人及異教徒。如奴隸逃出，改宗基督，則奴主祇能要求收回半價。明那迦保人應與馬六甲之荷人貿易違者人貨抄沒。馬六甲之基督徒得自由住於南寧境內，惟照章繳納該邦所定之賦稅。南寧之明那迦保人如歿而無嗣，則援葡人之例，以死者之財產半給荷人半給主宰。若有後嗣，則公司與主宰各得其財產之二十分之一。若南寧之人犯謀殺罪逃逸，則公司可攫其貨，如罪人有妻子者，則以半數還之。公司收得什一之米稅，提出二百加登賜與農民。又以棉布兩疋，葡幣十元，分贈南寧主宰及其書記。凡南寧之船駛往馬六甲者，須納港稅。凡南寧之人，若未得許可證者，不准離家出遊。許可證以一雞易之。凡南寧境外之明那迦保人，若未得許可證者，不准入南寧。許可證每名納費西班牙幣八元。此種偏面之條約，南寧主宰不願接受，自在意中。於是武器與奴隸仍不移交。一六四二年一月，荷人委孟尼（Jan Menie）為南寧之天猛公，擬用武力使其就範。當斬伐樹木，將寧宜河封鎖。南寧主宰遂提出要求須以葡幣三六五元贖奴隸四十名。同時尚有自馬六甲逃來之兒童兩名及婦女數名，應許配與明那迦保人為妻，故不准回甲。結果孟尼於二月二十七日，備款六四九元半，始將南寧與林茂之奴隸贖出，回甲服役。是年底，南寧頗呈不安之象，且有叛變之勢。一六四三年一月，荷政府遂遣大佐福森伯及孟尼率荷軍六人，前往視察。竟中南寧伏軍，全數被殺。其時之荷太守爲凡立脫(Jeremias van Vliet)，即親率荷軍六十，亞洲軍一百，前往增援，仍不敵而還。荷軍所攜之銀箱內藏西班牙幣一萬四千元，亦爲南寧追軍所獲。由是明那迦保人與馬來人聲勢頓盛，決計反抗荷人矣。是年五月五日，林茂之人又焚毀馬六甲漁船一艘，殺死漁夫兩名。質言之，南寧、林茂共戰荷人是也。其時馬六甲之貿易衰落，沿河農田悉不種植。一六四四年八月，有南寧之馬來人五名，企圖統明那迦保人一千，進攻馬六甲，摧毀荷屬地。事未成而五人悉爲荷方所拘。一人用嚴刑拷訊後絞死，並陳屍絞台一日。兩人殺頭，並刳出臟腑肢解之。一人殺頭肢解，而頭則繫於絞台。僅一人開釋。稍後更獲林茂之人二，亦處死罪。惟荷人用此酷刑以前，似曾徵求柔佛之同意焉。一六四五年二月八日，荷政府委德魯門 (Joan Truijtman) 及格羅惆 (Hans Cruger) 爲正副司令，統軍三五〇名出征南寧、林茂，荷軍焚村舍，毀果園，平稻田，以報慘殺福森伯及孟尼之仇。然一因二千明那迦保人之堅強抵抗，二因軍需之匱乏，仍無功返甲。自是兩邦之人繼續掠奪馬六甲土着，或毀其居，或黔爲奴，騷擾情形較前更甚。一六四六年二月，太守奧脫薰(Arnold de Vlamingh van Outshorn) 再遣膺懲之師五七〇名，其中白人佔二九〇，由奇斯脫倫 (Valerio van Gistelen) 統率。

軍行五日，始抵南寧。遂大舉斬伐椰樹檳榔，共毀八百餘株，荷人卽以樹幹爲防柵，俾其疲敝之軍隊駐守。奇斯脫倫以軍火不足，本擬防守兩日撤退返甲，詎知南寧之人，以濫伐其檳榔之故，懼而升白旗停戰，並詢投降條件。荷軍乘此良機，提出要求，着將慘殺福森伯與孟尼之首領六名，三屬南寧，三屬林茂者，迅速交出斬首示衆。而人民之參與屠殺者，亦一律處罪。再前太守凡立脫之銀箱及竊此銀箱之人，亦須一併交還荷人，作爲補償出征軍之費用。吧城政府認凡立脫過於躁急，咎由自取。而明那迦保人亦因乏款無法繳出結果：南寧僅退還掠奪之奴隸六，銀燭台一，銀匙二，銀碟八，西班牙教士之禮服一襲，內衣一襲，血染上衣一襲，林茂繳出銀製器皿重八一里予，金鈕一一七粒，血染古冠兩頂，短袴兩對，米二七〇加登及現款西班牙幣二二元半，作爲解決。荷人興師動衆，得不償失，一見使明而南寧之所付較林茂爲輕，亦可知也。惟自此以後，南寧林茂與荷人之衝突，卽大爲緩和矣。

一六七三年，柔佛遭占碑人之蹂躪後，林茂，雙溪烏戎及吧生三小邦，勸說南寧合組政府，舉明那迦保人易勃拉沁 (Raja Ibrahim) 爲王，首都卽在南寧。易勃拉沁者，荷人稱之爲狂妄之騙徒，而專以巫術爲業者是也。其人能使淸風變成毒風，能令人蠱惑，武器失效，更具隱身術，使人失察。天主教黑人及愚蠢之徒均敬畏之。一六七七年，此具有妖術之王，遣明那迦保人三七七〇名侵襲馬六甲郊外，其時太守卽爲蒲脫。當派正規軍二五八名，募軍六百名禦之。荷陸軍中尉羅斯騰（Jan Rosdon）爲王之戟兵所乘，墜於馬下，幸有他兵來助，卒將戟兵殺死，懸首於竿，餘軍望風而靡，退回南寧。總計荷軍無一死亡，僅傷三人。然此次之小戰，吧城則遣兵一五〇名來援，軍費則達七千八百餘盾。太守蒲脫款無所出，曾向市民公開籌募。一六七九年，易勃拉沁爲其部下之武吉斯人所暗殺。南寧與林茂遂請荷政府免究前愆，並另締新約，不再謀亂。而荷人要索之罰款卽奴隸六十名，水牛一百頭及家畜二五頭，亦請豁免，荷人念其貧瘠，准如所請。經此以後，東印度公司與此小邦卽不再發生糾紛矣。此明那迦保人宅居之小邦，雖爲公司之臣屬，然境內法律不受干涉，婦女族長制度暢行無阻。卽南寧之土地，公司亦無權享有。迨至一七六五年時，南寧獻與荷政府之禮物，每年僅白米五百斤而已。

荷人於征服馬六甲前，已與霹靂發生交涉，一六三九年，荷政府與霹靂之宗主國亞齊卽訂立條約，允荷人在霹靂購錫，以便其對蘇剌與波斯貿易上之需要。據吧城日誌（Dagh-Register）所載，謂一六四一年六月，領袖商官普脫 (Jan Dircxen Puijt) 率船泊於天定，船上載貨值一萬七千八百餘盾，即售與霹靂者。同時馬六甲首任太守杜維斯脫，以禮物贈蘇丹，並向其溫和建議，謂霹靂應與一切外商停止貿易，而以所產之錫盡售與東印度公司，是爲至要。旋蘇丹以金劍一把贈普脫，並賜馬來官號稱曰 Sri Raja Johan Pahlawan（末字爲波斯語，意爲領袖）再給一大廈以爲荷人在霹之士庫。查蘇丹與普脫情感雖洽，但避談壟斷。是以荷人對霹商務無甚進展，且其時尚有華人、亞齊人、爪哇人、摩爾人及望加麗人之競爭焉。是年普脫在霹購得之錫，其運往馬六甲者，僅二六、一七九磅。稍後，吧城總督誘說爪哇之馬打蘭 (Mataram) 國王，禁其人民，航往霹靂，違者遭公開鞭笞之辱。於是爪哇小商人之赴霹者幾絕。同時馬六甲之荷政府派船巡守海面，凡遇駛往霹靂，吉打及養西嶺之摩爾船，盡加拘捕到甲，強其納稅領證，然後釋放。荷人採此嚴厲之政策，不但欲謀錫之專利，且可使馬六甲之商務振興矣。未幾南寧叛變，霹靂蘇丹即乘機拒絕與荷人合作，並揚言欲收回給與普脫之士庫以爲恫嚇。馬六甲太守當遣戰船兩艘封鎖霹靂河口以報之。同時遣使亞齊，說明封鎖理由。亞齊不直荷人所爲，未加可否，荷人遂並亞齊之港口而封鎖之。一六四九年自亞齊駛霹之摩爾船已完全絕跡。是年荷人自霹運甲之錫，即驟增至七十七萬磅，其數之巨爲空前所未有也。一六五〇年中，巴城政府遣德魯門赴亞齊，強迫談判壟斷霹靂之錫產問題。亞齊王后即派員會同德魯門共往霹靂，商之蘇丹。蘇丹懦弱，惟荷人之命是從。於是締結條約，允荷蘭東印度公司壟斷霹靂之錫產貿易，其他歐洲人與印度人盡被排斥，惟亞齊人與荷人有同等之權利。並規定錫價每比（bidor）（一比重三荷磅，合英二又三分之二磅）值兩里子，一播荷作三百斤，合一二五比，作價西班牙幣三一元二里子。出口時徵稅值一四〇抽十一，錫塊上加蓋蘇丹與公司之印記，盡堆藏於荷土庫內。此條約於一六五〇年八月十五日在霹靂簽字後，再由德魯門攜往亞齊，請王后批准。自是而後，封鎖盡撤，而霹靂之荷土庫亦啓門營業矣。翌年，馬來人痛恨荷人之獨占，遂對在霹荷商施行暗殺，死者數人。一六五五年十二月七日，東印度公司再與霹靂幼王、王母及各要臣另締新約，對排斥外人與錫之專利，更爲積極。同時要求幼王撥一地段，建築新土庫，其範圍之廣，以一彈之射程爲準。建築費西班牙幣五萬元，亦歸幼王負擔。一六五一年肇事之霹靂要臣，着幼王革職，凡此均報馬來人暗殺荷人之仇也。未幾，荷政府認霹靂履行條約不力，再將土庫關閉。一六五六年七月，德魯門率戰船兩艘到甲，卽奉命進攻霹靂。德氏封鎖數月，盡截荷人在霹之貨物而歸。繼之者卽爲蒲脫，令任封鎖之責。凡霹靂與亞齊之交通，盡被阻斷。亞齊人所需之布疋，不得不到甲購買，迨至一六五九年亞齊軟化，請荷人解禁，願重締條約。荷人遂提出要求，着將霹靂之天猛公處死，霹靂之槃陀訶羅驅逐，賠款五萬元照前約付淸。霹靂之錫，亞齊得三之一，荷人得三之二。准荷人在霹靂建一土庫，在亞齊置一駐劄官。亞齊無法，允此要求，新約遂成。此次條約詳載蒲脫報告，茲擇關於霹靂及華人者徵引之。其關於蘇門答臘者從略焉。謂霹靂之槃陀訶羅罪惡甚大，理應革職。若欲其人繼續在霹，則須由司令官基史 (Jacob Keyser) 及蒲脫，呈請甲城總督批准後，方可照辦。但霹靂之門德里（意如部長）務須召往亞齊，移交荷人，歸其審訊。亞齊王后允以錫五十播荷賠償公司在霹靂被竊貨物之損失。該錫卽由蒲脫在霹收領。同時霹靂之錫價，在公司積存之錫，其貨價未達西班牙幣四萬四千元時，每播荷不得超過三十元。迨霹靂欠公司之債務已淸，而積存之錫亦已達上數，則錫價始可照舊約規定，每播荷爲三一元二里子。嚴禁外商在霹經營錫業，務須切實執行。而亞齊人與荷人間之分配，以各得一半爲準。若亞齊人或荷人載錫之船，離霹他往者，則雙方各派一人，到船查驗，視其所載之錫是否適爲半數。如有多少，卽須扣補，經此手續，准船出口。霹靂之收稅權仍照向例施行，不加修改。若荷人在霹靂，Tico' Pariaman 及 Salida（以上三地，均在蘇門答臘西岸巴東 Padang 附近）各地與土人發生糾紛，則由蘇丹或酋長就地解決。設所犯雖係小事，但情節複雜且涉及司法權者，則土人拘往亞齊歸王后審判。荷人送至馬六甲或吧城歸荷長官治理。凡來自中國之華人商船，東印度公司不准其直接航往亞齊，倘經主宰或通譯能證明其非來自中國者，自可例外。其住於吧城、馬六甲、柔佛及北大年之華人，顯然不受約束。上述條約訂於回曆一〇七〇年第一月（Muharram）六日星期二，卽西歷一六五九年九月二十三日是也。事隔一年，荷人在霹之壟斷政策，仍未見順利通行。一六六〇年十二月二日，荷人由霹輸甲之錫僅一二二播荷，而亞齊人所得者則達五八五，相差之巨，一見便明。於是荷人援約逼亞齊王后，后卽以霹靂之槃陀訶羅革職，另委墨達（Muda）繼任。迨至一六六三年，情況始見好轉，據吧城日誌謂在是年之十二月二十七日，從各地輸甲之錫共達四八一、三九七磅。其中來自六坤者計三四八播荷又三六二磅，來自霹靂者計七三八播荷，來自養西嶺者計十一播荷又二五六磅，來自其他各地者爲一八五播荷又二九磅。其中霹靂佔最高額，卽爲好轉之明證也（按一播荷合三七五荷磅。）但荷人得錫多則亞齊得錫少，欲求其平，事誠困難。因此亞齊王后派一要臣駐霹靂朝廷，監視其事。由是荷人與亞齊遂再交惡矣。一六六五年，荷人封鎖霹靂，亞齊船隻竟不能往，歷時數載，未能解決。一六七〇年亞齊與英人聯合，有佔據天定之企圖。荷人懼，卽在天定築一木質礮壘，並派兵五九名駐守之。其時馬六甲太守嚴命軍長，不准兵士任意閒遊，如須外出，則須攜大刀與快鎗，蓋此武器爲土人所極畏者也。從星期一至六，則令兵士種果樹，栽蔬菜。星期日則舉行祈禱。又平時不准懸荷旗，僅於星期日或望見荷船將到時，始可升旗。椰子酒則嚴禁兵士飲用，如有不服軍長命令者，則可送至馬六甲處罰。荷人如是之謹飭，無非表示天定之重要耳。一六八〇年，霹靂蘇丹遣使至甲，願與東印度公司言歸於好，其時蘇丹積欠荷政府之款項達四八、二六〇荷元。兩年後蘇丹再請荷政府派員駐霹，並請求公司准來自榜葛剌之摩爾人到霹購象。荷人允焉。然霹靂境內之秩序未見優良，土人反抗亦時有所聞。一日天定之馬來人羣作怪聲，其時軍長斟酒銀杯正思痛飲，聞聲擲杯越窗而出，奔至礮壘，令軍防守。其實一場虛驚，並無其事。此爲荷人丹碧（Dampier）於一六八九年訪天定時目擊之記實。於此足見霹靂之擾攘，而荷人防守之慌張矣。又據英人漢彌爾頓所述：謂霹靂爲柔佛之一部，其民剛愎，叛變時起，全境有如無政府狀態。人民篤信回教，國中產錫，推爲南海之冠。惟因居民背信不忠，好鬭之故，竟無一歐人之土庫，能在霹靂保持平安。荷人嘗試於先，第一年土庫卽被奪，旋佔據霹靂河北之天定島（卽今之邦哥島。）然於一六九〇年時，島上之荷土庫又被馬來人截奪矣。此次事變，荷戍軍幾盡遭屠殺。故於一六九三年六月二十四日，荷政府下令不再駐軍天定，但於其地建一石堡，以爲荷人佔領之表徵而已。自一六九五至一七二九年間，更派人三次修理，質言之，荷人終不願完全放棄也。一七四五年十一月二十日，吧城總督殷霍夫（Gustraaf Willem van Imhoff）令在天定重築要塞，並派歐洲軍三十名，亞洲軍三十名戍之。次年，馬六甲派一商官浮勃魯（Ary Verbrugge）前往霹靂，要求蘇丹准荷人在霹靂河上游丹戎普圖（Tanjong Putus）地方建一礮壘，並以境內產錫盡售東印度公司，蘇丹允焉。一七四七年六月二十五日，荷政府再與霹靂蘇丹無答佛哪沙三世簽訂條約，規定以產錫盡售荷人，作價每播荷値二六杜卡冬（ducatoon）（一杜卡冬合英五先令三便士），另納費西班牙幣二元爲蘇丹之賦稅，而蘇丹則允荷人在霹靂河口之任何一地可建要塞，並可檢查到霹之任何商船。經此以後，蘇丹稅入甚豐，馬來人亦獲利不少。境內秩序，遂告平安。荷政府駐霹司令每三年一任，天定戍軍撤退，調往丹戎普圖，蓋其地尚有荷人之熔錫廠矣。一七六五年十月十七日，東印度公司與霹靂蘇丹媽末重訂條約十三項，其辭如次：正直忠實永久互信及友誼精神務須繼續存在於締約者雙方之間。蘇丹允以境內所產之錫，絕對盡售與東印度公司。錫價每播荷合三七五磅，作西班牙幣三四元。蘇丹及其子民以錫交至公司士庫時，悉用公司之秤權其輕重，而此秤則絕對準確，永無參差。蘇丹須採正當手段防止錫之偷運，又須明令禁止私錫出口，違者船貨沒收。不論何人，如用祕密方法運錫出口，一經查出，船貨充公。而充公之錫，蘇丹與公司平分之。凡離霹之船隻，即屬於蘇丹及要人者，概須先報荷士庫，經查驗後，方可起椗。若外船之水手，於荷人檢查時發生反抗行動，則蘇丹及其子民務須協力追捕，捕得後，即以反抗者交與公司之駐劄官。凡逃亡之歐洲人，捕得後亦須移交駐劄官。並不准採用回教習俗以治歐人。蘇丹不論何時，均須協助荷戍軍。並不准以武器售與盜船。凡公司中所屬之人員，如有使蘇丹遭受任何之損失時，公司當依法處罰之。蘇丹與公司均須嚴格履行本條約所訂各款。蘇丹當以本約要旨，頒發全境，仰人民一體知悉。迨至一七八三年，英人福累斯脫（Thomas Forrest）（註一）航抵丹戎普圖時，其地已無荷人士庫，並謂從拿律（Larut）與瓜拉江沙（Kuala Kangsar）偷運錫塊至檳榔嶼者，爲數亦鉅。足見此種偏面之條約，終無法強人實行也。一七九二年荷人再至丹戎普圖，壟斷棉布之輸入與錫之輸出，但其時檳榔嶼已由英人闢爲自由口岸（英人獲得該嶼之時期，爲一七八六年七月十七日）於是荷人在霹靂之獨占政策不但毫無效果，而且馬六甲之商務亦大受打擊焉。

（註一）福累斯脫航抵霹靂後，曾晉謁蘇丹。據彼描寫蘇丹衛士之記載，似與吾國有關，爰徵引之。福氏曰：余船抵丹戎普圖後，即晉謁霹靂王，王迎之於一大室中，室內有衛士約二十人，穿黑色緞衣，胸前繡一黑龍，頭戴朝冠，就外形察之，一如中國式樣。衛士之中有執戟者，有持矛者，更有少數提無刺刀之毛瑟槍者。王命余坐一椅上，椅前有一沙發（Sofa）王自坐。朝臣約十二至十四名，均站立。王與余談片刻後，詢余曰：荷人尚再來霹靂乎？余對曰：余信其必來。王意不懌。少頃王去，王弟款余清涼茶點，另有二人作伴。余餽王榜葛剌產光亮細滑之綢緞兩疋，而王則以波羅蜜、榴槤、番荔枝及其他樹果贈余。至一七八三年十二月余離霹靂河他駛焉。

馬六甲荷政府與吉打之交涉，略同霹靂。其目的亦在獲取棉布與錫之壟斷耳。一六四一年之初，吉打蘇丹黎老丁沙（Sultan Rijalud-din Shah）遣一馬六甲之土生葡人到甲，向荷政府借一風琴。荷人認此良機急不可失，即於是年七月六日派赫門士（Sr. Hermans）攜吧城總督之公文與禮物，兼程赴吉蘇丹用重禮迎之於朝，賓主之間殊歡然也。旋吉打王告曰：摩耳人與榜葛剌人之來此經商者，使余無利可圖，爲之奈何。赫門士答曰：王可阻其入境，或強其先至馬六甲向荷當局領通行證即可。王允焉。同時王願以吉打每年產錫之半售與荷人，惟懼暹羅之強，其沿海之採珠權不敢讓與荷人耳。後赫門士至胡椒嶼（Pulau Lada），此係鄭和航海圖中龍牙交椅（Langkawi）羣島中之一也。其地之縉紳告赫氏曰：此嶼人口二百，羈屬吉打，年以胡椒一二五至一五〇播荷奉王，由王售與榜葛剌、六坤及北大年三處。九月六日赫氏回吉，王以錫二二播荷作價西班牙幣三一七四元售之。又以象四匹，王從吉寧人處購得者，亦轉售與赫氏，其價爲二〇八八元。後此四象於運往吧城時，一死於途，一溺於水，生餘二象，其每星期之飼料爲二元六里予云。一六四二年四月，吉打蘇丹文告馬六甲太守，謂注輦與榜葛剌之商船，無荷人之簽證者已不來吉經營錫象貿易。但事實上王與榜葛剌、注輦及爪哇商船交易如故。且吉打爲印度布疋薈萃之所，由此可與北大年，六坤及彭亨，從陸路易取大量之土產，王安願坐失其利乎？荷政府知之，卽派巡船遊弋於霹靂，吉打及養西嶺沿岸，藉以阻止。而逢季候風時期，更派荷艦兩艘，靜候於吉打及胡椒嶼間，強迫商船，駛甲售貨矣。然吉打與印度東岸之貿易，仍暢通無阻也。有一亞齊船，在吉打購得象五匹、錫四播荷、胡椒七一·五播荷、象牙八、玳瑁、沈香、檀香各一，運往摩蘇梨城。又有一摩爾船，亦在吉購得錫一二·五播荷，胡椒一·五播荷，檳榔兩播荷及其他土產，駛赴印度，可爲明證。同時從馬六甲派往吉打之琴師，卽應吉打王之請求者，王並不優待，視同乞丐。荷人因此大恨，強王訂約，其文如次：凡吉打所產之錫，或從別地輸入吉打之錫，其半數應售與東印度公司或公司之公務人員。錫價每播荷作銀七兩十三錢（mace），一兩合西班牙幣四元，一錢合兩里予。又卽每播荷值三一元兩里予也。吉打人民如以錫售與荷人，荷人可用布疋易之，布疋任民選擇，取價公允。吉打王無權以任何之錫，載其自己之船，運輸出口。惟已經公司人員及王之代表，到船檢驗，權過輕重者，方可運出。公司載錫之船亦同一辦理。設所載之錫未符半數，則多扣少補，此事應於五或六日內辦畢，不得拖延，而錫價亦不准提高。若來自榜葛剌、蘇剌及其他各地之商船，已得荷公司之執照者，吉打王可准其在吉貿易。否則須令上述商船，先赴馬六甲領證，違者禁止查驗執照時，由公司之駐吉商官任之。本約由赫門士代表吧城總督狄門及馬六甲太守杜維斯脫與吉打蘇丹簽訂，其締約之時期爲一六四二年七月十五日是也。嗣後十餘年，王與印度之貿易仍不停止，摩爾人則傾銷其布疋，荷人雖封鎖吉打港口，仍多偸運。從一六五四至一六五七年間，馬六甲荷政府在吉打設一土庫，專營錫金及象，初由皮脫仁（Pieter Beeytzen）繼由德雷（Arend Classon Dray）主持其事。一六五八年，吉打馬來人殺死荷船之水手九名，吉打港口遂再封鎖。然摩爾人與葡人之商船，仍能規避，溯河而上，由是改用水牛巨象運貨陸地，是以對吉打王之賦稅收入，並不受嚴重之影響也。旋荷人規定，從吉打出口之象，運至印度各口岸者，須納出口稅，由摩爾人輸吉之貨，如售與公司者，納稅百分之五。凡離吉之船，無荷人之執照者，則以所載之錫，全數或半數限售與公司。其價由吧城定之。若有執照者，則限售三分之一。若荷政府之熱照發自印度者，則仍須赴甲納稅，另行領證。華人，馬來人，爪哇人若未得馬六甲當局之同意，則不准染指錫貿易，違者拘甲繳稅，或船貨充公。一六六一年，吉打蘇丹憤荷人之封鎖，派船兩艘駛甲，擬刼略荷蘭居民。而其時之摩爾人則以貨改裝英船，或雇英人爲水手，或舉英國旗，是以與吉打商務，絕不衰落。同時印度回教王亞明汗（Nawab Muhammad Amind Khan）亦以報復恫嚇荷人，謂凡荷船之過印度海面者當刼奪之。荷人懼，對吉封鎖，其效更微。一六六三年九月三日，荷船三艘自天定駛往吉打，擬盡逐摩爾人於吉打境外，惟漁民與英人僅免困擾。中有一船，名Exter，捕一駛往養西嶺之摩爾船，船上水手盡遭荷船之水手慘殺，遭難者三三人。中有婦女二，嬰兒二，以石繫身沈之於海。另有一兒躍入海中，泅往荷船，求其救命，荷人倒持該兒以頭擊船而死。有三婦女則先被強姦，次置米袋，袋口束於頭頸，然後投海。貨則掠奪，船則藏匿。荷水手之如此殘忍，實爲昔日所未聞也。幸荷政府處理公平，未釀巨變，當以肇事之水手三名刈右臂，四人釘十字架，並斬首，五人絞死，八人以刀砍頭，僅一人處死不梟首而已。經此以後，荷人封鎖吉打仍不休止，而摩爾人以廉價之布亦仍繼續推銷，馬來人、爪哇人與摩爾人之爲貿易者，數仍可觀。繼荷人自慰曰：即使排斥摩爾人之政策完全成功，而東印度公司亦永不能達到其在吉獨占之目的。因有英人、葡人、法人及丹麥人、尤其英人與荷人爲商業上之競爭耳。質言之，荷人與吉打所訂之條約等於幻想，而荷人對吉之外交姿態，亦徒喚起馬來人之仇恨而已。並且吉打離甲甚遠，封鎖政策，不易收效。當汛風一起，則因印度與吉打相距之近，荷人更無法控制。於是其錫與象，自易與回教徒及其他歐洲商人爲廣大之交易矣。至吉打雖臣服於暹羅，而荷人雖與暹羅親善，但欲利用暹人壓迫吉打以利荷人，暹人自亦不願也。迨至一七一〇與一七一一年間，荷人在吉重營士庫。然後此不久，武吉斯人統治吉打，更後英人有檳榔嶼之開闢，故自一七二四年以後，荷人在吉打之勢力，即已完全消滅。

養西嶺係小島，屬下暹羅，位馬來半島西岸。其要鎮曰 Puket 即吾僑所稱之通扣是也。其地亦產錫，荷人爲壟斷計，於一六四三年三月十八日，由赫門士代表馬六甲太守凡立脫與暹羅駐嶺長官帕鑾汶 (Ouboang In Sachon Cierij Joan Phalowan) 簽立條約，其文如次：凡荷人輸入養西嶺之貨物，不問其來自何處，內容如何，駐嶺長官須任其自由販賣。而長官欲對貨物徵稅，或在貨物中挑選佳品，或阻礙出售，或照疇昔之習慣由長官壟斷，均所不准。同時應准許荷人收買當地之錫及其他土產。凡屬於公司之商人與平民，不准藉公開或祕密之方法及用聲明手續，擅離公司屋舍。反之，若公司人員遇有任何不公平之行爲時，則公司爲保護其產業起見，駐嶺長官及其他官吏須負協助之責。同時不得藉此對公司爲過度之要索。但若援助迅速，則於事定以後，自可向公司提出合理之要求。駐嶺長官須公告當地之土着與居民，不論隸何國籍，概須與公司人員貿易。凡屬產錫，嗣後卽應交公司駐嶺人員由長官指定之秤權其輕重，同時由當地縉紳監視之。秤畢由縉紳蓋印於錫塊上，以爲識別。如是一切欺騙與糾紛，均可避免矣。荷方司令及土庫長應駐嶺長官及當地貴族之要求，將一切輸入之布疋重行規定其售價。經此以後，駐嶺長官及其人民與公司人員務須一體遵照，不得另定價目。茲將各布售價開示於下：柯技撒都細布（Sarassa leij de Coutchin）（第一字之馬來語爲 Sĕrasah，其源或出波斯語。此布一面或兩面印花，織以金銀線，產自南印度之東岸，謂爲柯枝殆誤。婦女愛以此布爲衣服及面幕之用，）售與長官者每疋七別（Bits）（係養西嶺之一種錫幣，每八十別計重一播荷。是以每別之重約合四·五至四·七五荷磅）售與平民者九別。沙倫布（sallempoeris）（產自注輦，係棉織品，有漂白者，有不漂者，間有染色印花者，每疋長十六碼，闊碼餘）每疋七至九別。幾尼亞布（亦產自南印度東岸，葡人首先以此布販往西非洲之幾尼亞故名。又稱長布。每疋長三七·五碼，闊碼餘）每疋十二至十六別。藍苾布（Bethilles）每疋六·五至八別。頭髮布（rambuti）（因用細如頭髮之紗線織成故名）每疋十五至十八別。亞

狄布 (ardias)（產於胡茶辣）每疋三·五至四·五別。婆福多布 (Bāfta)（胡茶辣產，每疋長十四五碼，闊分兩種，狹者二六吋，寬者約一碼）每疋四至五別。白苾布每疋八至十別。摩圖風布 (Madaphon)（胡茶辣產）每疋四至五別。卷布 (kain gulong) 每疋六·四至五別。紅苾布每疋八至十一別。白痲黎布 (murri) 每疋六·五至八·五別。帆布每疋二·五至三別。尼格魯布 (Negro) 每疋三至四別。馬來撒都細布 (Sarassa maleije) 每疋十一至十三別。每別作荷幣十三分 (stiyers)。凡每一貨船到養西嶺時，長官應得之布，其額不得超過九至十播荷之錫質言之，不准多於八百別也。若公司人員及其所屬之人民，如有反對駐嶺長官與當地之貴族而認為應當處罰時，駐嶺長官無施刑之權，應以犯事者及其證據移交公司駐劄官。駐劄官按情節輕重，輕者就地科罰，重者儘速備文報告馬六甲太守，待太守復文到嶺時，或仍就地定罪或移交馬六甲依法辦理。凡來自吉打、霹靂、爪哇、注輦、榜葛剌或其他附近各地之商人，駐嶺長官不准任其貿易。但若上述之商人，已在馬六甲納稅領證，同時以證呈繳公司駐劄官查驗者，則可聽其商販。本約經雙方同意簽訂，並由雙方批准，嗣後卽須依約履行。

邦加里（Bangarij）（今圖作 Bangri）在養西嶺稍北，荷人亦與之立約，其文如次：本邦酋長（其名爲 Omoehangh Schaij Boerij Sysa Con Schauw Moehangh）願以境內每年所產之錫及從別地輸入之錫，盡數交與荷蘭東印度公司之駐劄官。從別地駛來之商船，本酋長當禁止其居民與商人向此等商船購買布疋。若此商船載有其他日用貨品，可准其出售。同時商船易得之錫及載來之布，須依照當地其時之市價，盡售與公司之士庫。凡本邦之居民，概不准冒用任何名義運錫出口，違者按下例處罰：初犯沒收錫之半數，再犯全數沒收，三犯則錫、船及其他貨物盡行沒收，犯者黜爲奴。沒收之貨半歸酋長，半歸公司。不論何時何事，酋長須助公司招僱工人，搬運錫布及任其他勞役。工資由公司照給，不得過薄。待荷人第一次布疋運抵本邦時，本酋長准荷人在其境內設一大規模之熔錫廠，其情形與在養西嶺者同。本酋長當命令其居民與商人向駐劄官購買布疋，並限時付清貨價。若駐劄官關於此事向酋長有所申訴時，則本酋長務必依照法律，強迫人民履行，使公司滿意爲止。本酋長當保護公司之駐邦人員及其士庫。而荷人對酋長之屋舍，亦不可有任何之騷擾。若居於本邦之荷人與土人間，如有發生暗殺、強姦、搶掠及傷害別人等行爲，則酋長對於犯人無施刑之權。必待荷方每年派出之監督，於到達本邦時，始將罪犯移交監督，歸其定讞。上述條約悉出本酋長同意與總督狄門及太守凡立脫之代表荷商官華來溫（Davidt Walravens）訂立，時在一六四五年一月一日也。

蘇門答臘東岸坡碩附近，有三小部落：曰古打倫那（Kota Rĕnah），其酋長稱 Orang kaya Raja Lella，曰吉朋（Kĕbon），其酋長稱 Orang kaya Sultan Bagagar，曰奇底（Gittij），其酋長稱 Orang kaya Magat Maharaja，均於一六七六年一月十一日親到馬六甲，與太守蒲脫在港長官邸簽訂條約，其文如次：凡上述三部落所產之錫，本酋長均願絕對售與馬六甲之東印度公司，或公司派往碩坡之代表，其價每播荷作西班牙幣四十元。本酋長均一致接受，認爲榮幸。本酋長願勸導丹敦（Tandon）（其地無考，惟顯在上述三部落附近）之主宰，亦接受本條約，互相合作。惟爲運錫時避免詐騙起見，凡由本酋長派出之貨船，當另備公文，註明運錫數量，送交馬六甲港長，港長收到後，亦須同樣回示。如是於航途中以錫偷售他人之弊，自可杜絕。若本酋長查有以錫私售別人，不運往馬六甲者，定必嚴懲。凡屬於本酋長之貨船，其往來於三部落與馬六甲間者，均有懸掛東印度公司旗幟之權。貨船往返每年兩次。而船中所載之錫，如屬於本酋長者，概免徵稅。本條約由太守與各酋長共同簽字約繕兩份，一份存馬六甲，一份由各酋長攜回。

荷人不但熱中於錫之專利，即對胡椒亦然。惟此事涉及馬六甲者甚少，茲不具述。今所欲言者，即荷人排斥摩爾人之條文是也。凡摩爾人之商船，不持有東印度公司發給之執照者，除僅能航往馬六甲納費領照外，其餘荷人控制之各地，概不准駛往。若此等摩爾船通過馬六甲海峽，爲荷人之巡船所遇時，立即拘捕到甲，聽候吧城政府命令靜待發落。凡摩爾船之僅持有英人丹麥人或葡人在印度發給之執照者，亦不准其到甲貿易。此因英人丹麥人及葡人自身，常與荷人競爭，而使公司不利耳。惟摩爾人之兼備荷執照者，始可聽其駛甲與販。持有荷執照之摩爾船，其輸入荷領各地之布疋，可准各地商人轉運出口，惟須納稅百分之十。同時出口地點由荷人指定之。凡不載屬於公司專營之貨物，或摩爾人輸入布疋之商船，即僅載鹽、米、鐵鍋及瓷器等者，可准其駛往各地販賣。浡淋邦（巨港）所產之胡椒須運吧城，其價每擔（合一二五荷磅）作西班牙幣五元。惟按諸慣例，因胡椒中雜有塵屑，故得減價兩里予。摩爾人不准經營胡椒貿易。此項條文，即在蒲脫爲馬六甲太守時所規定者也。

武吉斯人者，西里伯島望加錫之民族也。其地於十五世紀之時，未聞於世。迨至十六世紀上半，爪哇人及來自柔佛與北大年之馬來人往摩鹿加羣島購買香料者，始常經此。在同世紀後半，葡人亦接踵而至。而華人痛恨馬六甲葡人之勒索無度者，亦羣趨望加錫商販焉。一六〇三年，來自馬六甲之摩爾人，始將伊斯蘭教輸入。然其時之望加錫，雖爲自由口岸，商業漸盛，但武吉斯人尙未敢遠遊也。自亞齊人稱雄南海，荷人控制交通，馬六甲海峽轉成危途之際，武吉斯人以受刺戟，頭角漸露。同時從婆羅洲、爪哇、峇厘、蘇祿、帝汶、安汶及摩鹿加等航至望加錫之船舶，爲數更多，而來自中國之葡商船，尤認爲必經之地。後葡荷交惡，葡人有時卽僱武吉斯船載貨。一六二五年後，英人與丹麥人亦常至望加錫。此後武吉斯人向葡人購入軍械，征服松巴窪島（Sumbawa）之比馬，統制其地食米之輸出。迨至十七世紀末，此強悍之武吉斯人，其勢力已侵入爪哇沿岸、蘇門答臘及馬來半島矣。據吧城日誌所載，謂於一六八一年時，吉令港（吧生）及雪蘭莪河已有不少武吉斯人宅居。一七〇〇年，柔佛蘇丹之戚，吉令之主宰那督恩姑(To' Engku)，頒一寶璽與一武吉斯人，封爲雪蘭莪河之王（Yamtuan），其璽至今存在。西里伯羅武國（Luwu）王后之後裔名黎剌加（Upu Tenribong Daing Rilaka）者，生有五子：曰台恩巴剌尼（Daing Parani），曰台恩明南朋（Menambun）曰台恩米麗華（Merewah），曰台恩芝剌克（Chelak），曰台恩加馬西（Kamase）。「台恩」者武吉斯人貴族之尊稱也。此五位昆仲，不但征服婆羅洲，擊破碩坡之明南迦保人，而且均稱雄於馬來半島吉打、霹靂、雪蘭莪，既受其節制，柔佛蘇丹亦仰其鼻息，誠馬來歷史中鮮有之盛事。一七二二年，米麗華封爲柔佛之副王，其首邑卽在廖島。一七二八年米麗華歿。其弟芝剌克繼爲副王。一七四五年芝剌克歿。其人遺有二子，長名羅闍魯默（Raja Lumu）爲雪蘭莪之蘇丹。次名羅闍哈只（Raja Haji）爲廖島之王，又卽大舉進攻馬六甲之荷人者是也。同時芝剌克之姪（一作弟）名台恩甘埔耶（Daing Kemboja）者，則舉爲柔佛之副王。其時柔佛蘇丹爲一能力薄弱之蘇來門沙（Sulaiman Badr Al-alam Shah），丁加奴之蘇丹芒速沙則其從兄弟。此二王恆欲藉荷人之力解除武吉斯人之羈絆，而荷人則鑒於武吉斯人之猖獗，亦願樂助其成。是年，蘇來門卽以碩坡之宗主權讓與荷人。荷人則以壓迫副王及爲柔佛恢復雪蘭莪，吉令及寧宜昔日之治權爲報。同時東印度公司對於上述三地之錫，卽享有專利之權。蘇來門之姊名冬姑加瑪麗（Tengku Kamariah）曾嫁與項坡之主羅闍岐吉兒（Raja Kechil）爲妃。項坡治權既移荷人，岐吉兒卽讓位與其子羅闍謨哈默，其異母弟羅闍阿拉姆（Raja Alam）竭力反對，遂率海盜五百人稱雄於香丹島。蘇來門得荷人之助，將其驅逐，阿拉姆避往婆羅洲，副王甘埔耶以妹妻之。嗣甘埔耶繫於廖島，馬來人之態度有異，丁加奴蘇丹之不斷反抗，遂飭武吉斯人領袖運最大之礮於寧宜，而自稱爲寧宜獨立之王。一七五三年，阿拉姆得甘埔耶之助，入項坡，逐謨哈默，自稱蘇丹亞西瓦丁沙（Azimuddin Shah），開始向荷人爲商業戰爭。一七五五年，馬六甲荷政府遣歐洲軍三七名，亞洲軍三十名，駐於項坡河口之 Gontong 島，七月三十一日卽進攻項坡，阿拉姆被逐。荷人與蘇來門再訂新約：謂公司允於有利之機會，決助柔佛蘇丹恢復被武吉斯人佔領之土地。項坡則暫由攝政官署理之。公司與蘇來門對項坡有布疋專售權。雪蘭莪、吉令、寧宜之產錫，盡歸荷人壟斷。公司船隻在柔佛王國之轄區內可自由駛行。其他歐洲商船之無公司執照者，一律禁往柔佛。荷人既得勢於項坡，又與蘇來門訂立妨害武吉斯人之條約，台恩甘埔耶遂公開與東印度公司爲仇敵矣。一七五六年之初，阿拉姆又得甘埔耶之助，重入蘇門答臘。是年四月，武吉斯人焚掠馬六甲郊外之屋舍。七月荷人與丁加奴之艦隊合攻寧宜，壓迫武吉斯人放棄其船隻。羅闍哈只爲流彈所中，腿受微傷。八月荷人再遣艦隊進攻阿拉姆。十月甘埔耶聯合林茂，蹂躪馬六甲，而駐於格里棚（Klebang）（在馬六甲北郊）之荷軍亦爲武吉斯人所逐。一七五七年五月，甘埔耶終爲荷人所敗，退回寧宜，荷軍進兵圍之。十二月十二日，柔佛蘇丹蘇來門，丁加奴蘇丹芒速沙及天猛公馬治（Abdul Majid）與荷人簽訂條約，以寧宜與林茂讓與荷人。一七五八年一月一日，荷人於寧宜之斐麗碧娜礮壘（Fort Filipina）（後字爲荷總督 Jacob Mosel 之女名）會同武吉斯人三領袖，即寧宜之甘埔耶，吉令之羅闍都亞（Raja Tua）及林茂之羅闍亞提兒（Raja Adil），締和解合同，稱彼等願爲公司之友好，更願與柔佛蘇丹爲友，而彼等轄區內所產之錫，則悉售與公司，作價每播荷西班牙幣三二元，另加兩元則歸領袖享有。和平之約既締，理應相安無事。但蘇來門畏武吉斯人甚，仍懇求荷人派荷軍二五名駐於廖島，以爲保護。甘埔耶知其懦弱，乘機再起。當遣其勇敢善戰，在鎗林彈雨中視若無睹之堂弟，即羅闍哈只，前往廖島，要求蘇來門封甘埔耶爲柔佛之副王，蘇來門允焉。時在一七五九年。是年碩坡之荷戍軍盡遭屠殺。一七六〇年，蘇來門殁。其子巴魯（Raja di-Baroh）繼爲蘇丹，卽親赴雪蘭莪迎甘埔耶返廖島。巴魯旋毒死於雪蘭莪。甘埔耶率戰船四十五艘，偕巴魯之屍體回廖。立死者之幼子阿末黎耶沙（Ahmah Riayat Shah）爲蘇丹，自稱爲蘇丹之保護人。未幾阿末又死。乃立蘇來門之孫，卽生於一七六〇年者，爲柔佛之蘇丹，稱謨哈默黎耶沙。自此以後，副王甘埔耶坐鎮廖島，扶幼主以號令天下，實際上卽爲柔佛之王。其堂弟羅闍哈只則封爲那督克剌那（To' Klana），意爲無敵大將也。

羅闍哈只爲武吉斯人中最有名之戰士，洵非虛語。彼曾助占碑之蘇丹削平內亂，卽娶其女金后（Ratu Mas）爲妻。又助英得其利之王擊敗入侵之明南迦保人，又與其女哈麗媽（Raja Halimah）結婚。雪蘭莪蘇丹爲哈只之從兄弟，彼助之征服吉打。坤甸之酋長亦曾求助於哈只，彼亦率軍援之。武功之盛，冠絕一時。一七七七年甘埔耶死，哈只聞喪自坤甸遄返，途經彭亨，封爲副王（Yang di-pertuan Muda）。迨抵廖島，甘埔耶之子羅闍亞里（Raja Ali）已繼其父之位，而馬六甲之荷政府亦加以認可矣。據 Tuhfat al-Nafis 一書所載（此書專盛譽武吉斯人者），謂其時廖島之馬來人達五至九萬人，酋長多至六百，市面繁盛，昔所未有。一七八二年，荷人於廖島附近獲一貨船，船中載有雅片一、一五四箱，所值不貲。哈只要求分潤，荷人靳而不與，哈只與荷人遂起惡感。其先哈只陰助雪蘭莪與林茂，刼掠馬六甲海峽。荷人知廖島爲武吉斯人之大本營，非決心佔領不可。吧城政府遂派戰船六艘，軍士九一〇名，其中歐人三六二名，前往圍攻。九月初續派戰船七艘，軍士五九四名，以厚實力。羅闍哈只親統武吉斯人作戰，勇不可當，並嚴令軍士毋避鎗彈。荷軍封鎖年餘，無甚效果。吧城政府再遣援軍，並任馬六甲長官林蔻（Arnoldus Lemker）爲司令，藉壯聲勢。一七八四年一月六日，荷軍開始猛攻廖島，但林蔻所坐之戰船，卽爲彈所中，於是軍勢大挫，封鎖瓦解。是月末，荷軍一、五九四名敗回馬六甲，兵士之病者甚衆。哈只乘勝，立卽率軍駛蔴坡，令蘇丹謨哈默鎭此。自己則於二月十三日在馬六甲南五哩之吉大鵬灣（Teluk Ketapang）（又稱 Tanjong Palas）統大軍登陸，卽於其地築礮台兩座。武吉斯戰士千人，隨征婦女三百，舉行宴會，歌舞助興。其時雪蘭莪蘇丹易勃拉沁（武吉斯人）亦已率艦駛入寧宜河，拘馬六甲之太密爾人會居於林茂者，飭其往林茂與八達斯（Pedas），招募明南迦保戰士。隨卽統軍駛馬六甲，當於其北郊七哩之丹戎吉寧（Tanjong Kling）登岸斯時也，馬六甲南北均在武吉斯人控制之下矣。三月十四月，哈只佔領司馬浦（Semabok），入晚即襲擊無耶拿也（Bunga Raya）之外要塞。稍後怡里與三寶山之要塞，亦遭武吉斯人夜襲。馬六甲形勢之危殆，不言可知。五月，丁加奴蘇丹及碩坡之主宰，均表示願助荷人。然武吉斯人之進行仍甚利也。正當危急存亡之秋，荷船六艘載礮三二六尊，士卒二、一三〇人自吧城駛抵吉大鵬灣，時在六月一日，其總司令爲勃拉安（Jacob Pieter van Braam）。此時荷軍勇氣陡壯，即猛攻武吉斯人之佔領區司馬浦及烏戎巴詩（Ujong Pasir）。然因哈只之善戰堅抗，荷軍敗退。六月十八日夜，勃拉安祕密運精軍七三四名登陸，翌日黎明即用大礮猛轟武吉斯人之艦隊及礮壘。同日上午八時，自聖保羅山遙望吉大鵬灣之荷船異常忙碌，蓋正在藉礮火掩護之力，使全軍登岸也。未幾從船上發射之礮，戛然中止，歷一時許，排鎗之聲即賡續不斷。九時以後，吉大鵬灣濃烟四起，竟日不散。十時旗艦發信號，謂荷軍登陸已完全告成焉。於是大戰再起，武吉斯將領命迦（Arong Lenga）爲礮所中，墜馬而死。但荷軍亦傷亡枕籍，甲冑與靴，多至不能車載。羅閣哈只則一手持寶劍，一手執回教信條，指揮全軍，有進無退。不幸哈只彈中要害，武吉

一七〇〇年左右之馬六甲

此圖採自 R. O. Winstedt 之 History of Malaya 一書

斯人遂敗。而哈只之屍體，則由其護士及隨征婦女，用蓆包裹，藏於叢林。荷軍索之急，竟不能得。六月二十一日，荷人嚴訊武吉斯俘虜，始能尋獲。其人禿首短齒，更有其他特徵，荷人查驗不誤，卽以屍體運返馬六甲，葬之於聖保羅山麓，時在一七八四年之六月二十五日也。八月二日，勃拉安之艦隊乘勝征服雪蘭莪。十月十日再攻廖島。荷人頒發文告，謂武吉斯人須盡離該島，嗣後柔佛不准再置副王。武吉斯人大憤，再起抗戰。十月三十一日武吉斯人敗逃，廖島遂平。蘇丹謨哈默感荷人之恩，遂求荷政府駐軍保護。一七八五年六月十九日，荷人卽設駐劄官於廖島，惟行政事宜仍由謨哈默及其他馬來領袖辦理。荷人擊破武吉斯人在馬來半島之勢力後十年，馬六甲亦卽轉移於英人之手矣。

三

荷人統治時代之馬六甲，其民風物產，中西旅行家頗有記載，茲擇要徵引，不但可與馬歡費信之書互相比較，且可明其演變之源流焉。有荷人牛霍夫（John Nieuhoff）者於一六四〇年時服務於荷蘭西印度公司，居巴西十有三年，至一六五三年始改航東印度羣島，於一六六〇年十二月三十日到馬六甲。彼謂馬六甲昔日行使之錫幣，性重値賤，今已不用。現通行者有金幣，亦有銀幣。西班牙幣一元値兩盾十一分 (stivers)。重量分大小兩種：一名大播荷，合二百斤，每斤合二六兩 (tayls)，或三八・五葡兩，一兩合一・五葡兩。一名小播荷，亦二百斤，每斤二二兩。另一算法，一播荷合中國三擔，每擔合一二二荷磅。故一播荷爲三六六荷磅。大播荷秤胡椒、丁香、豆蔻、黃檀、白檀、藍靛、明礬、沈香及麝香之用。小播荷秤水銀、銅、金葉、豆蔻油、安息香油、龍腦及其他貨品之用。城中居民，多有荷人混血種，尤夥華人，異教徒，猶太人亦有。大都係營商者也。馬六甲之土着稱馬來人，膚櫻色，髮黑而長，眼大鼻扁，源出爪哇人，但兩者之眼完全相異。體裹一布，手足俱裸，裝飾品僅金釧及嵌有寶石之耳環，婦女態度甚傲，似遙比印度婦女爲尊嚴矣。另有一種特殊之人，白日不能見物，夜則能工作，能計算，故日臥夜起，其四肢與膚色頗類歐洲人，眼灰色，然東方民族之眼概作黑色或深褐色，此乃大異。髮黃色，女性之髮長可及臀，足向內彎。荷人稱此特殊之人曰 Kakerlakken。亦即吾國所稱之「羊白頭」或「卯時生」之人是也。

卡來里 (John Francis Gemelli Careri) 者，那泊爾斯 (Naples) 人也。彼於一六九三年

六月十三日離其本鄉，首途東航，先經士耳其，後往波斯，繼抵臥亞，時在一六九五年二月二十六日。同年五月十日再自臥亞航往馬六甲，至六月二十七日到達，即偕船長在甲登岸，寄宿於一逆旅中。彼謂馬六甲城周一哩，有堡壘六座，各備精良之銃，並有一城池，水流入海。有兩城門，一面河，一向南。太守駐城中，戍軍一百八十名歸其統治。城中央隆起，上有教堂。氣候溫暑，土壤肥沃，幾無日不雨。凡臥亞所產之樹果，此地均有，而椰子之大，則三倍於臥亞所產。青時採集之，稱 lagna，內有汁，可飲。全熟時，果肉如蘋果，嫩而味美。此種椰子在臥亞罕見。馬六甲之榴槤亦極著名，異鄉之人，嗅其氣不欲食，既嘗，即永遠嗜之。樹極小（按榴槤樹甚大，高可四十公尺，徑可一百二十公分）果着生於枝之粗處，有如波羅蜜。形圓，略同松樹之果，熟時黃色，外有線紋，內藏果肉，軟而白，計分六室，有核甚多，炙乾可食。榴槤氣如腐葱之臭，但其味至佳，一經嘗試，愛不釋手。山竹（即瀛涯勝覽中之莽吉柿）係一種野果，極佳，形圓，大如蘋果，頂有條紋六，狀如星，熟時外黃內白，分數瓤，有如蒜頭，但軟而甜。以果殼搗成粉末，溶於水，可以止血。水蓉（Jambu）亦係樹果，大如甜瓜，其味如橙，品種甚多，有白、有黃、有紅。此外尚有一種酸果，稱 Assampaja，坐於籐之下方，漬之可食。大如胡桃，外赭色，內白色，中有一核（按 assampaja 卽 asam paya，其學名爲 Zalacca conferta, Griff 果實極酸，土人喜食。）羅馬尼亞果（Romania）大如綠色胡桃，性寒，可製果醬（按 romania 卽 rumenia，其學名爲 Bouea macrophylla, Griff 果實多汁，味甘酸，極可食。）西穀（Sagu）爲葡人所重視，根含粉質，生於沿海，馬來人常販往馬六甲，更有運至中國、印度及其他各地者。和糖煑食，其味甚美。又可煑粥。另有一種野果名 Bacciam，狀如芒果，亦製果醬（按 Bacciam 卽 Bachang，其學名爲 Mangifera Foetida, Lour 此果未熟時氣味惡劣，不可食。通常和咖喱內或鹽漬而食之。）卡來里又謂：凡船隻之通過馬六甲海峽者，不論其到甲停泊與否，槪須納碇泊稅。西班牙船與葡萄牙船，各納西班牙幣百元，餘可減少。荷人對此兩國，壓迫甚烈，徵此重稅。謂葡人控制馬六甲時，對荷人亦如此云。至英船則不但免稅，且爲荷人所敬視。英船到甲，鳴禮礮十八響，馬六甲之礮台則還礮十九響。當吾人所坐之船到甲時，曾鳴礮七響，而岸上則並不還礮。馬六甲港口極爲平安，來自東方與西方之貿遷者甚衆，是以市場之上，珍品異物，應有盡有，大都來自中國、日本、榜葛剌、注輦、波斯及其他各國者也。有一種黑羽之食火雞，比吐綬雞大兩倍，翼有骨，與鯨骨同。喙與足如駝鳥。卵白色帶綠。

係從爪哇運此。又有一種珍奇之魚，稱 Balanca，下部如蟹，上部有甲如龜，前端有武器如劍，煑之可食，味與蟹無異，常雌雄同棲，故一捕可得二枚（按此物卽鱟，其學名爲 Tachypleus gigas, Müller，又稱 Limulus moluccanus，馬來人稱 Bĕlangkas 或 mimi，暹羅稱 mangda。卵亦可食，孕婦食之尤宜。甲殼可充藥材，所謂前端有武器如劍，實係尾也。）馬六甲雖多珍品，但生活程度不高，日費西班牙幣一元，卽足敷用矣。荷人統治之範圍，周廣三哩，過此爲蠻人所居，卽稱明那迦保人。其人信回教，乃荷人之死敵也。旋卡來里繼續航行，從婆羅洲至澳門，居華二年，再至菲律濱。一六九八年至墨西哥，一六九九年十二月三日回抵其故鄉那泊爾斯。

謝清高，粵之嘉應州人，生乾隆乙酉（一七六五年），年十八隨番舶出洋，朝夕舶上者，十有四年，足跡遠至倫敦。三十一歲而瞽，卽居澳門，爲人翻譯，藉資生活。曾口述海錄一書，記載南海及西洋各國情形尙備，今將麻六呷條轉錄於下：麻六呷在舊柔佛（指新加坡）西少北，東北與邦項（卽彭亨）後山毗連，陸路通行，由舊柔佛水陸順東南風半日過琴山徑口（察其方向，當指吉利門），又日餘到此。土番亦無來由（卽馬來）種類，疆域數百里，崇山峻嶺，樹木叢雜。民情兇惡，風俗詭異，屬荷蘭管轄。初小西洋（指卧亞）各國番船往來中國，經此必停泊，採買貨物，本爲繁盛之區。自嘆咭利開新州府（指檳榔嶼，）而此處浸衰息矣。土產錫、金、冰片、沙藤、胡椒、沙穀米、檳榔、燕窩、犀角、水鹿、瑇瑁、翡翠、降速、伽楠各香。閩粤人至此採錫及貿易者甚衆。

四

荷蘭東印度公司，於十七世紀之中，可謂最繁盛之時代。迨至該世紀後半，荷蘭屢與英國戰（一六五二年，一六六四年，）或與法國戰（一六七二年，）有時與英法共戰。致荷蘭本國之人力財力消耗甚鉅。自一六五四年荷蘭承認英國之航海條例後，英人更雄飛海上，其勢浸浸駕荷蘭之上。故至十七世紀末，荷公司卽開始呈衰退之象矣。而荷人在東方之政策，則又膠執於偏面之條約，或藉武力封鎖，以遂其壟斷之目的，或用強迫手段，使船舶轉向荷人口岸。此種策略，實與刼持無異。是以其唯一之結果，卽爲引起不斷之戰事，與公司負擔巨大之費用是也。就馬來半島言之，馬來人與明那迦保人，恆公然反抗荷人之專利，武吉斯人則於馬六甲城牆之外，與荷人爲游擊之戰，形勢險惡，已如上述，因是荷人藉此政策所獲之潤利，實不足以應行政之費用。據穆勒 (Hendrik P. N. Muller)言：一六四五年，荷人在馬六甲之行政經費短八萬盾。一六六一年，收入爲十二萬六千盾，支出爲二十萬七千盾。僅一六六五年黎比克爲太守之時，盈餘四千盾（該年賦稅收入爲六二、五〇〇盾，從貨物方面所得之潤利爲一六八、一〇〇盾，從霹靂收入三、四〇〇盾，共計二三四、〇〇〇盾。而是年之支出爲二十三萬盾。）其餘各年無不短少，得不償失，足爲明證。同時東印度公司之簿記系統，不但紊亂，而且惡劣。在亞洲所保存之賬目，恆與保存於荷蘭者不能符合，例如在東方之某年總淸賬獲有大利之記載，而在同時期存於荷蘭之總淸賬，則顯示虧蝕是矣。又同一貨幣，在荷蘭與東方之價值完全不同，卽在荷屬東印度範圍之內亦係如此。貨幣無共通之標準，無固定之價值，亦公司政策之缺憾也。十八世紀之中，東印度公司僱用之水手達三千五百人，奴隸與士卒達一萬八千人，此外賴公司以生活者，數亦不少（一六六五年時，賴公司生活之奴隸計八百人，荷蘭公民二十一人，葡人、混種人、摩爾人、華人、爪哇人及馬來人共九百名。）是以於一七五〇年時，僅軍費支出卽達五百五十萬盾。而各屬地要塞與士庫之維持費用，尚不計入。公司之窮，豈不宜哉。即以馬六甲而論，收入既不敷支出，則戍軍數目自可裁減。然無人敢爲。蓋一裁之後，不但士人有反攻之虞，而與荷人競爭者亦可乘虛而入矣。然公司之致命傷猶不在此，其最大之弊政：一爲公司之公務人員，引用戚黨，辦事腐化，行爲不忠，且私營貿易。（註一）二有少數高級官吏廣購米糧，屯積居奇。此係最重要之民食，奚可如此。三秤入之貨用重秤，付出之款常短少，美其名曰官吏俸微作爲酬勞。四少數荷人因俸給之薄，背誓棄信，脫離其自己之公司，甘以所有之經驗貢獻於與荷人爲敵之競爭者，由此可得較高之報酬。荷公司具此種種惡素，崩潰固宜。一六七四年蒲脫曾發一通令，嚴禁官吏向來自注輦之摩爾人優先購買布疋以之轉售馬六甲，蓋此可使東印度公司之業務大受損害者也。在霹靂之公務人員，馬六甲荷政府亦以重罰相威脅，謂若該員等如用虛搆之名稱，欺騙公司，僅謀利己者，則一經檢舉，罰鍰免職。然命令等於具文，官吏腐敗始終未改。吾人一讀下引之記載，即可明矣。一七七八年有一青年荷人從吧城函告其本國之友好曰：此處地位甚佳，數年之內即可致富。有安陸斯脫島（Onrust）者，上設貨棧甚多，居有官吏兩名，彼等候載貨之船駛往本國時，即乘機偷運，私自貿易。一年前在此任職之人，嘗運貨百囊（sack），其每囊所獲之利潤達一百哀庫（écu）（一哀庫合五法郎。）余之所言，絕非誇大，確係事實。而此輩縉紳，則更年費十囊，作爲公認之賄賂焉。是以太守，董事並其他官吏，莫不因此致富。質言之，此地位者暴富之所在也。然人格墮落，不齒社會，雖富無益。一七八六年，另有一青年荷人名巴本吉（Reynier Bernardus Hoynck van Papendrecht）者，爲馬六甲之港長，嘗自敍其生活曰：余之生活，幾埒王公。余在城中所寓之屋，不但精緻勝常，且有最摩登之家具。余尚有一幽靜之鄉莊，當船運稀少之時，余卽寓此。余另有一優良之地產，其地稱丹絨吉寧，該處有村舍四所。吾所蓄之奴，不知其數，約言之，當在六十名以上。余代步有四輪雙馬車及雙輪單馬車，計有馬三副，鞍馬兩匹。余部下之屬員甚衆。余日常工作之最費力者，厥爲收款與簽名。余任斯職，利益旣多，且係全權，上峯亦極滿意，蓋余之收入，對於東印度公司並無損害者也。當余初任之際，余從貿易與船運兩項，獲利無算。逮英荷發生戰事，並荷人與土人交惡之時，余卽遭受無限之損失焉。查港長地位，遠在太守之下，其安富尊榮，竟至如斯，則其他高級官吏之驕奢淫佚，不問可知。又查當時馬六甲之警長，出則乘鍍金之四輪大馬車，身穿天鵝絨外衣，其豪華似比港長更勝一籌也。東印度公司所屬之人員，腐化情形旣如上述，是以於一七九五年，荷蘭國會特組委員會清理公司賬目，宣告破產，無足異焉。一七九八年，荷人新成立之吧達維亞共和國(Batavian Republic)更吊銷於一六〇二年頒給與公司之特許狀，並收回公司所領之一切屬地，於是公司在南海之勢力完全消失。然公司之足以自豪者，終能經過約兩世紀之奮鬭，使荷蘭成爲一殖民帝國是也。

（註一）荷蘭東印度公司雖甚腐化，但同時代英國東印度公司在印度之情形，亦並不良好。據湯孫 (Edward Thompson) 所著印度史 (A History of India) 一書中之記載：謂英公司之代表曾發起三次革新組織，而每次在名義上公司之收益似乎較多，但日後英國議會偵知於一七五七至一七六六年間，在孟加拉之英公司之公務人員，其所得不合法之利益達二百五十萬鎊以上。另有一款計三、七七〇、八三三鎊則作爲補償損失之用云。而在麻打拉斯 (Madras) 之公司人員，亦同樣不忠實。天下烏鴉一般黑，其斯之謂歟?

一七八九年，法國發生革命，政改共和。一七九三年，此革命之法國對英宣戰，並進攻英國之盟好荷蘭。一七九四年一月，法國佔領荷蘭。荷蘭聯邦總督 (Stadtholder) 逃至英倫，吧達維亞共和國宣告成立，一七九五年五月十六日，由於海牙條約之訂立，吧達維亞與法蘭西兩共和國，忽締攻守同盟之約。由是荷蘭對英，亦成交戰國矣。因此荷蘭之殖民地，卽爲法國之殖民地，東印度之每一荷人港口卽爲法人港口，同時法國卽可利用此等港口，成爲法艦之庇護所，或爲法人襲擊英國貿易與領土之根據地。卽此之故，英國爲維持其盟好荷蘭聯邦總督之權利與領土計並爲自身之安全計，於可能範圍之內佔領荷人口岸之行動，實爲必要。一七九五年二月七日，荷蘭聯邦總督奧倫治親王（W. Pr. v. Orange），在倫敦郊外之畿輔（Kew）地方發一重要文告，諭令錫蘭荷太守，其辭如下：謂吾人爲便宜行事計，直接命令閣下，凡特靈科馬利（Trincomalee）及各處荷屬地，在閣下治理範圍之內者，如有英皇派出之軍隊到着，務須准其登岸，不可阻礙。又英皇之戰艦，巡洋艦或武裝船舶，如須停泊或駛行，亦一律予以便利。蓋英皇爲本總督之盟好，而英軍之開往荷屬地，卽所以阻止法人之入侵也。旋英國欲加強此文告起見，卽於是年十月，從麻打拉斯派遣遠征軍隊。其最初之目的，卽欲佔領荷人之摩鹿加羣島。後遠征軍駛抵檳榔嶼，見此新闢之殖民地頗有欣欣向榮之勢，據隨軍總工程師林農（W. C. Lennon）之報告：謂該嶼人口已達二萬，有吉寧人、榜葛剌人、馬來人、華人、葡人及歐人。因氣候之佳勝，一切發展非常迅速。其尤要者，凡屬商貨，概不徵稅，在其時英國領土之中，此種自由貿易實係新創云。旬日後，司令勃朗少校（Major Brown）率英軍在馬六甲登岸。荷太守戈璧魯斯（Abrahamus Couperus）不但未加抵抗，且設盛宴迎之。林農描寫當時情況，頗感興味，茲略引之謂：戈璧魯斯夫人穿葡巫混合服裝，慇懃招待，體貼入微。然夫人固系出名門者也。入暮，夫人奏口琴助興，並由其所蓄之女奴彈「凡莪林」和之，音韻悠揚，令人神往。夫人喜嚼檳榔荖葉，連續不斷，其他在坐貴婦亦均如此，是以室中所列之椅旁各備吐壺一具，以爲存貯檳榔渣之用焉。吾人觀此記載，知其時荷人之情質已半採土人習慣，在馬六甲此風似更流行也。諸事已定，太守戈璧魯斯及其軍隊退出馬六甲。英人以臨時佔領性質，對荷方官員未加更動，僅委一駐劄官監視而已。同年末，荷人在霹靂之土庫亦歸英接收。一八〇二年十一月十一日，因亞眠（Amiens）和平條約之訂立，馬六甲重歸荷人，吧城當局亦已委克蘭孫（Cranssen）爲新太守。旋歐洲戰事再起，荷蘭在法人控制下，仍對英宣戰，是以英人仍將馬六甲保留。後拿破崙失敗，荷蘭脫離法國之羈絆，遂於一八一四年八月十三日舉行倫敦會議，決以馬六甲歸還荷人。但其時荷人正忙於廖島之佔領，無暇及此，故延至一八一八年九月二十一日始從英人手中接收矣。是年十一月二十六日，荷海軍少將華德比（C. J. Wolterbeek）與柔佛、彭亨、廖島及龍牙之王（實卽柔佛蘇丹，因其時彭亨、廖島與龍牙，於名義上均歸蘇丹治理耳）締結條約，謂上述之王爲荷蘭王國之臣屬，由荷政府委一駐劄官治理之同時荷人對於該國不再壟斷，所有口岸一律開放，任何國籍之人民，均可來此貿易。一八一九年，馬六甲荷太守天孫（Timmerman Thijssen）則與林茂訂立條立，謂林茂之羅閣及其要臣，均承認馬六甲政府爲彼等之合法統治者，而彼等之承繼者於嗣位之時，則須向馬六甲太守舉行宣誓禮。凡林茂所有之錫，須盡售與馬六甲政府，凡出航之船須至馬六甲停泊領證，違者船貨沒收。同年更與雪蘭莪訂約，亦係關於錫之專利是也。一八一九年二月六日，英人開闢新加坡（請閱拙譯雷佛士傳）天孫認爲違法，擬用武力奪取，但結果僅係恫嚇，並不實行。一八二四年三月十七日，英荷集會倫敦，調整南海勢力範圍，卒訂荷蘭條約（Treaty of Holland）（詳見後章）自是以後，馬六甲遂歸英人統治，迄今未變。

第四章　英國統治時代

一

馬六甲自歸英國統治後，因先有檳榔嶼（簡稱檳城）之發展，後有新加坡之經營，其昔日重要之地位，卽逐漸喪失。當一七九五年英軍於馬六甲登岸時，知其地之人口僅在一萬五千左右，馬來人、華人、吉寧人、混種人及歐人最佔多數。農事絕不發達（荷人恐妨害爪哇米之輸出，不鼓勵人民種稻），商業則因檳城之競爭，亦頗衰落。是以英人不取荷人之絕對壟斷主義，而從事於貿易之公開，惟對一切商船，仍徵規定之賦稅焉。一八〇二年，英、法、荷、西（班牙）四國在亞眠締結和約，議定馬六甲重歸荷人。翌年五月，歐洲戰事再起，英國東印度公司着將與檳城處於頡頏地位之馬六甲仍予保持，不願移交。然知日後之難免歸荷，檳城英太守遂向公司董事建議，謂馬六甲之堡壘應一律蕩平，勸儉良民勸其移檳。質言之，將此歐洲人佔領三世紀之殖民地放棄是也。董事納太守議，歷時兩年，費款數千鎊，卒將此具有歷史之城堡拆除，城池填平，黑石所建之礮壘稜堡，泥築之要塞禦牆，以及吊橋蒺鐵（Caltrops）盡毀無遺。今所存者僅一城門，荷太守府，聖保羅教堂之敗垣殘壁，及聖約翰山頂荷人所築之礮壘而已。據當時目擊此舉之馬來文人亞圖拉（Munshi Abdullah）言：謂實行破壞工作之工人，咸認古城之下神鬼麕集，因懼而病者不知多少，是以工資之高，日須一羅比（rupee）（合一先令四便士）以上。嗣僱工一隊，費時六日，於面海之城牆下挖掘一穴，填以火藥，通一甚長之導火線，一日清晨，駐劄官騎一馬，持火炬，燃於線上，策馬疾避，少頃爆炸，濃煙蔽日，居民聞之，莫不驚駭。查其時人民，類多迷信，謂靜寂拆城，神鬼不去，一經爆炸，則神散鬼逃，不致爲祟云。城毀後，亞圖拉又謂：馬六甲之光榮，今已盡失，此與夫死婦悲，形容憔悴之景象正同。亦趣語也。同時在甲之大礮及軍需品等，亦悉移檳。一八〇八年，有一檳城之少年文官名雷佛士者，其人半類學者，半類商人，因身體違和，到甲旅行。彼對拆城之舉，深爲惋惜，認將馬六甲之人口貿易移往檳城，則絕不可能。雷氏遂草一詳細報告，分寄印度及檳城兩政府，其辭如下：謂在二萬人口之中，有四分三以上之居民，均生長於馬六甲古城之內，而其家族之宅居於斯士者，亦已歷數世紀之久，強其遷徙，談何容易。馬來民族，就普遍言之，似爲一無甚價値之子民，然在馬六甲者乃爲社會上勤儉之良民，有用之分子。彼等生於斯，食於斯，老於斯。彼等熟習當地之規律，通曉當地之情形。至其心目中則又充滿家庭之觀念。彼等獨有之性格，爲用心從事，爲尊敬官吏。而彼等之需要則極易滿足。不特此也，因馬六甲爲自古有名之城市，故全境已成開明之地，市廛繁盛，屋宇整潔，公私有價値之建築物，亦觸目皆是。且土人具偏執之成見，盡人皆知，設勸誘若輩放棄其祖宗之墳墓，離去其信仰之神廟，不顧其獨立之體面，並拋撇其恃以爲生受人尊敬之財產，殊無兩得之利益。總之，馬六甲之居民，實與英人在別處所見者絕然相異。如不加考慮，貿然從事，要非計之得者也。威爾斯太子島（Prince of Wales' Island）（即檳城）中之居民則不然，其中四分之三因由政府鼓勵移民之故，悉係外來民族，彼等無固定之產業，有冒險之精神，轉瞬之間，貿遷無定。但馬六甲之居民，則與此種情況完全不同，居民之中大多爲具有恆產之業主，或與業主有關係之人民，若輩有出租之農園，獲利之漁場，自營之貿易。故從各人之外表觀之，似均願決定居留於馬六甲內。至此古城之命運如何，則若輩一任其自然消長而置之度外也。檳城政府固提議供給由甲到檳之旅費，但居民之中必無一人樂於接受士人認英人之忠實，必可爲保護彼等最善之保證。當此殖民地轉入英人之手時，英人固嘗勸告士人居留斯士，並對居民獻議，擔保彼等之安全，鼓勵彼等之事業，但所謂鼓勵云者，旣風流雲散，而彼等日日盼望之保護，亦消聲匿跡。設英人確懷庇護之心，則彼等必願付巨大之犧牲，負擔嚴重之賦稅，決不敢辭，徵用相當之人力，亦所願意。馬六甲之賦稅，從不拖欠，設強迫遷徙之舉必欲實行，則補償歐洲居民之款項，已卽須五十萬元之鉅。假定費有所出，而人口實際移動之情形，恐仍不得而知，蓋吾人使用何術以調查此離境之移民乎？雷氏又謂：若馬六甲納稅之率，較檳城之標準爲低，則斷無甚多之船隻溯馬六甲海峽而上，有之亦極稀少。並且目前駐泊於馬六甲商船之一部，卽用強迫手段，亦不欲上溯至檳城，若果出於武力之威脅，則非全體停業，卽遠航至士人口岸之廖島或至荷人在爪哇之口岸，至於利益較少，或非彼等所計及也。卽捨此不言，而比較更重要之利權，亦必瀕於險境。馬六甲爲歐洲列強之屬地者，已達三世紀之久，卽在未被歐人控制以前，亦已一致重視爲馬來各邦之首府。故在士酋巨賈王公貴族之心中，認此古老之城市，有無上之重要，有無上之光榮，是以若輩對佔領斯士之國家，常渴想獲得親密之友誼，以維持其表面上之尊榮。馬六甲一名，實爲馬來人耳目中之權衡，故歐人之任何新殖民地或新殖民地之任何重要，彼等均不欲注意。馬六甲握於土王之手，固爲另一問題，然其危險情形，不難預知。蓋歐洲有一強國（按指荷蘭）常欲佔領此項土地爲其最合心願之目的，此強國者卽英國之敵人也。荷蘭政府曾有精密之計劃，闢馬六甲爲自由口岸以毀滅英人在檳榔嶼之貿易，此爲衆所熟知之事，諒不健忘。是以雷氏繼謂馬六甲之礮台要塞，固可因一人之嚴令，立卽加以摧毀，但其人將使毀滅城堡之區域，回復昔日叢莽沼澤之舊觀，或馬六甲之鄉野，立卽成爲野草遍地，荊棘滿途，爲一有害健康之蠻荒區域，亦意中事。經數世紀之勤勤懇懇，使此已有充分之實力，獲有成功之名城，因通常之煩擾，而欲完全消除，於情於理，均未見當。惟時間與可畏之寶劍，確能使此古老城市回復原始狀態，迨變成舊觀之時，此英國之歐洲敵人，又將視其爲重要之目的物矣。蓋實因斯土在商業物產方面，均具有優勝之地位，頗足以困擾並實足以破壞英人在檳榔嶼之權益也。際此歐洲大同盟對法繼續抗戰之秋，吾人不妨爲一具有臨時性質之協議，迨歐洲戰事結束，和平實現，則務使決定以馬六甲歸英人所有，而使其成爲英國之殖民地，則日後能獲確切之利益，定可預卜。故雷氏之結論：謂以斯土割歸英人，則其與檳城拮抗之地位，可以消滅，既不以此抑彼，亦不以彼抑此，而馬六甲與檳榔嶼之互相爲用，互相爲助，可以實現，因是馬六甲之賦稅收入定可增加，而荷人在斯士施行之法律亦可由英皇之命令予以撤銷，同時威爾斯太子島法庭之裁判權，亦極易推行於此地。尤有進者，英人因有馬六甲之助力，可使海峽及海峽以東之馬來酋長，不但盡爲吾用，並且若於需要之時，又盡可爲吾人之屬國矣。印度總督明都（Lord Minto）讀此報告後，深爲感動，當命令檳城政府勿放棄馬六甲，其居民得免流離之苦，卽此雷佛士報告之力也。一八一一年總督明都親征爪哇。五月九日，英軍及印度軍一萬一千人，戰船百艘集中馬六甲（一八四〇至四二年之「鴉片之戰」，英人亦以馬六甲爲軍隊集中之地。）明都在甲登岸，卽以荷人昔日所施慘無人道之刑具，明令廢除，而暗無天日之土牢，亦毀爲平地，居民德之。六月十八日，明都與雷佛士等卽離甲出征爪哇矣。一八一四年八月十三日，因拿破崙勢力之瓦解，歐洲諸國先集合於倫敦，次開維也納會議，馬六甲決重歸荷人。然延至一八一八年九月二十一日始行移交。其時馬六甲之英駐劄官卽法夸耳少校（William Farquhar）是也。自此以後，英荷兩國在歐洲雖能維持誠篤之友誼，然彼等在東方之行政人員，則繼續發生摩擦，雙方互控之檔案，多至不可勝數。英國政府，爲欲澄清兩國在東方之糾紛，並謀英荷勢力範圍之平衡分配，以及減少彼等之從政人員再有接觸之機會起見，遂於一八一九年末開始與荷蘭磋商，至一八二〇年再詳查東印度方面之種種事務，暫告停頓。迨一八二四年春，兩國遂集會於倫敦，卒成荷蘭條約。此約爲英荷兩國劃分南海勢力範圍之重要文件，特徵引之。（一）兩締約國之人民，基於最惠國之原則，得至各該國在馬來羣島，印度大陸及錫蘭之屬地互爲貿易。惟各該國之人民，自須遵守各殖民地當地之規律。（二）凡一國之人民船隻，至東方諸海（Eastern Seas）（按指馬來羣島間之諸海）中屬於別國之口岸時，可免納出入口稅。設欲徵稅，則其稅率不得超過以前在各口岸所納者之兩倍。荷船至印度大陸或錫蘭之英屬口岸時，須納出入口稅，其稅率不得超越英船所納者之兩倍。凡免稅之貨物，由一國之人民船隻貿易遷至別國所屬之口岸時，如須徵出入口稅，其稅率不得超過百分之六。（三）兩締約國，以後不論任何一國，均不應與東方諸海中之任何土酋再締貿易契約，卽其約中之內容對任何一國有特別之目的，或徵取不公平之賦稅，以排斥別國與土酋間之貿易者。設若此種契約業已存在於任何一國，則其影響所及，將生惡果，故應據目前產生之英荷條約（即荷蘭條約，）完全取消。同時在本條約訂立以前，此兩締約國與東方諸海之土酋間所簽訂之一切契約合同，已盡加檢討矣。（四）英荷兩國君主，各嚴令其所屬之公務人員及軍事當局，並軍事當局所屬之戰船，應遵照條約一、二、三之規定，尊重貿易之自由，切不可妨礙兩國在馬來羣島各口岸之政府與土酋間之交通，或妨礙兩國人民與土酋間之來往。（五）英荷兩國須同心協力，鎮壓東方諸海之海盜。凡屬盜船，則在兩國之領土內，既不准其避匿，又不可予以保護。而盜船所掠奪之貨物船隻，亦不准其在兩國之任何屬地內貯藏或出售。（六）英荷兩國政府同意頒給命令與其在東方之公務員及代理官，若事前未得歐洲兩政府當局之許可，則以後在東方諸海之任何島上不得建設任何新殖民地。（七）摩鹿加羣島，尤其此羣島中之安汶、班達、簡那底諸島及其附近各地，概不適本條約一、二、三、四之規定，仍可由荷蘭政府專利，迨該政府認爲香料貿易之壟斷可以放棄時，或於放棄以前已准任何國家之人民可與此羣島發生商業上之接觸時，則英國人民，自應基於完全平等之原則，得與此羣島通商。惟亞洲之土着國例外。（八）荷蘭政府願以在印度大陸上建設之殖民地一律割讓與英國。同時在該殖民地中該國所享受之一切特權及豁免權等，亦完全宣佈放棄。（九）在蘇門答臘島上之曼舜羅要塞（Fort Marlborough）（按卽萬古侖Bencoolen）與土庫及一切英屬領土，以後悉割讓與荷蘭，同時英國不再在該島上建設英殖民地。又不准英國當局與該島上之任何土酋締結任何條約。（十）馬六甲之城市與要塞及其附近各地，以後悉割讓與英國。同時荷蘭政府及其人民以後不准在馬六甲半島（卽馬來半島）（昔日西人均以馬六甲半島稱馬來半島，如法人仍用 Presqu'ile de Malacca 以稱馬來半島至今未改可爲明證）之任何一部建設任何屬地，又不准與半島上之任何土酋締結任何條約。（十一）英國政府對荷蘭政府之代理官佔領勿里洞島（Billiton）（昔稱麻葉甕）及其附近各地一事，英國願撤消其反對之意見。（十二）荷蘭政府對英國人民佔領新加坡島一事，荷蘭願撤消其反對之意見。但英國政府不可於吉利門羣島或於巴丹島（Battam）兵打島（廖島）龍牙島，或在新加坡海峽以南之任何島上，建設英國屬地。同時英國當局，更不可與此等羣島上之土酋簽訂任何條約。（十三）在上述諸條中規定讓與之一切殖民地，屬地及建設物等，準於一八二五年三月一日各移交與兩國之行政官吏。同時在本條約布告之時期內，所有在各該地內之要塞悉維現狀。但一切大礮或任何形式之貯藏品，雙方讓與國或願搬移，或仍留置，悉聽自便。而讓與地內如有賦稅之任何積欠，或任何支出之行政費等，雙方概不准要求補償損失。（十四）在讓與地內之一切居民，從本條約批准之時起，於六年之內，此等居民悉可自由處理其財產。如居民願意遷往別國，或轉移其產業，兩國政府概不得予以任何之阻礙。（十五）在八、九、十、十一及十二各條內所述之領土或建設物等，兩締約國一致同意，無論何時，概不准轉讓與其他任何國家。設此等領土之任一部分，此兩締約國之一欲將其放棄時，則別一締約國有立卽佔領之權。（十六）英人以爪哇歸還荷人之時（印度總督明都奪獲爪哇後，卽委雷佛士爲治爪長官，六年後重歸荷人），兩國政府曾各派委員，於一八一七年六月二十四日集會於吧城，討論移交前之一切賬目及英方要求之賠償等，歷久不決。現本條約已予規定，並得雙方同意，由荷蘭政府於一八二五年底以前，付款十萬鎊與英國，作爲解決。（十七）本條約自訂立日起，於三個月內必須批准，如屬可能，提早更佳。交換批准，仍在倫敦行之。簽字於本約者爲 George Canning 及 Charles Watkin Williams Wynn。立約之時期爲一八二四年三月十七日也。條約之後，附加換文（Exchange of Note），詞長不錄。

至此換文之目的，欲使條約中之若干條文得到更確切之定義耳（密爾斯對此條約，曾作長文批評之。讀者可參閱拙著馬來亞歷史概要一書）。自英荷締結此重要之條約後，此兩國在南海之勢力，近百餘年中未嘗稍變。不過英國東印度公司其時所得之遺產，乃爲一式微之港口，百孔千瘡之城市，與土酋發生戰爭（指南寧之戰，詳見後節）之區域，及歷四十年而尚不能完全解決土地問題之馬六甲是也。

二

南寧蕞爾小邦，僻處一隅，地非要衝，民不富庶，然用兵之事，時有所聞，至足異也。南寧與荷蘭之交涉，已備述如前，今所言者，卽爲英國統治馬六甲後與南寧之戰爭。據一八二九年海峽殖民地之檔案（Straits Settlements Records）所載，謂南寧之人口共有馬來人（按指明那迦保人）四、八七五名，其中可戰之士計一千二百名。克洛福特（John Crawfurd）謂其地貧乏，盡係叢莽，得之無益。查南寧之面積約爲二百方哩，介馬六甲與林茂間，離馬六甲市僅十哩，所產爲米、錫、籐、甘蜜（gambier）與樹果，每年賦稅收入約爲三千元也。一八〇一年，英人襲荷人之辦法，與南寧訂立條約，茲錄其要點於下。（一）南寧之奔呼盧（Penghulu）（意爲首領）及一切領袖，應代表南寧全體效忠於聖喬治要塞（Fort Saint George）（即檳城）之太守及馬六甲之駐劄官。如境內發生任何案件，則宜與英當局合作，協力解決。反對太守之任何企圖與計劃，不論間接或直接，均不宜具有。下述之條約須嚴格遵守。南寧與別國昔日所訂之條約，對英國懷有偏見者，此後一律取消。（二）凡南寧境內之任何人民，即使明那迦保人與馬來人之兒童，如有違背本約之內容，或對太守及其屬員有不服從之表示者，太守得要求奔呼盧將若輩交出，處以應得之罪。（三）南寧之奔呼盧，一切領袖，一切居民，應以產米與樹果之十分之一交給東印度公司，倘彼等之境遇確屬貧困，則公司可着奔呼盧自己或領袖之一，每年親至馬六甲向公司進貢一次。其貢物即爲最初所產之樹果若干及米半車（koyan）（一車合四十擔，即八百加登）即可。（四）凡南寧之居民如欲離境赴馬六甲時，應以奔呼盧簽名蓋印之准證呈交馬六甲港長。由甲入南寧時之辦法，則由港長簽證。凡無證者各押回原籍。如馬六甲之居民欲入南寧從事種植，以謀生活，則由馬六甲政府另給居留證與之。（五）奔呼盧及其他領袖，應以西里民那底（Sri Menanti）（其地今屬森美蘭）雙溪烏戎林茂及其他各地輸入南寧之錫立卽轉售與東印度公司，其價每播荷（三百斤）爲四十四荷元（Rix Dollars），以印度羅比付之。（六）凡南寧及其附近所產之胡椒，如數量甚多時，亦須售與公司，其價每播荷作十二荷元。（七）南寧之奔呼盧，領袖與人民，無權與內地之任何部落談判或通商，彼等應以貨物從馬六甲河運甲。如有藉口交通困難，或與寧宜河附近之部落互爲貿易，則一經查實，人貨沒官。（八）南寧之奔呼盧及領袖如欲辭職，或遭其他之不幸而去位時，應就其族中推選一最有資格之人，呈報馬六甲駐劄官而爲去位者之承繼人。但駐劄官若認爲所選非人，則可拒絕裁可。此時自須另選，不得有其他非議。（九）凡屬於東印度公司或馬六甲居民之任何奴隸，如有避入南寧或其毗鄰各地時，則奔呼盧領袖及其人民應將逃奴立卽拘捕送回馬六甲之奴主，此時主人應出十荷元賜給送奴者。（十）凡從南寧逃入馬六甲之男女奴，如願改宗基督教者，則以購入奴隸時價格之半償還奴主，此係馬六甲政府所規定，不得異議。（十一）不論何人，如將馬六甲已宗基督教之奴隸，售與回教徒或異教徒，則不問是否出於奴主自願，抑用誘拐方法，或藉強迫手段得來者，一經查獲，人財沒官。若將基督奴隸施以割禮，強迫改宗回教，則更須嚴重處罰。（十二）奔呼盧與領袖對上述諸條之內容，務須宣誓遵守，以昭鄭重。而所有逃入南寧或其他附近各地之奴隸，自宜遵約，立即送回馬六甲之駐劄官。（十三）奔呼盧與領袖用南寧全邦之名義，向可蘭經宣誓願尊重與恪守本條約之內容，如有任何罪人違背條約秩序，則立即拘捕，移交公司，聽憑處罰。本條約訂立於馬六甲，簽字者為駐劄官戴勞 (Aldwell Taylor)，奔呼盧賽義 (Abdul Sayid) 及其他領袖四名 (Sukus)，時在一八〇一年七月十六日也。此約訂後，南寧並未履行，奔呼盧賽義亦未至甲致敬。同時英人以馬六甲主權之屬英抑屬荷，尚在飄搖不定之中，故亦不過事苛求。僅於一八〇七年當法夸耳為馬六甲駐劄官時，曾干涉南寧之司法權，謂判處死刑，須得英政府之同意而已。此外雙方關係，並無變動。迨至一八二八年，即在馬六甲重歸英人後之四年，檳城太守富斐冬 (R. Fulerton) 根據上訂之條約及馬六甲地政官路易斯 (W. T. Lewis) 之報告，竟認南寧為馬六甲領土之一部，故英國有完全統治之權，而馬六甲之司法，亦可推廣及於南寧。雖其時熟悉馬來事情之馬六甲駐劄官茄靈 (Samuel Garling)，力言南寧為獨立之邦，英人僅負保護之責，而無干涉內政之權，但太守之意見因受路易斯之影響甚深，無法動搖，於是馬六甲與南寧之交惡由此興焉。路易斯者爲熱心擴張英國勢力之人物，彼於一八二八年七月，曾建議於太守富婁冬曰：就經濟理由言之，南寧什一之貨不應豁免。馬六甲轄區內之農產物，由馬來人運甲出售者，政府概十抽其一，南寧之農產物亦均販甲，設南寧免徵，則區別困難，於是避稅之徒，無從檢舉。並且南寧什一之貨，年亦可得四千五百元，對於賦稅收入，不無裨益。爲今之計，應以小俸金給南寧之奔呼盧及四頭目，誘彼等爲公司服務，而爲當地英方之收稅官，一舉數得，莫善於此。太守韙其言，卽令路易斯徵南寧什一之貨，並准給俸與士酋以利進行。路易斯奉令往徵，南寧領袖向其抗議，謂南寧之司法權，英人不應干涉，徵什一之貨，亦堅強反對。路氏束手，遄返馬六甲，但仍遣其代理人至南寧徵收矣。代理人懼士酋之仍將反抗，要求英政府派敍跛兵（Sepoys）爲之保護。敍跛兵者，英國僱用之印度兵也。檳城參議會認用武力徵稅，於理不合，因訓令馬六甲政府，謂若明那迦保人仍拒絕繳貨，則暫緩施行，待太守富婁冬到甲時，再定辦法。是年十二月，南寧發生一暗殺案，奔呼盧將犯人處罪，頗得其平。而檳城政府認爲違法，因處理暗殺案件，須得馬六甲駐劄官之同意也。一八二九年二月二日，檳城參議會對奔呼盧之拒絕繳稅，僭越法權，再行商討，決定對策。但到會官員，仍意見紛歧。茄靈與安德生(John Anderson)爲其時最熟悉馬來事情之公務員，始終主張南寧非馬六甲領土之一部，而確爲一獨立之小邦，富斐冬不顧考慮，而決以路易斯之報告爲是。檳城政府遂將會議中不同之意見，呈報公司董事，請爲最後決定。其要點卽謂：南寧是否屬馬六甲，若然，則徵收什一之貨及推廣司法權，是否正當云。斯時也，英人對南寧之徵稅，暫成懸案。會後不久，富斐冬親訪馬六甲，召奔呼盧賽義來見，賽義竟拒絕之。太守意興索然，遂返檳城。其時印度總督亦適蒞檳。太守卽以奔呼盧頑抗之態度告之。同年五月，賽義反抗馬六甲政府更趨積極，對政府舉辦之人口調查及地政局清理南寧之行政問題，多方阻撓。七月，太守遂令馬六甲代理駐劄官邱吉(T. Church)率敍跛兵一隊前往南寧，同時另備軍士若干於後，以應不測之需。邱吉既抵南寧，告奔呼盧曰：若不服從政府，則逼爾去位，人口調查務須舉行。賽義對曰：若公司能不干涉本人之自由，當可從命。邱吉續謂：南寧爲馬六甲之一部，應服從與馬六甲同樣之規律，法律裁判權自應推廣及於南寧。賽義均一一從之。是以邱吉之使命，在大體上可謂滿意也。經此以後，英人與南寧之關係，似已改善，馬六甲政府所頒之命令，均見服從，調查人口亦無困難。然明那迦保人自尊之心甚熾，認裁判權之被剝，不啻毀滅其威嚴，是以奔呼盧心中不無懷恨。而其他士酋亦一致表示不滿。故於十月十九日太守富婁冬再訪馬六甲時，召賽義來甲，賽義仍拒絕矣。際此之時，南寧反抗公司之行動，益為露骨。奔呼盧廣遣屬員，聯絡毗鄰各邦，整備開戰。富婁冬即遣膺懲之師入侵南寧。旋恐檳城參議會意見之未能一致，將師撤回。太守遂將此事呈報印度政府，印政府則就商於公司董事，於是南寧之應否用兵，不得不暫行延擱。惟南寧之奔呼盧，因英軍之撤退，認為懦弱，遂開始作輕侮英公司之行動矣。一八三〇年十月，有一馬來人之果園，位馬六甲邊徼，舊屬南寧，後園主自願依英政府所頒之計劃，歸入馬六甲。就法律言，為馬六甲之土地，已無疑問。賽義不以為然，攫此果園中之果樹多株，佔為己有，馬六甲政府令其退出，拒絕不從。英人認此問題，有關治權，頗為嚴重，檳城新太守易柏孫(Robert Ibbetson) 即以此情具報印度政府。蓋欲取非常之步驟，自非新太守所願意也。印度政府於一八三〇年六月二日發出之覆文，至一八三一年初始到達檳城。印政府因對馬來事情隔閡之故，文中頗擁護富婁冬之意見。謂公司之主權自可及於南寧，故什一之貨理應徵取，海峽法庭

（即海峽殖民地之法庭）之裁判權亦應設立，惟公司董事對用兵南寧之舉，在可能範圍以內，務須避免云。一八三一年一月十七日，易柏孫文覆印度政府謂：依照董事之訓令，採取和平辦法，向南寧徵什一之貨，則在賽義執政之中，已不可能。彼不但對馬六甲政府公然挑釁，且鼓勵馬六甲之土着亦拒絕納稅，是以若抱退讓態度，必無好果。爲今之計，應遣軍隊開入南寧，然後徵稅。如是一勞永逸，既可使奔呼盧馴服，而馬來人亦決不抵抗也。同年四月二日，印度政府即覆示檳城，謂由太守自行裁奪。質言之，用兵南寧，由檳城政府決定可也。一八三一年七月，馬六甲政府發表公告，遣軍出征太保（Taboh）。太保者賽義之首邑也。一路軍行無阻，未遇嚴重抵抗。全軍僅敍跛兵一百五十名，發射六磅重彈之礮兩尊，用牛車拽之。惟軍士對於南寧之地形，茫然無知。同時以軍少之故，亦不能另遣分隊維護交通路線。查南寧全境地如波狀，盡覆叢林，僅河流兩旁可以通行。敍跛兵或涉沼澤，或越稻田，頗爲艱苦。大道絕不可見，羊腸曲徑則軍行甚緩。而明那迦保人之戰術，素避正面交鋒，恆採遊擊方法，英軍過後，伏兵驟起，交通線被截斷，供應不繼，遂退馬六甲。明那迦保軍或隨後追擊，或斬大樹橫梗道上，阻其歸路。礮兩尊放棄。英軍損失甚重。其時與南寧互爲毗鄰之林茂，早受賽義之鼓動，已與南寧聯絡。林茂酋長羅閣亞里（Raja Ali）曾遣其壻沙朋（Sayid Sha'ban）率巫軍數百名助戰，英軍之敗此亦要因。然英軍之得以退出，不完全覆滅者，則亦係沙朋之力。蓋彼曾受英方之款五百元，讓敍跛兵返甲耳。賽義勝利後，文訴馬六甲政府，謂助理駐劄官偕敍跛兵來，曾射死酋長一名，彼係前來歡迎者，似不應如此也。其實此酋長揮劍舞蹈於英礮之前，故爲亂兵所射死耳。馬六甲政府得文大怒，當卽覆示着賽義來甲自首。其時馬六甲市內謠言蠭起，或謂每一野林之中有馬來人隱藏，或謂每一木棒均改成鎗管，一若戰事一啓，有不可收拾之勢者。而奔呼盧賽義則因酋長之射死，恨無可洩，遂以俘獲之罪犯七名殺死其六，另一人則強其改宗回教。隨後於十月二十四日，賽義及其領袖更上稟英皇，訴馬六甲政府舉動之錯誤焉。

林茂之助南寧，事出英人意外，太守大驚，旋經馬六甲政府之調查，知與南寧聯絡者，除林茂外，其他小邦概未預聞。心中稍釋。於是易柏孫上呈印度政府，一方面請添生力軍，徐圖雪恥，一方面准其與林茂聯盟，以分散南寧之勢力。同時在軍事停頓期中，馬六甲之公務人員，詳檢荷人昔日之卷案。知在一七六五年時，荷人以得不償失之故，未強迫南寧繳什一之貨，征伐之舉亦不實行。是以富婁冬與路易斯之政策，顯然錯誤。茄靈與安德生之見解，完全正確。印度政府獲此消息，悔之無及。然為恢復英國之威信計，戰爭目的雖毫無價值，亦勢在必行。因文覆太守易柏孫，准其與林茂聯盟，並由印度派遣必要之生力軍焉。從九月至一月為雨季時期，軍事不能進行。馬六甲政府即利用此機會與林茂親善，卒於一八三一年十一月三十日雙方訂立平等條約，其文如次：（一）印度政府承認奔呼盧羅閣亞里及四頭目為林茂及其屬地之主宰。（二）英人與林茂之人民基於互信眞摯與坦白之精神為友誼之合作。林茂人民不得用任何之態度，惡意反對英人。英人亦不得用任何之態度惡意反對林茂人民。林茂人民不得干涉襲擊擾亂或佔領屬於英人之任何領土與邊陲。英人亦不得干涉襲擊擾亂或佔領屬於林茂人民之任何領土與邊陲。林茂人民得於林茂境內依照其自己之意志與習慣處理一切事務。（三）若於英人之領土內有發生干犯林茂人民之事情，則林茂人民不可侵害此等領土，第一須將犯事經過報告英人，英人則以眞實與懇摯之態度徹查其事，若罪在英方，則英人依法懲罰之。若於林茂人民之領土內有發生干犯英人之事情，則英人亦不可侵害此等領土，第一須將犯事經過報告林茂人民，林茂人民亦以眞實與懇摯之態度徹查其事，若罪在林茂人民，則林茂人民亦依法懲罰之。不論何時，若林茂境內，卽與英國領土附近之所在，有集中陸軍或戰船之舉，則英國領袖如有訊問此項軍事行動之目的時，林茂領袖必須明白宣布。不論何時，若英國領土內，卽與林茂附近之所在，有集中陸軍或戰船之舉，則林茂領袖如有訊問此項軍事行動之目的時，英國領袖亦必須明白宣佈。（四）凡林茂與英國領土接壤之處，其疆界尙未十分勘定者，若英人對此有懷疑，則英方領袖宜備一公文隨同所派人員先訊林茂領袖，然後由林茂領袖派員會同英方人員赴地踏勘，並基於雙方友誼之態度而決定之。若林茂有懷疑，則林茂領袖亦宜備一公文隨同所派人員先訊英方領袖，然後由英方領袖派員會同林茂人員赴地踏勘，並亦基於雙方友誼之態度而決定之。（五）若林茂人民潛入英方邊境，則林茂領袖不可派員闖入英方邊境，拘捕此等潛逃者，應先用正當手續報告英方，然後由英方將潛逃者交出或否。若英方人民潛入林茂邊境，則英方亦不可派員闖入林茂邊境，拘捕潛逃者，應先用正當手續報告林茂，然後由林茂將潛逃者交出或否。（六）凡屬於英方之商人船隻，得在林茂之任何地域內經商，而林茂須盡協助保護之責，並予此等商人獲得買賣上之便利。凡屬於林茂之商人船隻，得在英方之任何領士內經商，而英方亦須盡協助保護之責。並予以買賣上之便利。凡林茂人民欲入英國領土，或英人欲入林茂境內，則對於各該地之風俗習慣，雙方首宜明瞭。設彼等一無所知，則林茂或英方之官吏，須向彼等詳細說明。凡林茂人民之入英國領土者，則依英國領土內已立之法律處理之。凡英人之入林茂境內者，則亦依林茂境內已立之法律處理之。（七）奔呼盧羅闍亞里及四頭目，欲謀商業與航道之安全，自不得容納海盜之居留，同時應盡力之所及，撲滅海盜，或處以重罰，以爲模範。英方亦然。（八）凡可使敵人之目的歸於失敗之計劃，不論何方，在可能範圍內，應儘速報告馬六甲之英領袖。上述八條約，原用馬來文寫成，共繕兩份，代表英方簽字者爲易柏孫，代表林茂簽字者爲羅闍亞里及四頭目。由印度政府批准之。一八三二年一月二十八日，英方與林茂再締條約八款，意義略同前約，不再徵引。質言之，英國承認林茂有完全自主之權是也。自此以後，林茂確知東印度公司並無擴張領土之野心，故決與英人敦睦，遵守條約，日後更出軍六百人助英再攻南寧焉。

雨季已過，盟約已成，一八三二年三月英人再開始爲軍事之行動。事先馬六甲政府高懸賞格，謂能拿獲賽義者，不論生死，概獎千元。查馬六甲至南寧之首邑太保，共計二十二英里，其中最後十二英里無路可通。此次英軍共達一千四百人，由上校赫伯脫（Colonel Herbert）統之。彼鑒於上次因交通線之截斷而失敗，故於行軍之際，斬大木焚叢莽塡沼澤開一闊約六百英尺之大道，緩緩前進，致一月之中平均僅行三至四里，爲安全計，自不得不如此也。明邦迦保人善用伏兵，今林莽已去，無物可掩，是以英軍前進，未遇抵抗。雙方損失，爲數極微。同時賽義之軍實僅數百，既不敢正面交戰，遂退至太保防守。赫伯脫不知虛實，並爲審愼起見，亦不願急速猛攻。迨至四月底，羅閣亞里遣其壻沙朋率巫軍助之，局面始變。沙朋先遣間諜，四出偵察，數星期中對於南寧之防守情形，洞悉無遺，於是告知英軍，合力猛攻。所有南寧防柵一一佔領，各處伏兵亦盡肅淸。至六月十五日英軍安然奪取太保。賽義正欲進膳，未食而遁，其他頭目亦均逃匿。於是南寧之抵抗能力完全瓦解焉。英人既得南寧，馬六甲政府以其稅入甚微，無補於軍費之損失，故不欲佔爲己有。同時因林茂之有功戰役，遂以南寧賜給羅閣亞里，歸其統治。亞里卻之，謂彼所治之地於願已足，若欲厚賞，請賜他物。英人無法，卽將南寧劃入馬六甲領土之內。奔呼盧之職位予以取消，族長制度亦明令廢除，另委一生於馬六甲之荷蘭人名韋斯德侯（J. B. Wasterhout）者爲南寧之監督，並舉村長十五人協助監督，分區負責徵收什一之賦稅事宜，及處理刑事案件，惟案件須呈報馬六甲之法庭，以便登錄。一八三三年南寧之賦稅收入爲七六二元，支出爲四六三元。一八三五年之收入爲一、二四〇元，支出爲四九〇元。雖年有盈餘，然爲數僅微。而英人征服南寧之軍費共十萬鎊，互相對比，得不償失，可以明矣。南寧陷後，賽義逃至鄰邦，旋於一八三四年揚言於衆曰：若英政府能予以寬恕者，彼願投降。英人抱既往不咎之旨，招之來甲，爲彼建一屋，闢一園，並月給津貼一百羅比，任其自由居住。惟若有叛謀，或思逃逸，則政府不再曲宥云。賽義在甲，安之若素，每月定額入款之多，實爲其生平所未有。馬來人仍尊之敬之，視同哲人。晚年更從事農商，兼爲人治病，所有入款，廣購稻田寶石，以贈婦女。至一八四九年八月，獲得「聖者之譽」後，在馬六甲與世長辭矣。英人之用兵南寧，固使東印度公司頗受損失，然因厚待賽義之故，使英國勢力得深入於馬來諸邦，安如磐石，亦未始非南寧之戰有以導成之也。

英人不願擴張領土，可以下文證之。其時馬六甲近鄰部落林立，酋長頭目形成割據之局，是以互相殺伐，時有所聞。南寧戰事過後，林茂之羅闍亞里即自稱爲森美蘭之 Yamtuan Besar，意爲大王。沙朋則稱爲林茂之 Yamtuan Muda，意爲副王。而寧宜之酋長伽塔斯 (Muhammad Katas）因宿與沙朋有仇，混戰遂起。林茂之其他頭目袖手旁觀，不爲援助沙朋。沙朋恨之，殺此頭目。隨後林茂與雙溪烏戎亦因此宣戰。卒將羅闍亞里及沙朋二人逐出境外，另舉羅亭（Raja Radin）爲森美蘭之大王。然部落間之鬭爭情形更爲活躍。英人以事不涉己，悉不干預。惟南寧之戰，林茂有功，馬六甲政府雖拒絕其敗軍之逃入，但對於沙朋頗爲優待，爲彼置一屋，給津貼以安居之。旋伽塔斯與雙溪烏戎之酋長那督克剌那（Dato' Klana）亦起紛爭，寧宜河封鎖，錫貿易停頓。英人雖知禍及邊境，然仍無舉動，僅嚴禁馬六甲商人勿以軍火販售雙方之交戰部落而已。一八五〇年時，林茂、寧宜、雙溪烏戎諸部落，各於其境內建立要塞，勒索重稅，商旅苦之。而馬六甲之貿易亦大受影響。然海峽殖民地大守白德孚斯（W. J. Butterworth）仍不敢以兵戎相見也。次年森美蘭王及林茂酋長允與太守締結協定，並在寧宜河口設關抽稅。惟雙溪烏戎以未嘗參與之故，仍抱封建主義，頑抗如昔。其時有一種羅婆巫人（Rawa Malays）者，雖亦從蘇門答臘中部移入森美蘭境內，但與明那伽保人有別，故那督克剌那將其擊潰之。一八五五年，克剌那更將寧宜河口之收稅人員用武力驅逐，發見被逐者曾懸英旗，以壯聲勢。英政府知其事大憤，提出抗議。是年十一月，太守卽用印度總督之名義，發表公告，禁止於寧宜河及烏戎河建立防寨，並派一小礮船定期駛往巡查，以覘士酋之是否服從公告也。此後十年，紊亂稍安。但各酋長之勒索重稅，始終未改，有時且及英船，英人聽之而已。柔和耳（Johol）亦一馬六甲邊境之小部落也，其地有一奔呼盧名闍法（Ja'far）者，曾將境內之數礦區讓渡與兩華人，一稱Baba Bom Tiong，（註一）一稱Towkay Cham。（註二）事為另一士酋所知，認為違法，遂起內鬨。但闍法強，夜襲士酋，殺傷其扈從若干人。士酋憤，訴諸英人，謂若能逐出其仇人闍法者，願以奇門吉（Gemencheh）礦區獻之。英人不願擴張領土，拒而不納。一八七二年三月，寧宜酋長與孚爾治（Henry Velge）訂立合同，准其在境內經營錫礦，從事商業。馬來各領袖均允保護孚爾治之代理人，對任何貨物之入口，除雅片外，悉不徵稅，對錫之出口，每播荷徵稅四元二角五分。境內商業如有潤利，十抽其一，其中三分之一歸孚爾治享受，三分之二歸酋長。一八七四年四月二十一日，海峽殖民地政府奉唐寧街（Downing Street）（英國首相官邸所在地）之命令，認欲謀馬來各邦之和平與商務之繁榮，非干涉馬來各邦之事務不可，英人遂與寧宜訂約，歸英保護。迨至一八九八年，雙溪烏戎、義利坡（Jelebu）、柔和耳、林茂、于魯𠸄坡（Ulu

Muar)、德拉吉（Terachi）、勤浦爾（Jempul）、胡農巴沙（Gunong Pasir）及英那斯（Inas）九部落，始正式完成森美蘭聯邦，於是馬六甲邊境之紛爭，遂永告解決矣。

（註一）Baba 一字義有數解：稱生長於歐洲各國殖民地之歐洲人，及由歐洲人在殖民地中所生之土人一也。對葡萄牙人之尊稱二也。稱生長於殖民地之歐洲人，歐亞混種人及華人之男性，以別於生長於歐洲或中國者三也。專稱生長於海峽殖民地之男性華人四也。今則凡吾僑之富家子弟其出生於斯土者，概稱 Baba。通常釋爲「土生」或「僑生」，實則義如「公子」。Bom Tiong 當係「文中」二字之對音，惟此華人之確實漢名，恐無從考定矣。

（註二）Towkay 之另一寫法爲 Tanke，卽係閩南語「頭家」二字之對音，義同主人。此字之正當解釋，凡吾僑之從事於企業，資本雄厚，雇工甚多，地位優勝者，始可稱爲 Towkay。今則僕人之對於東家，夥計之對於顧客，隨便以 Towkay 稱之矣。在吾僑觀念之中，稱「頭家」似比稱「先生」爲勝。Cham 係「詹」之對音，惟此華人之眞姓名，亦難稽考耳。

三

一八二五年馬六甲重歸英人統治後，其最感棘手之問題，除南寧之戰外，卽爲土地所有權一事。其時大段土地悉操於少數荷人之手。而荷人土地所有權之形成，謂爲由承繼葡人而來，而葡人土地所有權之形成，則係得之於馬六甲蘇丹。荷人欺英人初來，不熟當地情形，謂荷人之執有地契者卽係絕對之地主，不論叢莽耕地盡爲彼等之產業，實際耕種之農民（raayats）則僅係彼等之租戶。一華人農夫納巨款於荷人地主後，得有權就地徵什一之稅。馬六甲之荷政府非土地之主人。是以終荷人統治時代，於賦稅項內無地稅之收入，卽因此故。荷蘭東印度公司，本希望荷人地主鼓勵農民種植食糧，從事生產。但因地主對於有權收稅之華人勒索無厭，致農業大爲不振。英人鑑此大弊，力圖改革，先發見荷人所執之地契，仍襲馬來人土地所有權之規定辦理，葡人與荷人，從不另訂土地法頒行於世（荷人於一八二四年初曾擬定土地法，惟因不久移交英人之故，並未實施。）至馬來人之法典，明定一切土地盡爲王之產業。惟王有處理一切荒地之權。惟王對於一切耕地有收稅之權。其稅率通常爲產物之什一。而耕種之農民亦有若干主權：凡王准給農民之土地，須任其墾殖，不可妨礙。若農民常能繳產物之什一與王，則其地永爲農民所有。設農民願將耕地放棄，則王始可轉給他人。準是以觀，馬六甲之地權應屬政府，顯然可知。是以荷人地主，僅如印度之「齊敏達」(Zemindars)（卽孟加剌地主納地租於英國政府之謂，）而非眞正之地主也。英人根據此理，並謀馬六甲之農業發展起見，欲將地權逐漸收回政府所有。於是地主與農民間之中介收稅人予以取消。凡地主之遺失地契者，卽由政府與以津貼將該地贖回。自一八三〇年以後，凡可讓與之土地，悉照新定之土地法頒給地契及租借證書。此新律中之要點，謂政府對已耕之地有完全徵稅什一之權。農民負納稅之責及其他義務。什一之稅，用現款繳納或仍用產物，隨時決定。各區舉一區長，卽爲稅吏兼任警務。區長歸土地局節制。凡一切荒地，政府有絕對保留之權。凡一切林地，政府亦有絕對保留之權。農民之納什一之稅者，得有權將其耕地轉讓出售，贈與或傳給後嗣，視所有人之意志而定。然行之數年，毫無成效。而其時馬六甲政府，亦無熟練之測量人員，以致地段之屬於舊契，抑屬於新律所分配者，竟無人能別。卽法官對於新土地法亦認爲不合，對頒給之租借證書更不予信任。政府公佈以現款代產物納稅，馬來人亦努力反對。荷人地主更從中唆使之。故馬六甲之農業，始終在停頓之中。並且當時之地稅收入爲數甚微，旣不足供土地局之費用，更無以應地主之津貼。在一八三六年以前，土地局之經費每年約虧一萬羅比（約一千鎊）（從一八四二至一八五二之十年中，馬六甲之地稅收入，每年在二百至二百五十鎊之間。）印度政府有鑒及此，於一八三七年明令海峽殖民地政府將新土地法取消。同時派楊格（W. R. Young）到甲調查，仍無結果。蓋馬六甲土地問題之癥結，不能澈底淸丈亦一要因也。一八五六年，印度政府欲彌此憾，遂派一測量官常川駐甲，專任淸丈事宜。一八六一年更通過土地法令（Land Act），其要點如次：凡屬測量人員，概有權召詢農夫，並令其提出證據，此爲決定每一農夫之主權及責任之重要關鍵，故須一一記錄之。違者可控之於法。凡農民所有之農田係由馬來土地法而來者，得稱爲眞正之地主，惟仍須向政府納什一之稅。其他一切農民，概視爲借地耕種者（Squatters），對於其所有之土地，無合法之主權。但此等農民亦須納政府所規定之地稅。馬六甲之土地局，得依照土地之估價，規定合宜之地稅。一切荒地，悉由海峽殖民地政府審愼處理。如認爲有推廣農業之必要時，政府自可將此等荒地召人領種，時期久暫及領地費多少，由雙方同意定之。在馬來土地法中，規定領用荒地之人，經耕種以後，其地權卽爲領者所有，予以取消。此律行後，馬六甲之土地問題，糾紛始少，但仍未澈底。迨至一八八五至一八八七年間，海峽殖民地總督威爾德（Frederich Weld），導入澳洲之托命制度（Torrens System），凡一切地契須向政府登記以後，土地問題始告完全解決。關於馬六甲之土地問題，麥克司威爾（W. E. Maxwell）曾於五十餘年前，根據馬來人之法律與習慣作土地所有權一文，敍述甚詳，足供參考（該文刊於 JRASSB 第十三卷中，一八八四年出版。）以下所述者，即為馬六甲王國時代所施之土地法及荷政府發給之地契等，凡此均為馬六甲土地問題中之重要文獻，故徵引之。

馬六甲馬來法令（Hukun Kanun）中之土地法，計有下列四種：一曰所有權。凡關於內地與稻田可以墾殖之土地，分為兩種。一稱活地（tanah hidop），一稱死地（tanah mati）。所謂死地者，尚未經任何人提充特別之用，或於其地上所植之任何果樹已無法納稅於所有主之意也。是以此等死地絕無問題。若任何人欲開墾或種水稻於死地，無論何人均無爭奪之權。因此死地之舊主自願將其放棄耳。所謂活地者，即其地已被人充作特別之用，或恃地為生，或種植木材，或栽培果樹，或闢為園圃，或已用籬圍之之意。是以活地無論何人再不得據為己有。凡人民之居留地或他人之耕地，亦均適用本律。若輩恃活地以生之人民，自始至終須服從地主之命令。設有反抗，罰銀十兩(tahil)（一兩合八元）一巴哈（paha）（四巴哈等於一兩。）此係恃地為生之一切人民應盡之義務，而尤應與其君主合作。若有一人，植一果園於他人之地上，其樹日漸長大，頗能成功，則其地之主人提出告發時，應以其地所產之利益分爲相等之三份，其中三分之一歸地主，三分之二歸種植者。一人植稻於他人之地上時，亦適用此律。設有一人墾闢他人之荒地，不論種稻與栽培蔬菜，若事前未得該人之同意時，則該人可將該地要求收回。若此不法之種植者堅執不從，則處以罰金十麥司（mas）（此係權黃金之重量。一麥司等於西班牙幣一元重之八分之一。）若種植者被迫離去其已耕之土地，而另一種植者卽佔該地作爲農園，或種植其他作物，則後者由法官之判斷，可處以銀一兩一巴哈之罰金，因彼強迫使犯他人之權利故也。若其地之主人願意如此，則當然可免處罰。以上爲關於活地之法律，凡在馬六甲境內當一體遵行之。二曰墾殖乾濕地（Huma）或未加闢離之耕地（Ladang）。凡一新伐樹木之土地，人可縱火而清理之。若焚毀成功，自可種殖，別無話說。但若焚燒未告全功，則縱火者應將砍落之樹枝堆積於已清理之土地上，再焚毀之。若其地屬於一首領者，應全部清理。若數人聯合清理一地，而各人已各將其自己部份內之樹木斬伐殆盡時，設中有一人，尚未得他人之同意，逕將其自己部份內之樹木先行縱火，以致燃燒及於他人之土地者，勿罪。若各人將已清理之土地，各用籬圍其自己之部份，律所不禁。設中有一人，疏忽於此，亦不爲罪。惟因其人之疎忽，未築籬笆，致猪牛闖入，損害他人之農作物時，則此疏忽之人，應負賠償之責。設全部作物，盡爲動物所呑，亦適用本律。三曰權利之優劣。一人栽果樹於他人之村地或市區中，若樹主不將其所得之樹果分給與地主，卽爲非是。蓋樹主與地主，例須利益均沾也。若樹主以所得之樹果爲自己利益計，出售與人，則地主應享價值之三分之一。換言之，樹主得其二，地主得其一。是若樹主不給，並因惱怒之故自砍其樹，則地主可訴之於法，要求賠償。法官得依照他人果園中果樹之價值，令樹主交出之。同時樹果亦由法官估價，仍按二壹分配。若樹主連地出售，則地主可依祖先傳給之權利，當然有訴訟權。若一果園，或農田，或小林（dusun），由王或「門德里」准給與個人者，則任何地主概無爭論之權。但在槃陀訶羅及其他首領則異。是若槃陀訶羅或首領之一，以一果園給與一人，而其事不爲王所知悉，待日後忽生糾紛，種植者訴於王時；或首領將已給之果園或小林，欲向種植者索還，而種植者亦以此事訴於王時，王若同意認可，則種植者不得再取其他行動。蓋此事既爲王知，王之決定卽爲最後決定也。四曰土地之抵押。關於果園之典質，計分兩種，一稱 harus，意爲「合法的。」一稱 ganda harus，意為「兩重合法的。」若有一人，以一果園或一植有果樹之村地，而此果樹係為王種植者，抵押與人，設在抵押期間，甚至數年之久，此果樹並不產果，則受託人即債主可向抵押者要求兩倍之款項。凡椰子園或檳榔園或其他與此類似之樹，概不適此種兩倍之辦法。即使債主向法官提出要求，法官亦可反對之。典出之土地，如仍為借主（抵押者）所持有，而此借主在抵押期間，竟將土地所產，故意隱匿，設一旦為債主所發見時，則作三份平分，其中一份歸債主，兩份歸借主。凡王賜與首領之土地，亦適用本律。若在抵押之土地中，發見任何可以變價之物，則作兩份均分，一份歸地主，一份歸發見者。此係法律。關於果園，另有兩律：其一，持有此果園者並不負債，但彼永不食此果園中所產之果，僅以之出售時，若此事為地主所知，則地主有提出分潤訴訟之權利。其二，持有此果園者負債纍纍，不為王喜，以致逃避他鄉，放棄其世代耕種之果園或村地時，則他人即可佔有之，但合法之地主，於數日以後，可提出訴訟，經調查屬實後，法官可判令歸還地主。

馬六甲荷政府發給之地契：馬六甲太守賀耳恩（Govert van Hoorn），茲代表已故之荷倫達先生（Inche' Hollanda），彼係東印度公司之馬來文通譯與錄事，在 Batang Tiga（其地在馬六甲市之西北西離市約五哩）有地一方，其長度從 Tanjong Bruas 起至 Klĕbang Kechil 止北抵 Bertam（以上地名，均著錄於今之馬六甲地圖中）乃一優良之地，既宜種植，又合居留，境內秩序井然，決無胸懷惡意之人以侵害此土地者也。現因讓受人去世已久，又因其地坐落甚佳，並欲阻止明那迦保人卽吾人之仇敵，或其他含有惡意之人之侵入，故特讓與。根據此理，吾人已再委亞隆先生（Inche' Alron）爲 Batang Tiga 之頭目與監督，彼現卽住居該地，吾人並准其在該地種植。日後之太守卽吾人之承繼者，爲東印度公司之利益計，認爲須將該地之建築物或農園，有更改之必要時，則亞隆先生必須服從，並不得向東印度公司要求報酬。吾人更應亞隆先生之請求，並爲日後之太守卽吾人之承繼者便於考慮計，若彼之行爲端正，不幸一旦死亡，或卸去其現任之職務，而欲以該地傳給其子三蘇亭（Samsoodeen）時，吾人自可予以允許。惟尙有一點吾人應須注意者，當荷倫達先生以該地抵押於亞隆先生時，彼曾付出荷幣九百元是也。然上述之地須服從政府之課稅，此事現正擬實施，或容後導入之。此契之末，右有太守賀耳恩簽字，左註明日期一七〇〇年六月十七日。上述之地契係屬於郊區方面者，茲再舉一屬於城區之地契如下：馬六甲太守克刺恩（Jan Crans），經行政局之同意，以地一方給與史密斯（Smith）店主奧姆斯底（Mr. Omstee）。該地無人佔據，又未墾殖，屬東印度公司，以溝爲界，在要塞（指馬六甲城）之東，即介於 Aemelia 與 Henriette Louise 兩礮壘之間者，前沿道路，長六桿三呎，方向北北東與南南西。復與 Malabar Moetia 之地爲鄰，長六桿六呎，方向北與南，東北邊即與奧姆斯底自己之地產爲鄰，長十桿八呎，方向東南東與西北西，南與簿記員都龍（Martinus van Toulon）之寡妻之地爲鄰，長十三桿三呎，其方向與西南兩面者同（按上述之地約介於今之怡里 Banda Hilir Road 及曾坤成路 Chan Koon Cheng Road 之間）。上述之長度，悉用萊茵蘭制（Rhineland Measure），而與去年八月十日測繪之新圖一致。自此以後，奧姆斯底對此無人佔據之土地有合法之權利，或出租，或抵押，或作其他任何用途，悉聽其便。惟彼須服從一切課稅，此事高級長官已施行於土地及財產者。將來如有其他課稅條例導入，亦須遵守之。本契給於一七七六年八月。左爲東印度公司之紅火漆印，右爲太守克刺恩及祕書 J. F. Fabrienis 之簽字。一八〇八年十一月二十一日英駐劄官法夸耳，在馬六甲發給之地契，其格式與內容，與克刺恩所發者全同，僅關於土地坐落之方向，更註明度數而已。故不徵引。

茲再引述一八二七年十一月二十四日檳城太守富婁冬關於馬六甲土地問題之議事錄一則於下，以供參考。彼謂有關馬六甲土地之一切文件業已整理就緒，不久卽可提呈孟加拉（卽榜葛剌）政府，同時本人更將附呈議事錄一份，俾便處理。查馬六甲之土地，係沿馬來半島海岸伸展，計長三九哩，其內地最闊之部份，除南寧不計外，達二八哩。總面積爲六五四方哩（今作六三七方哩）或四一八、五六〇英畝。其中五百方哩，或三二萬英畝可種水稻，現確實種植者僅五百英畝。乾地共一萬英畝，謂可植果樹，或闢爲菜圃。荒地共八八、五六〇英畝，盡係叢林。馬六甲之整個土地，於百年以前似已分配於若干居民。本政府曾最初詳查現在所謂地主者所執之地契，亦卽由其先前之讓受人世傳而來者，認執契者確係絕對之地主，是以本政府准其自由出租轉讓，並與以種種之便利焉。後再檢荷政府時代之檔案，則知所謂地主者，政府僅授以向農民徵產物什一之權，並嚴禁重徵，違者處罰，準是以觀，執契者非眞正之地主也。凡荷政府賦予權利之人民，對於農民並不鼓勵，且無推廣種植之企圖。而馬六甲之荷長官，則以收稅之權利，每年拍售與居甲之華人。質言之，由華人承包是矣。因此，承包者恆向人民苛徵，強迫勞役，此與土地之改進，適背道而馳。實際言之，警察之職能本可處理其事，但警察似亦係土地之所有者，故不顧問。今控制馬六甲整個土地之權力，實操於少數承包華人之手也。本政府現爲直接管理土地計，爲鼓勵與推廣種植計，並使人民勿負擔苛稅計，應將所謂地主徵稅什一之權，贖回政府所有，乃係目前重要之政策。收稅事宜既承包與人，而承包者自可從中獲得相當之利益。至地主收入數甚有限，是以政府方面費少量之款，向地主贖回什一之稅權，大有裨益。不特此也，以後一切荒地亦悉歸政府分配，農事逐漸推廣，則農產日增，於是賦稅收入亦隨之而多焉。本政府已與地主議定辦法，每年貼與地主之贖費亦已詳細釐訂。凡荷政府發給之地契而爲地主所執有者，亦一律提交本政府驗訖。此事經年餘之商討，其所得之結果如下：付與昔日地主之貼費共一六、二七〇羅比，地時費共一四五羅比五安那（anna）九分，辦理土地事宜人員之薪俸共四、五六〇羅比。此稅收入爲一五、四〇〇羅比十二安那一分。出入相抵，尚不敷五、五七四羅比九安那八分也。又據馬六甲助理駐劄官彭德（A. M. Bond）之記錄，謂從一八二八年七月至十二月由政府委定各區之區長，即辦理分區收稅事宜者，共計十八名，每名每月之薪金爲十羅比。一八二九年之三四兩月，則增爲二十一名，五六兩月則減爲十六名，是以全年收稅之區長，其俸給爲二、一八〇羅比云。

四

吾人欲明瞭馬六甲在英人統治下所處之地位，須略述海峽殖民地之完成。當檳榔嶼未成英領以前，印度計分三省區即孟加拉、麻打拉斯及孟買省區是。一七八六年八月十一日，拉愛脫（Francis Light）從吉打蘇丹處正式獲得檳榔嶼後，其地即爲孟加拉省區之附庸。一七九五年英人從荷人手中奪獲馬六甲時，其地位與檳城殆同。一八〇〇年，檳城政府再從吉打蘇丹處購得對岸之威斯來區（Province Welleslay），即益入檳榔嶼領土之內。當時此兩地之代價爲年給吉打蘇丹西班牙弊一萬元是也。日後印度政府對檳城之價值逐漸認識，遂於一八〇五年將檳城改爲第四印度省區，或稱東方省區，其地位與印度之三省區同，歸印度總督直轄。但馬六甲則仍隸孟加拉省區之下。一八一九年二月六日，雷佛士從柔佛蘇丹（年給恩俸西班牙幣五千元）及天猛公

（年給恩俸西班牙幣三千元）處正式購得新加坡時，一因檳城太守之反對，二因雷氏自己爲蘇門答臘西岸萬古侖之副督，故以新加坡隸萬古侖下。一八二三年雷氏御職回英，新加坡遂歸孟加拉管轄。迨至一八二六年，馬六甲與新加坡始由孟加拉省區移交於東方省區。自此以後，海峽殖民地方正式完成，而檳城卽爲其首邑。但行政方面仍受印度總督之節制也。一八三○年，東印度公司董事以東方省區開支浩繁，不勝負擔，遂取消省區，裁減冗員，改爲郡區。檳城則仍爲郡區之首府。一八三二年，因新加坡貿易之進步一日千里，其地位之重要駸駕檳城之上，於是海峽殖民地之首府，遂由檳城移至新加坡矣。此後三十五年間，海峽殖民地之地位始終爲印度政府之附庸，不稍改變。一八五七年，印度發生兵變，加爾各答之商人卽上呈印度政府，請將海峽殖民地與印度分治。同年九月十五日，新加坡亦開大會響應之。越十年，卽一八六七年，得英國國會之通過，海峽殖民地始脫離印度政府之羈絆，而成爲英國直轄之皇家殖民地矣（在一八六七年以前，英國駐東方省區或海峽殖民地之長官，在英文中概書 Governor，但祇能釋爲太守，以其位遠在印度總督 Governor-General 之下也。自一八六七年以後，海峽殖民地之長官雖仍用 Governor 一字，但已直隸於英國，故自可以總督釋之。）至其脫離之主要理由，雖動機於印度之兵變，其實另含深意，蓋其時英國之對華商務，已非鞭長莫及之印度所能控制，早由海峽殖民地取而代之之故耳。印度總督坎寧(Charles John Canning) (1856—1862)，謂中國與印度已不再有任何貿易之關係，可以證也。

馬六甲自十九世紀初年起，港口淤泥日漸堆積，致航行歐亞之巨輪難以停泊，此亦爲其地位降落之要因。日後吉隆坡成爲馬來聯邦之首府，怡保 (Ipoh) 成爲霹靂之錫礦中心，於是馬六甲在今日之馬來亞中更退居第五。欲恢復昔日領導地位之光榮，事實上已不可能矣。然自土地問題解決以來，英人不遺餘力發展農業，故馬六甲農產之富，在海峽殖民地中推爲第一（據一九三八年之統計：馬六甲有樹膠園一九四、三七〇英畝，新加坡五二、九一九英畝，檳城與威斯來合計，共八六、〇〇一英畝。米之產量馬六甲亦最夥）質言之，英人以新加坡爲商業區，檳榔嶼爲風景區，而以馬六甲爲農業區是也。至馬六甲之礦產，雖爲數甚微（據一九三八年之統計：馬六甲產錫九九·一五噸，產黃金五·一英兩，）然在海峽殖民地中，獨一無二。此外尚須一言者，即附屬於海峽殖民地之其他各地是。一八二六年十月十八日，霹靂之天定割讓與英，歸檳城管轄。後英人以霹靂蘇丹有功於英，遂於一九三五年二月十六日仍交還霹靂。一八六〇年八月二十三日，雪蘭莪之拉加渡岬（Cape Rachado）（馬來人稱 Tanjong Tuan）亦割讓與英，其上建一燈塔，以利航行，而行政上則歸馬六甲統治。一八八八年，聖誕島（Christmas Island）併入新加坡。一九〇三年，可可犖島（Coco or Keeling Islands）亦歸新加坡治理。一九〇七年，納閩島（Labuan）亦列爲新加坡之一部，旋於一九一二年仍分治之，但仍歸入海峽殖民地中。故吾人今日所稱之海峽殖民地，實涵有下列之各地也。（一）新加坡。包括聖誕島及可可犖島。（二）檳榔嶼。包括威斯來區。（三）馬六甲。包括拉加渡岬。（四）納閩。

第五章　華僑

吾僑遠適異域，緬懷宗邦，雖歷數世，其衷未改，民族意識之堅強，至足嘉也。其所以致此之由，不得不歸功於吾國之美德「愼終追遠」一辭。今卽秉「追遠」之義，略述吾僑在馬六甲之狀況焉。

吾僑遷甲始於何時，已難稽考。據史籍所載，永樂元年（一四〇三年）尹慶使甲，此當爲國人到甲之最早者。甘泉於永樂十年送滿剌加王姪回國，亦見之於明史。費信隨鄭和出洋，歸著星槎勝覽，書成於正統元年（一四三六年）正月，於該書之滿剌加條內謂：男女椎髻，身膚黑漆，間有白者，唐人種也。此可爲馬六甲其時已有華僑之鐵證。在一六一三年葡人伊里德所繪之馬六甲城市圖中，著有中國村及漳州門（Porta dos Chincheos）二名，前者指吾僑之居留區，後者指吾僑來自漳州之意也，（在 Hobson-Jobson 一書中釋 Chincheos 一字爲福建人。其實確係漳州之對音。）則其時旅甲華人，已有相當數目，不難推知。一六四一年荷人奪佔馬六甲時，估計華僑之數約有一千，並委華人Notchin爲甲必丹焉。此時到甲之華僑，有來自國內者，亦有來自爪哇者。於旭登報告之中，謂有華人三三名自吧城來甲，可爲佐證。一六七八年之蒲脫報告，對吾僑人口分析甚詳，已述於前。惟有一點吾人必須特別注意者，卽其時馬六甲之瓦屋僅有一三七所，而華人竟佔八一所是也。觀此，吾僑有雄厚之經濟力量，由來已久。口述海錄之謝淸高約於一七八五年左右道經馬六甲時，謂閩粵人至此採錫及貿易者甚衆，則其時吾僑之多，已有目共見。自英人獲得檳榔嶼，新加坡及馬六甲後，對吾僑人口自始卽有詳細之記錄。玆爲便於比較計，將各地各色之主要民族，一併徵引，彙如下表，以供參考。

（一）新加坡之人口（註一）

年別	馬來人	華人	印度人	歐洲人	總數（註二）
一八二〇年	?	三、〇〇〇	?	?	五、〇〇〇
一八三〇年	五、一七三	六、五五五	一、九一三	九二	一六、六三四
一八四〇年	九、〇三二	一七、一七九	三、一五九	一六七	三九、六八一

一八五〇年（註三）	一二、二〇六	二七、九八八	六、二六一	三六〇	五九、〇四三
一八六〇年	一〇、八八八	五〇、〇四三	一二、九七一	二、四四五	八〇、七九二

(二)檳榔嶼之人口（註二）

年別	馬來人	華人	印度人	歐洲人	總數（註二）
一八一八年	一二、一九〇	七、八五八	八、一九七	?	三五、〇〇〇
一八三〇年	一一、九四三	八、九六三	八、八五八	一、八七七	三三、九五九
一八四二年	一八、四四二	九、七一五	九、六八一	一、一八〇	四〇、四九九
一八五一年	一六、五七〇	一五、四五七	七、八四〇	三四七	四三、一四三
一八六〇年	一八、八八七	二八、〇一八	一〇、六一八	一、九九五	五九、九五六

(三)威斯來區之人口（註三）

年別	馬來人	華人	印度人	歐洲人	總數（註二）
一八二〇年	五、三九九	三二五	三三八	?	六、一八五

一八三三年	四一、七〇二	二、二五九	一、〇八七	?	四五、九五三
一八四四年	四四、二七一	四、一〇七	一、八一五	一〇七	五一、五〇九
一八五一年	五三、〇一〇	八、七三一	一、九一三	?	六四、八〇一
一八六〇年	五二、八三六	八、二〇四	三、五一四	七六	六四、八一六

（四）馬六甲之人口（註一）

年別	馬來人	華人	印度人	歐洲人	總數（註二）
一八一七年	一三、九八八	一、〇〇六	二、九八六	一、六六七	一九、六四七
一八二九年	一九、七六五	四、七九七	二、八三〇	二六五	三〇、一六四
一八四二年	三二、六二二	六、八八二	三、二五八	二、五四四	四六、〇九七
一八五二年	四八、二二六	一〇、六〇八	一、一九一	二、二八三	六二、五一四
一八六〇年	五三、五五四	一〇、〇三九	一、〇二六	二、六四八	六七、二六七

吾人細觀上表，知馬六甲華人之增加率最爲遲緩，於今仍然。至余將華僑人口列舉於先者，蓋今日馬來亞之繁榮，莫非此芸芸無名華人所締造之功也。

（註一）據一九三八年之統計：新加坡有華人五四八、〇八九人，檳榔嶼有一五六、二七一人，威斯來區有五八、二一二人，馬六甲有八五、三四二人，納閩有三、〇五〇人，共計爲八五〇、九六七人。而海峽殖民地之總人口爲一、三四二、〇九〇人，故吾僑實佔絕大之多數也。

（註二）總數與各數之和不盡符合者，因在總數中尙涵有其他民族之故耳。

（註三）新加坡開闢不久，有余有進者爲吾僑中深通翰墨之人，英人慕其名，請有進撰文暢論新加坡之華僑，後譯成英文，題名 The Chinese in Singapore: General Sketch of the Numbers, Tribes, and Avocations of the Chinese in Singapore，刊載於一八四八年出版之印度羣島及東亞雜誌（Journal of the Indian Archipelago and Eastern Asia）（由檳城之 J. R. Logan 主編）第二卷中。有進謂其時新加坡之華僑約有四萬，殊與事實相去甚遠。蓋據一八五〇年之調查，華人尙未達三萬之數也。然此種估計之不可靠，不但吾僑如此，即英人亦然。如新加坡駐箚官克洛福特於一八三〇年時，謂海峽殖民地之華人共有四萬，與實數亦相差甚遠，足爲明證。再克氏於同年曾估計東印度羣島之華僑約爲二十五萬五千人云。

馬六甲被葡人奪佔後，即設甲必丹制。甲必丹者，各民族之領袖也。在吾僑則釋爲僑長。今荷屬東印度仍通用之。一五一二年初，即在亞伯奎離甲之前，曾委各民族之領袖爲甲必丹，欣都人、摩爾人、爪哇人各得其一。至吾僑有否甲必丹，未見當時著錄。以余意度之，其時旅甲華人爲數尙少，亞氏未嘗另委，當係事實。證以畢石拉斯加為其他各民族之頭目（請參閱第二章第二節），則吾僑在其人兼治之列，顯屬不誤。然則吾僑在馬六甲之首任甲必丹為何人乎？據近人所言，斷為鄭公芳揚（鄭公之前，是否尚有華人甲必丹，容待續考。）公又名啓基，係閩之漳州人。南來後居蘭城街（葡人所名之中國村，卽為今之 Second Cross Street，此街與今之荷蘭街交接，蘭城街當指中國村一帶也）經商純正忠實，為葡政府所器重，遂授以甲必丹職。今馬來半島最古之寺廟名青雲亭者，卽係公所手創。亭內藏有公之神主，而墓在三寶山之南坡。其生年為隆慶六年（一五七二年），歿時為萬曆四十五年（一六一七年）也。西人稱甲必丹鄭芳揚曰 Tin Kap，Tin 者 Tay 之訛也，Tay 卽閩南音之鄭，Kap 係甲必丹之縮寫，已述於前。又據友人葉華芬言：西人更以 Tay Yong 稱鄭芳揚亦誤。繼鄭公之後為甲必丹者，為李公君常。公係鷺江（廈門）人，鑒明季國祚滄桑，浮海南渡。今三寶山吾僑偉大之公墓，卽係公當時所購贈。青雲亭內至今懸公遺像。惟據友人韓槐準言，其紙不類古物，殆出後人摹繪。而公之墓塋則在 Bukit Tĕmpurong，意為頭蓋山也。公又名為經，其生卒年月已無從稽考。幸於青雲亭內立有公之頌德碑，載明「龍飛」（註一）乙丑年，卽康熙二十四年（一六八五年），故知公之來甲，必在明末清初耳。再後爲甲必丹曾公其祿，別名六官，亦鷺江人，爲君常之壻。青雲亭雖係芳揚所手創，但擴充者乃係曾公。公於康熙四十三年（一七〇四年）建立大殿，以供觀音，而殿中之『青雲古跡』四字，即刻於木板上者，亦謂出於公手，書時在康熙乙酉年（一七〇五年）。查公生於崇禎十六年（一六四三年），歿於康熙五十七年（一七一八年）。在青雲亭內藏公塑像，自稱避難義士，即哀明亡之意也。據葉華芬著馬六甲之華人(The Chinese of Malacca)一文，謂曾六官之後，其子爲甲必丹，此後更另一曾姓者繼之。再後始爲甲必丹陳承陽，其墓亦在三寶山之南坡，規模宏偉，足資瞻仰。承陽之後爲甲必丹蔡士章。彼於乾隆末年（一七九五年）與廣東大學生胡德壽等，合建一寶山亭於三寶井之旁，以爲祀壇及掃墓者休憩之用。更於嘉慶六年（一八〇一年）將青雲亭大加改造，吾人今日所見此寬宏古老之寺廟，即士章之力也。此後爲甲必丹陳起厚，再後爲 Chan Olim （前字爲曾）。迨英人於一八二五年確實佔領馬六甲時，甲必丹之制度，即予以廢除焉。馬六甲歸葡荷統治，計達二百九十年，吾僑甲必丹當不止此數，據友人葉華芬言，謂至少有十一人，此則尚有待於今後之考證也。惟吾人研究華僑歷史，頗感困難，吾僑自身，甚少記錄。（註二）僅憑耳食，每多訛誤。即以馬六甲論，求之於三寶山之坟墓（頭蓋山及 Bukit Gedong，亦多華人古墓）覓之於青雲亭之神主，再詢之於各大族之宗祠（如鄭氏滎陽堂、曾氏龍山堂及陳氏穎川堂等），亦僅能得其姓名生卒，而欲明其一生事蹟，仍恐未能。再進一步言，設將葡荷人昔日之著作檔案，一一搜集，再將有關吾僑之閩粵兩省之府志縣志，盡行羅致，比較研究，愼重推考，則或可獲得先僑史蹟之鱗爪。然此斷非個人之力所能及，顯而易見。是以欲使吾僑之事蹟勿湮沒計，並爲發揚民族精神計，則如華僑修志局或華僑志編纂所（假定之名稱）等之設立，實爲目前之急務也。

（註一）「龍飛」二字，有人認爲年號，本屬錯誤。在陳達所著之南洋華僑與閩粵社會一書中，論之詳矣。然其起源，必須一述。查「龍飛」一名，爲明代冬烘先生所慣用，常加於年號之下，如天啓龍飛甲子年等是。蓋「龍飛鳳舞」爲祥瑞之徵，用之所以稱頌帝德者也。明末義士，不甘爲亡國之民，紛紛南渡。但記事必須繫年，清朝年號，自不願用，於是取折衷辦法，去明朝之年號，留「龍飛」二字，因此龍飛乙丑年之名，遂發現於馬六甲矣。又據周碩勳輯潮州府志卷三十八所載：謂張璉先刻石璽曰「飛龍」，傳國之寶，投諸池，詭泅水得之，以出聚視，大驚曰，此帝王符也，歃血推爲長世人，遂又將「飛龍」誤爲馬六甲之「龍飛」。其實張璉並未逃至南洋。按郡國利病書所載：謂嘉靖辛酉（一五六一年）饒（平）賊張璉攻和平，知縣姜遂初合官兵固守，都督俞大猷統兵屯栢嵩嶺，討平之。賀言之張璉卽於是年爲俞大猷所擒。是以「飛龍」與「龍飛」，其間顯無關係。

（註二）據余所知，記載華僑事蹟最詳之英文著作，僅爲宋旺相所著之新加坡華僑百年史(Song Ong Siang: One Hundred Year's History of the Chinese in Singapore, 1923) 一書，然宋書有一缺點，卽一切專名悉用拼音是也。查吾僑方言複雜，設閱者依音直譯，難保與原名無誤。如吾國駐新加坡之首任領事，兼俄日兩國領事之胡亞基（字璇澤，又名南生）去世以來，僅六十年，但卽因根據宋書中之拼音名 Hoo Ah Kay 翻譯之故，常誤爲「胡亞開」，可爲明證。若宋書昔日能加註原有之漢名，則便利閱者，定匪淺鮮，張冠李戴，亦可免除。然吾人幸有此書，尚可參考，否則新加坡僑賢之事蹟，亦必湮沒不彰。並且吾人卽由宋書，始知發展新加坡之華僑，來自馬六甲者爲數不少，如陳篤生，陳金聲等其最著者也。

參考書目

何喬遠：名山藏、王享記（許雲樵藏）。
茅元儀：武備志、鄭和航海圖（許雲樵藏。）
嚴從簡：殊域周咨錄。
茅瑞徵：皇明象胥錄（國立北平圖書館善本叢書）（商務影印。）

汪大淵：島夷誌略（藤田豐八校。）

黄衷：海語（韓槐準藏。）

古今圖書集成、方輿彙編、邊裔典（中華影印。）

馮承鈞校注：馬歡瀛涯勝覽（商務。）

馮承鈞校注：費信星槎勝覽（商務。）

張燮：東西洋考。

邵廷寀：東南紀事。

余宗信編著：明延平王臺灣海國紀（商務。）

馮承鈞注釋：謝清高海錄（商務。）

馮承鈞譯：伯希和鄭和下西洋考（商務。）

馮承鈞著：中國南洋交通史（商務。）

張禮千著：馬來亞歷史概要（商務。）

張禮千編譯雷佛士傳（檳城周滿堂先生紀念委員會出版）

南洋學報一卷二期。東方雜誌三十七卷十七號。

T'oung Pao（通報）Vol. XXXIV. Livr 5. 載有戴文達克鄭和七次下西洋之確期考一文。又 Vol XXXV. Livr. 1. 載有戴文達克釋麋里羔一文。

JRASSB（=Journal of the Royal Asiatic Society, Straits Branch）（皇家亞洲學會海峽殖民地分會學報）第十三、十五、十六、二十二四期，載有樊倫丁馬六甲歷史一文。又十三期中載有馬六甲之土地所有權一文。又第十七期，載有 Faria y Souza 之馬六甲之葡人歷史一文。又第二十七期，載有 J. G. Koenig 之馬六甲行記一文。又第六十期，載有雷申德之馬六甲行記一文。又第六十七期，載有馬來半島與歐洲過去之關係一文。又第八十五期，載有釋馬六甲蘇丹芒速沙之墓碑一文。在碑文中此蘇丹之歿年爲回曆八八二年第七月（Rajab）星期三，郎西曆一四七七年十月十四月星期二是也。又同期載有虎變八一則。

JRASMB（=Journal of the Royal Asiatic Society, Malayan Branch）（皇家

亞洲學會馬來亞分會學報）第二卷第三册，載有釋丁加奴古回教碑文一文。又第三卷第二册，卽英屬馬來亞 1824—1867。又第四卷第三册，載有彭亨之槃陀訶羅一文。又第五卷第一册，卽蒲脫報告。又第八卷第一册，卽伊里德之馬六甲南印度及契丹地誌。又第十卷第三册，卽溫士德之柔佛史。又第十二卷第一册，卽溫士德與衞金孫之霹靂史。又同卷第二册，載有葡萄牙之馬六甲，馬六甲之古建築物，及馬六甲之聖保羅教堂諸文，並關於馬六甲之遊記三種。又同卷第三册，卽溫士德之雪蘭莪史及森美蘭史。又第十三卷第二册，載有馬六甲王國及馬六甲之滅亡二文。又第十四卷第一册，載有一六三六至一六三九年馬六甲海峽之佔領，一六四〇至一六四一年馬六甲之圍困與征服，及旭登報告全文。又同卷第二册，卽林尼漢之彭亨史。又同卷第三册，載有溫士德之吉打史補遺，馬六甲之亞美尼亞人墓碑，在吉蘭丹發見之滿者伯夷護身符諸文。又第十五卷第三册，載有釋武備志中鄭和航海圖一文。惟所釋並不完全，僅有關羅來半島者一段。又第十六卷第一册，載有葡荷二次海戰一文。又同卷第二册，載有巴衰紀年一文。又同卷第三册，卽馬來紀年。此係雷佛士收藏本，與其他馬來紀年之版本不同。又第十七卷第一期，載有馬六甲之馬來錫幣一文。又同卷第二册，卽荷人 Moens 所著之室利佛逝，闍婆及迦吒訶考又第十八卷第二册，載有 R. Cardon 神甫所著之馬來傳說一文。

H. Cordier, Ser Marco Polo: Notes and Addenda to Sir Henry Yule's Edition, Containing the Resultes of Recent Research and Discovery（卽馬可波羅遊記增註。）

Friedrich Hirch and W. W. Rockhill: Chau Ju-Kua: His Work on the Chinese and Arab in the Twelfth and Thirteenth Centuries, entitled Chu-fan-Chi（卽英譯趙汝适諸蕃志。）

T. J. Newbold: Political and Statistical Account of the British Settlements in the Straits of Malacca, viz. Penang, Malacca, and Singapore; with a History of the Malay States on the Peninsula of Malacca.（卽海峽殖民地政治經濟誌。書共兩卷，一八三九年出版。）

R. O. Winstedt: History of Malaya（即馬來亞史。）

R. J. Wilkinson: A History of the Peninsular Malays（即馬來半島之馬來人歷史。）

W. G. Maxwell and W. S. Gibson: Treaties and Engagements affecting the Malay States and Borneo（即關於馬來各邦及婆羅洲之條約。）

I. H. Burkill: A Dictionary of the Economic Products of the Malay Peninsula（即馬來半島經濟物產辭典。書共兩大卷，對各物之歷史，異名，用途，敍述甚詳。與吾國古代有關之物，亦詳為徵引。）

H. Yule A. C. Burnell: Hobson-Jobson; Being a glossary of Anglo-Indian colloquial words and phrases, etymological, Historical, geographical and Discursive（即英印字彙。）

R. J. Wilkinson: A Malay-English Dictionary（即巫英辭典。書共兩巨册，凡字之

源出梵文，漢文，波斯文及阿剌伯文者，一律註明。欲求對音，頗有用處。惟售價甚昂，國人似尚少應用。）

R. O. Winstedt: An English-Malay Dictionary（即英巫辭典。）

G. B. Gardner: Keris and Other Malay Weapons（即馬來刀劍錄。）

T. A. Buckley: The Damars of the Malay Peninsula（即馬來半島之打厤兒。）

Bulletin of the Raffles Museum: Series B, No. I.（載有馬六甲境內之生命石一文。）

Annual Report on the Social and Economic Progress of the People of the Straits Settlements, 1938。

R. J. Wilkinson.. The Aboriginal Tribes（此係馬來論文集 Papers on Malay Subjects 中之一種。）

L. L. Fermor.. Report upon the Mining Industry of Malaya。

Christopher Fryke and Christopher Schweitzer: Voyages to the East Indies。

Historical Guide of Malacca（馬六甲歷史學會 Malacca Historical Society 出版）。

其他略一引用之書，詳載本文。

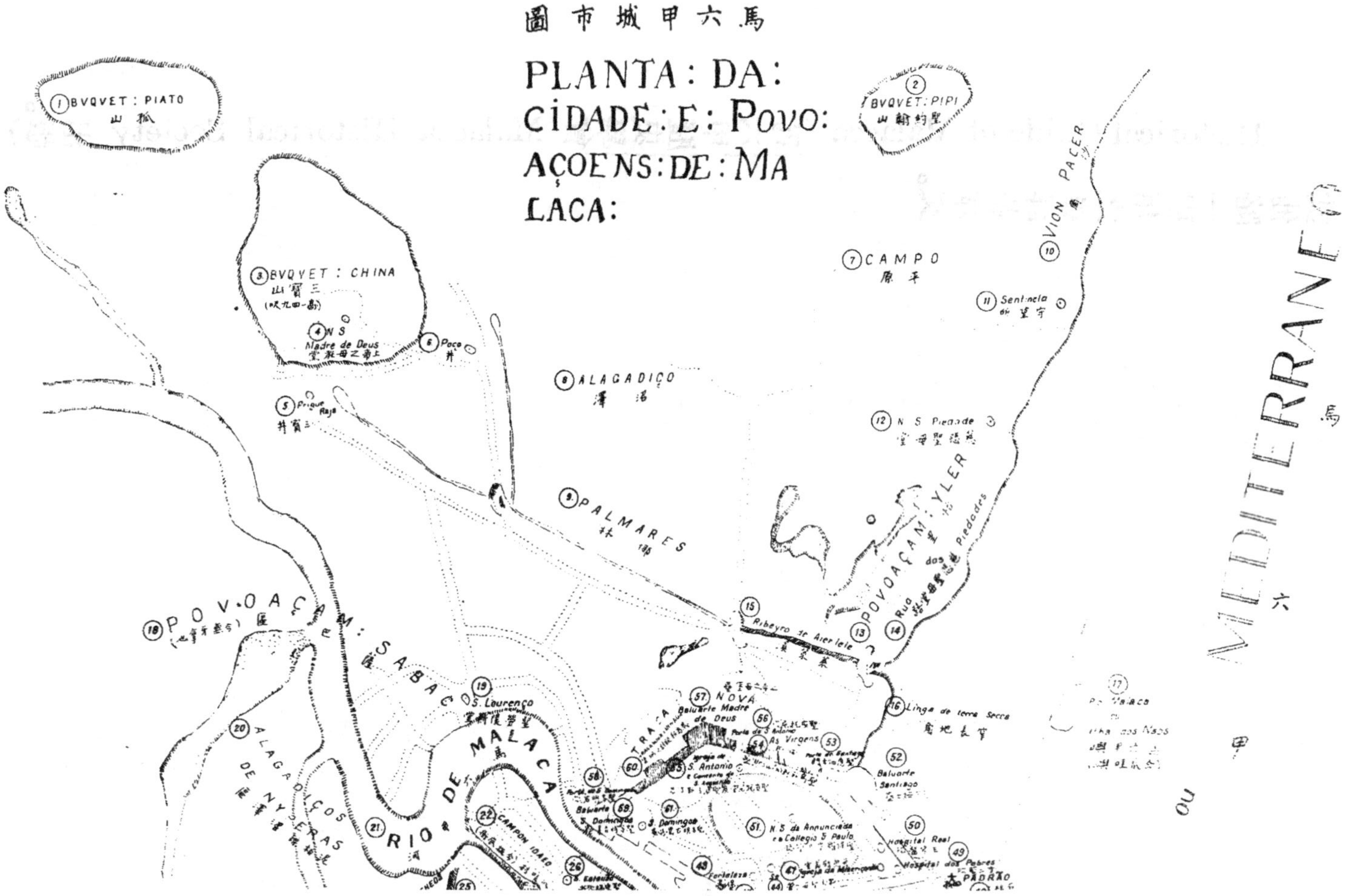
圖市城甲六馬
PLANTA: DA: CIDADE: E: POVO: AÇOENS: DE: MA LACA:
1 BVQVET: PIATO
2 BVQVET: PIPI
3 BVQVET: CHINA
4 N S Madre de Deus
5 Prigue Raja
6 Poço
7 CAMPO
8 ALAGADIÇO
9 PALMARES
10 VION PACER
11 Sentinela
12 N S Piedade
13 POVOAÇAM: YLER
14 Rua dos Piedades
15 Ribeyro de Aier lele
16 Linga de terra Secca
17
18 POVOAÇAM: SABACOS
19 S. Laurenço
20 ALAGADIÇOS DE NYPERAS
21 RIO DE MALACA
22 CAMPON IDAEO
NOVA TRAÇA
57 Baluarte Madre de Deus
54 As Virgens
55 S. Antonio
52 Baluarte Santiago
51 N S da Annunciada e Collegio S Paulo
50 Hospital Real
49 Hospital dos Pobres
58 Baluarte S. Domingos
61 S. Domingos
48 Fortaleza
PADRAO
MEDITERRANEO
OU

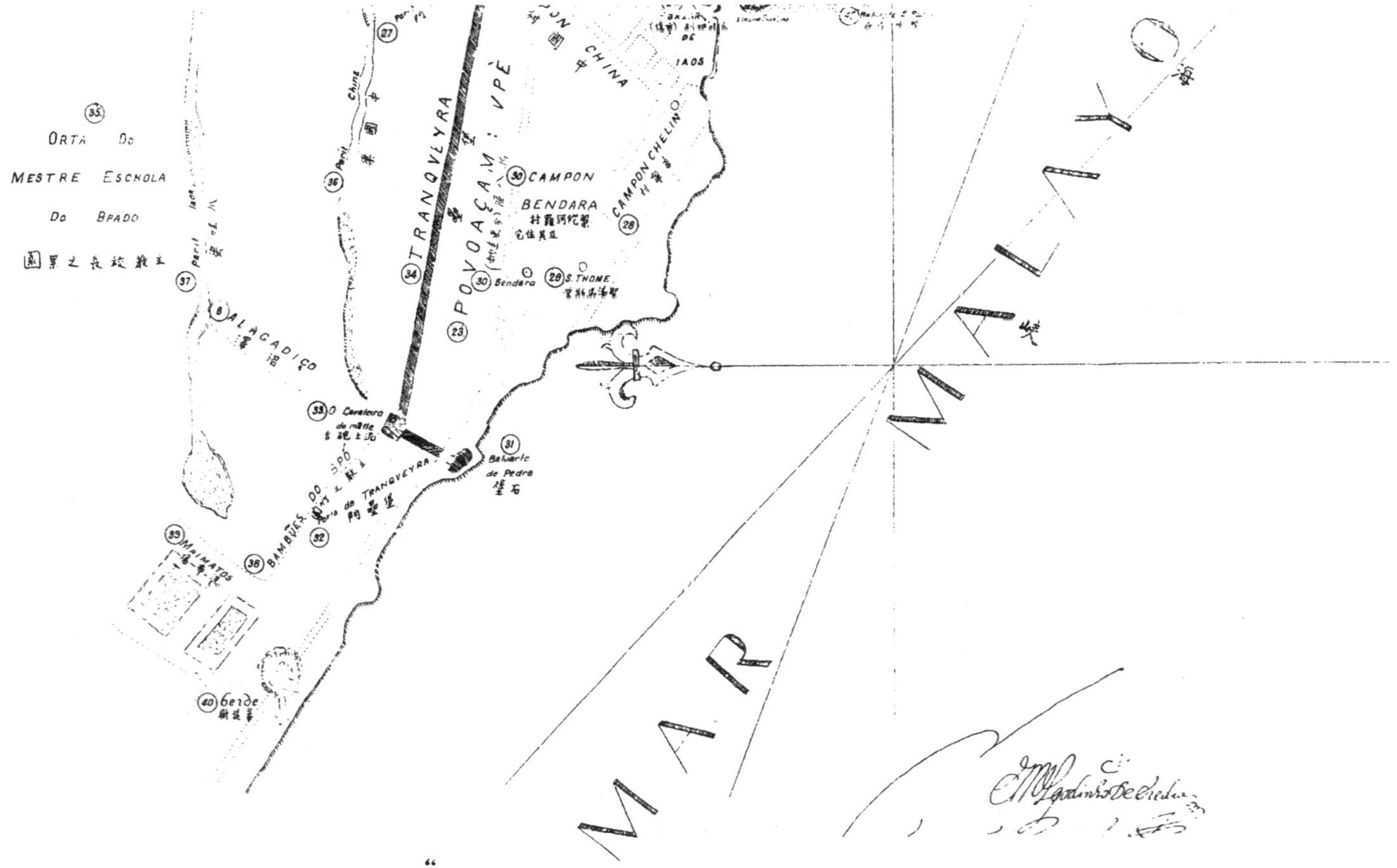

Drawn up according to maps and text of "Description of Malaca & Meridional India & Cathay" by Emanuel Godinho de Eredia 1613.

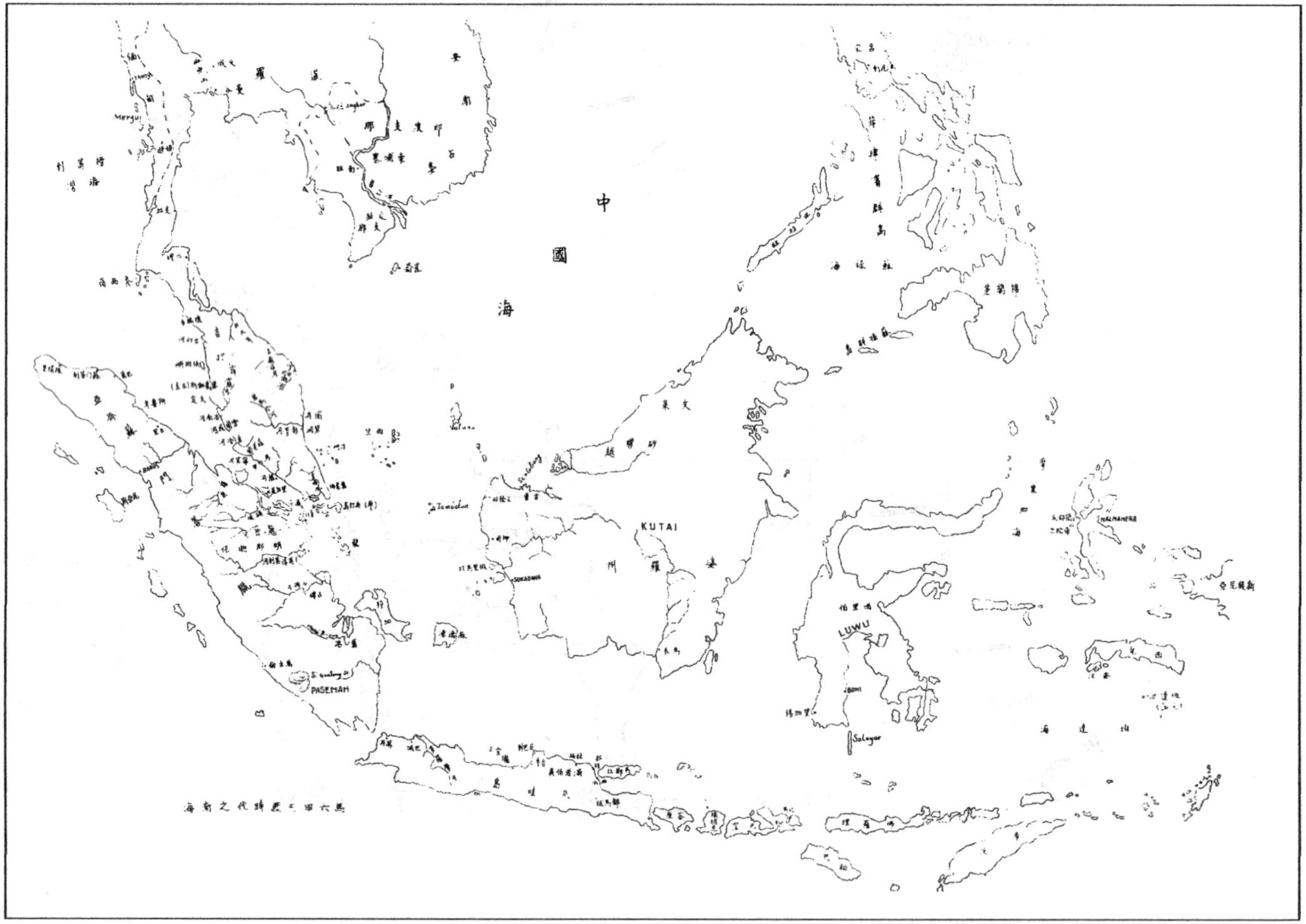
中國海
KUTAI
LUWU
PASEMAH
HALMAHERA
Mergui
馬六甲王國時代之南海

敬啟

『民國專題史』叢書，乃民國時期出版的著名學者、專家在某一專題領域的學術成果。所收圖書絶大部分著作權已進入公有領域，但仍有極少圖書著作權還在保護期内，需按相關要求支付著作權人或繼承人報酬。因未能全部聯系到相關著作權人，請見到此説明者及時與河南人民出版社聯系。

聯系人 楊光
聯系電話 0371-65788063